吉林大学"985 工程"资助项目

高校社科文库
University Social Science Series

教育部高等学校
社会科学发展研究中心

汇集高校哲学社会科学优秀原创学术成果
搭建高校哲学社会科学学术著作出版平台
探索高校哲学社会科学专著出版的新模式
扩大高校哲学社会科学科研成果的影响力

刘　娜/著

企业战略管理中企业社会责任融入问题研究

Research on Incorporating Corporate
Social Responsibility into Corporate
Strategic Management

光明日报出版社

图书在版编目（CIP）数据

企业战略管理中企业社会责任融入问题研究 / 刘娜著.
－－北京：光明日报出版社，2013.6（2024.6重印）
（高校社科文库）
ISBN 978－7－5112－4319－5

Ⅰ.①企… Ⅱ.①刘… Ⅲ.①企业责任—社会责任—
研究 Ⅳ.①F270

中国版本图书馆 CIP 数据核字（2013）第 063212 号

企业战略管理中企业社会责任融入问题研究
QIYE ZHANLUE GUANLI ZHONG QIYE SHEHUI ZEREN RONGRU WENTI YANJIU

著　　者：刘　娜	
责任编辑：高　迟　李壬杰	责任校对：傅泉泽
封面设计：小宝工作室	责任印制：曹　净

出版发行：光明日报出版社

地　　址：北京市西城区永安路 106 号，100050

电　　话：010-63169890（咨询），010-63131930（邮购）

传　　真：010-63131930

网　　址：http：//book. gmw. cn

E － mail：gmrbcbs@ gmw. cn

法律顾问：北京市兰台律师事务所龚柳方律师

印　　刷：三河市华东印刷有限公司

装　　订：三河市华东印刷有限公司

本书如有破损、缺页、装订错误，请与本社联系调换，电话：010-63131930

开　　本：165mm×230mm			
字　　数：210 千字		印　　张：14.75	
版　　次：2013 年 6 月第 1 版		印　　次：2024 年 6 月第 2 次印刷	
书　　号：ISBN 978－7－5112－4319－5－01			
定　　价：68.00 元			

提 要

　　近年来，企业社会责任呼声日益高涨，企业却表现消极，由此带来的负面影响越来越明显。要克服企业社会责任的履行惰性，政府监督和社会约束作用有限，关键在于激发企业的主观能动性。本研究针对这一亟待解决的现实问题，在明确企业社会责任研究的现有问题及发展趋势的基础上，采用对立统一原理和战略配称原理，提出了"企业战略管理中企业社会责任融入"的管理思想，构建了"企业战略管理中企业社会责任融入"的理论体系，从外在表现、作用机制、导入模式及内控体系等方面进行了深入研究，并采用实验方法从消费者响应角度验证了"企业战略管理中企业社会责任融入"的积极影响。本研究是针对当前重大现实问题的理论思考，既有利于企业社会责任理论研究的丰富和发展，又有利于企业社会责任实践的拓展与深入，具有重要的理论意义和实践意义。

　　关键字：企业战略管理　企业社会责任　融入　共赢

CONTENTS 目　录

第 1 章

绪　论

近年来，全球化经济发展迅猛，人类社会日新月异，但与此同时也带来众多重大现实问题：社会矛盾日益突出，公共危机屡现不减，在社会各界无数次追嫌缉凶的争论中，企业被推向风口浪尖，企业社会责任问题逐渐成为人们关注的焦点。然而，在一例例成功与失败的案例面前，企业社会责任化身为一把亦正亦邪的剑。对此，不懂得如何驾驭的企业显得茫然无措、焦虑不堪。究竟怎样才能让企业在社会责任实践之路上运筹帷幄、一往无前？本书正是针对这一亟待解决的现实矛盾展开研究的。

1.1　研究背景及问题提出

1.1.1　研究背景

企业社会责任（Corporate Social Responsibility, CSR）是一个在社会要求下出现并不断发展的概念，最早可以追溯到 Adam Smith "看不见的手" 的思想，其概念的正式提出是在英国学者 Oliver Sheldon 于 1924 年出版的著作《The Philosophy of Management》中①。之后，在学界、民间和政府的共同推动下，企业社会责任研究迅速发展。至今，企业社会责任理论研究和实践探索已经出现了一个新局面，为我们的研究提供了理论基础和现实基础。

（1）理论背景

企业社会责任是一个古老而年轻的话题，它从 18 世纪前企业还未形成时就存在，但企业社会责任理论研究的迅速发展还是近几十年的事情。在此过程

---

① 刘俊海. 公司的社会责任 [M]. 北京：法律出版社，1999.

中，企业社会责任由一个狭隘的边缘概念迅速成长为一个复杂的多维概念，成为现代企业决策理论中的重要组成部分①，其理论研究也取得了丰硕的成果，并出现了一些新的发展趋势，这为我们的研究提供了重要的理论基础。

企业社会责任问题始于股东利益与其他社会主体利益之间的冲突，由此衍生了企业是否应该承担社会责任的问题。学者们就此展开了激烈的讨论，比较有代表性的事件是 20 世纪 30~40 年代以及 60 年代展开的企业社会责任大讨论。在企业社会责任支持派的力量逐渐增长和优势不断增强的过程中，企业社会责任概念也日渐清晰，学者们逐渐从证明是否应该承担社会责任的规范性研究转向对企业社会责任自身的探索。

尽管当时学术界对企业社会责任概念还存在众多疑义，对于企业为什么要承担社会责任的解释也存较大差异，但这并不影响企业社会责任研究的进一步推进。关于企业社会责任自身的探索性研究在两次论战后获得突飞猛进的发展，主要集中在企业社会责任的特征、内容、层次、范围、度量及相关关系等方面，而对企业社会责任规律性的探讨则相对欠缺。该阶段出现了大量关于企业社会责任的优秀论文和经典著作，这又进一步推动了有关企业社会责任对策性的研究。

企业社会责任的对策性研究与企业社会责任自身研究是交叉进行的，正处于一个由粗及细的发展过程中，对实践操作具有较高指导价值的系统性研究尚未形成。这种状态的形成有两个原因：一是该部分研究开展的时间不长，企业社会责任理论界还未对其展开全面研究；二是对企业社会责任自身的研究还不是很成熟，大大限制了该部分研究的深度和广度。

现代企业社会责任研究仍处于发展阶段，目前的研究中还存在一些问题，主要表现在以下三个方面：①在研究视角方面过于注重企业外部研究，没有很好地结合企业内部视角全面客观地分析解决问题；②在研究方法方面还没有实现规范研究和实证研究的系统结合，尤其是对策性研究中仍是以规范性研究为主；③在研究体系方面缺乏对已有成果的系统整合，限制了研究成果的实践应用。

与此同时，研究界也发现了上述缺陷，出现了一系列新的研究特征：总体

---

① Cochran, P. L. The evolution of corporate social responsibility [J]. Business Horizons, 2007, (50): 449~454.

研究从理论纷争向实践应用发展，更加注重理论与实践相结合；研究重点从对企业社会责任自身研究向对策性研究发展，更加看重解决现实问题；研究视角从企业外部向企业自身发展，逐渐考虑企业的生存发展需求；研究方法从资料分析向实验研究发展，不断纳入社会生活的真实情境；行为研究从行为结果向行为过程发展，逐步探索企业社会责任的现实管理问题。这些发展趋势都有利于我们开拓研究思路。

（2）实践背景

21世纪，经济的全球化推动了人类社会的全面发展，使经济、社会和环境之间的相互影响越来越显著。企业的经营环境已经从传统的单向循环环境转变为受社会多方影响的多元环境。企业要想在新环境下获得持续发展，就不能忽视日益提升的社会期望，不能无视众多社会矛盾的存在，更不能在世界各国企业社会责任运动狂潮和可持续发展的呼声中依旧我行我素。认清现实，把握趋势，是任何企业成功的首要前提。

①社会对企业的期望不断上升。近年来，经济全球化以及通讯技术的迅猛发展使得世界经济和社会不断融合。越来越密切的沟通和交流，使得人们的视野越来越宽广，对企业与社会的关系有了更深刻的理解，企业社会责任概念已经被社会大众普遍接受。人们越来越关注社会的公平正义和自然环境保护问题，对身心健康、生存环境、自我发展的要求也不断提高，由此对企业产生了越来越高的期望。

②企业与社会的矛盾日益突出。一方面，自然环境不断被破坏，三废污染、气候变暖、土地荒漠化、臭氧层破坏、资源短缺、生物多样性锐减等问题不断恶化，严重威胁着人类的生存环境；另一方面，企业违背道德的社会责任事件层出不穷："红心蛋"、"多宝鱼"、"福寿螺"、"瘦肉精"、陈馅月饼、劣质奶粉等事件让消费者心有余悸，有毒有害的作业场所大量存在，拖欠农民工工资司空见惯，矿难事故频繁发生，虚假广告、偷税漏税、拖欠货款、侵犯员工权益等现象普遍存在。这些都使得企业与社会之间的矛盾越来越显著。

③企业社会责任运动愈演越烈。自20世纪70年代开始，以资本全球化、市场全球化、贸易规则全球化为主要特征的经济全球化进程迅速加快。经济全球化，在更大范围和更高层次上以更快的速度优化了资源配置，促进了经济繁荣，但与此同时也打破了既往的利益格局，加剧了社会矛盾。在政府和NGO（非政府组织）的推动下，在消费者、企业员工以及社会各界关心社会可持续

发展的人士共同参与下，遍及全球的企业社会责任运动蓬勃开展起来。

④可持续发展的呼声越来越响。可持续发展是 20 世纪 70 年代以来逐步提出的人与自然的协调发展模式，其内涵是"既满足当代人的需要，又不对后代人满足其需要的能力构成危害的发展"①。人类与社会矛盾的不断激化使得可持续发展的思想在全世界不同经济水平和不同文化背景的国家得到共识和普遍认同，并成为其追求的共同目标。在企业间竞争异常激烈的今天，承担社会责任既是企业追求人类可持续发展的体现，也是实现自身可持续发展的前提。

1.1.2 问题提出

近年来，全球化经济发展迅猛，人类社会日新月异，与此同时带来众多重大现实问题：社会矛盾日益突出，公共危机屡现不减，在社会各界无数次追嫌缉凶的争论中，企业被推向风口浪尖，企业社会责任逐渐成为研究学者和企业高管关注的焦点。尽管企业社会责任领域的相关研究发展迅速，取得了可喜的阶段性成果，但企业社会责任行为效率低下的现状却未得到显著改善，经济包袱依旧是企业社会责任的代名词。政府机构和各种非政府组织频频施压，然而上有政策、下有对策，缺少了企业积极主动性的企业社会责任行为，沦为企业获取竞赛资格的必要成本。监督和约束只能作为权宜之计，激发并增强企业履行社会责任的主观能动性才是解决问题的根本途径。这为本研究提供了基本切入点。

企业履行社会责任的惰性源于企业利益与社会利益的矛盾对立性，化解的关键就是挖掘两者的统一性，寻找企业和社会共同发展契合点，实现利益共赢。社会责任实践是社会发展的推动力量，而企业发展则主要依靠经营管理的推动。要寻找企业和社会的共同发展，首先要实现企业社会责任和企业经营管理的结合。但是，企业社会责任与企业经营管理的盲目结合，可能会破坏企业的战略配称（详见第五章第三节），而战略配称是企业创造竞争优势的最核心要素，是企业寻求可持续发展的有力依靠。因此，要使企业社会责任摆脱经济包袱的不良形象，必须在以下两个方面下功夫：一要将企业社会责任与经营管理相结合，寻找企业与社会共同发展的契合点；二是要将这种结合提高到战略高度，预防短视性给战略配称造成破坏。由此可见，只有将企业社会责任融入

---

① Palme, U. & Tillman, A. M. Sustainable Development Indicators: How Are They Used in Swedish Water Utilities [J]. Journal of Cleaner Production, 2008, 16 (13): 1346~1357.

企业战略管理中，才能真正让企业在服务社会责任同时提升自我，实现企业和社会的共赢。这是化解当前企业社会责任实践尴尬局面的关键所在，也是本研究的主要内容。

1.2　研究目标和研究意义

1.2.1　研究目标

本研究的总体目标是向学术界和实践界提供一个集本质探索和实践对策于一体、对企业操作具有指导意义的"企业战略管理中企业社会责任融入"的理论体系，具体包括理论研究层面和实践应用层面的两个子目标。

（1）理论研究层面：结合本质对策，构建研究框架。

对于企业社会责任研究来说，"企业战略管理中企业社会责任融入"还是一种新概念、新思想，首先我们要对其外部表现、内部规律等体现本质特征的要素进行深入探讨，这是本研究的揭示性研究工作；其次，"企业战略管理中企业社会责任融入"是一种对策性的提法，关键是研究其如何导入、如何提升的问题，这是本研究的策略性研究工作。由此，构建一个集理论研究和对策研究为一体的研究框架。

（2）实践应用层面：细化执行操作，验证实践效果。

企业社会责任研究发展历程中，并不乏优秀的理论框架，但终因没有对其执行操作进行细化而难以在企业实践中推广。因此，本研究的另一个子目标，就是对理论框架中"企业战略管理中企业社会责任融入"的导入和提升部分进行执行的分解和操作的细化。此外，"企业战略管理中企业社会责任融入"的提出采用的是规范性研究方法，这与现实是否相符，还需要通过实证研究来证明。

1.2.2　研究意义

本研究是针对当前重大现实问题的理论思考，综合了企业社会责任研究的现有问题及发展趋势，既有利于企业社会责任理论研究的丰富和发展，又能有效推进现实企业展开有关社会责任的探索与实践，具有重要的理论意义和实践意义。

（1）理论意义

当前的企业社会责任研究正处于一个对企业社会责任自身研究和实践对策研究的共同发展阶段，对企业社会责任本身特征性、规律性研究的不成熟限制了企业社会责任对策研究的深入开展。在对企业是否应该承担社会责任的争议中，学者们从不同社会学科视角进行了广泛讨论，这有利于人们从多方面加深对企业社会责任概念的理解，但也使得人们更倾向于从宏观角度，即从企业外部视角来研究社会问题，这使得企业社会责任研究在发展中出现两个弊端：一是不能平等地看待企业与社会的发展，倾向于牺牲企业利益来保障社会利益；二是很少在企业经营管理角度来研究企业社会责任，缺乏对企业社会责任与企业经营管理交互作用的深入研究。上述问题延续至今，限制了企业社会责任研究的快速发展，使其至今仍未出现一个系统管理框架。

本研究从上述问题的根源出发，在企业外部视角的基础上引入对企业自身的考虑，即采用综合的研究视角，将企业社会责任与企业经营管理作为一个有机整体看待，提出"企业战略管理中企业社会责任融入"的管理思想，并进一步探索两者的相互作用，寻找二者的有效结合，在对特征表现及作用机制全面了解的基础上，提出以导入模式和内控体系为主要内容的实践形式，从而构建理论研究和实践对策相结合的企业社会责任系统管理框架。本研究将克服当前企业社会责任研究中存在的主要问题，致力于以理论与实践相结合的方式突破当前主流研究的发展瓶颈，将丰富和发展企业社会责任理论的研究内容，为企业社会责任实践提供强劲的理论支撑。

（2）实践意义

当今社会，人们对企业的期望不断上升，社会责任要求不断增强，但大多数企业却处于消极应对状态，造成企业社会责任需求与供给的巨大缺口，企业与社会的矛盾日益突出，企业社会责任运动愈演愈烈。尽管近年来企业社会责任领域的相关研究发展迅速，取得了可喜的阶段性成果，但并未较大程度上推动企业社会责任实践的发展，企业社会责任行为效率低下的现状仍未得到显著改善。企业社会责任的履行水平的维系，主要依靠政府管制和社会约束，参与企业将其视为一种参赛成本。与此同时，我国改革之后形成的破坏性发展模式在社会经济中依然普遍存在，严重妨碍了我国企业和社会经济的健康可持续发展。仅仅依靠政府监管和社会约束，很难在短期内改变这一状态，而时间的延长势必增加社会修复的难度。社会责任的急迫需求与当前企业的履行惰性构成我国经济社会的一个突出矛盾。

本研究针对上述现实问题，分析企业社会责任履行惰性的根本原因，采用对立统一理论和战略配称理论探索企业社会责任提升企业竞争优势、解放企业生产力的有效途径，做出将企业社会责任融入企业战略管理的实践选择，并在对其自身进行深入研究的基础上，结合现代企业管理理论研究如何在企业内部初步导入和循环提升的问题，为现实企业提供了详细的执行方案和操作思路。本研究从企业社会责任中存在的企业与社会共同发展的契合点的客观事实出发，构建能实现企业价值与社会价值共享的管理机制，以克服企业的履行惰性、提升企业社会责任履行水平，提升企业竞争优势、解放企业生产力，推动企业和社会的共同发展，实现企业与社会的共赢。可以说，在当前的严峻形式下，这无异于久旱逢甘露、迷途遇故人，为企业社会责任实践走出阴霾快速发展指明了方向。

1.3　研究方法与技术路线

1.3.1　研究方法

本研究始终坚持理论联系实际，将企业社会责任研究的理论现状与企业社会责任实践的现实问题相结合，融合多种管理学理论，采用综合研究与比较研究相结合、规范研究与实证研究相结合、定性研究与定量研究相结合、静态研究与动态研究相结合的研究方法，对研究主题进行了多层面、多角度的分析和探讨，构建了集本质探索和实践对策为一体的"企业战略管理中企业社会责任融入"的理论体系。

（1）综合研究与比较研究相结合。综合研究重在多个层面、多个角度的综合集成，比较研究重在既定角度的差异分析。在本研究的基础理论及文献综述部分，既有对多种提法、不同框架的综合评述，又有对其差异性的对比分析，在综合与比较中回顾研究成果、发现研究不足，对研究思路的开发发挥了重要作用。

（2）规范研究与实证研究相结合。规范研究关注事物在理论上应该是怎样的，而实证性研究则关注事物在现实中究竟是怎样的。从整体研究来看，本研究主要采用规范研究的方法构建研究框架，又采用实验方法加以证明；从具体研究来看，本研究多处同时采用理论思辨法和意见采集法，这些都是规范、实证研究相结合的具体体现。

（3）定性研究与定量研究相结合。定性研究着眼于对事物的本质及其属性的探索，定量研究则着眼于对事物进行量的考察，两者具有互补性。本研在"企业战略管理中企业社会责任融入"的外在表现研究部分，既有对其基本内涵和内容特征进行的定性分析，又有对其要素关系进行的定量界定，定性与定量的结合使研究更全面、清晰。

（4）静态研究与动态研究相结合。静态研究重视事物发展的阶段性和相对稳定性，动态研究重视事物发展的连续性和不可间断性。要全面考察事物的发展规律，必须做到静态研究与动态研究相结合。本研究对"企业战略管理中企业社会责任融入"的发展规律的探讨，将采用连续变化和阶段表现两个观测视角，实现静态、动态研究相结合。

1.3.2 技术路线

本研究的技术路线如图 1.1 所示。

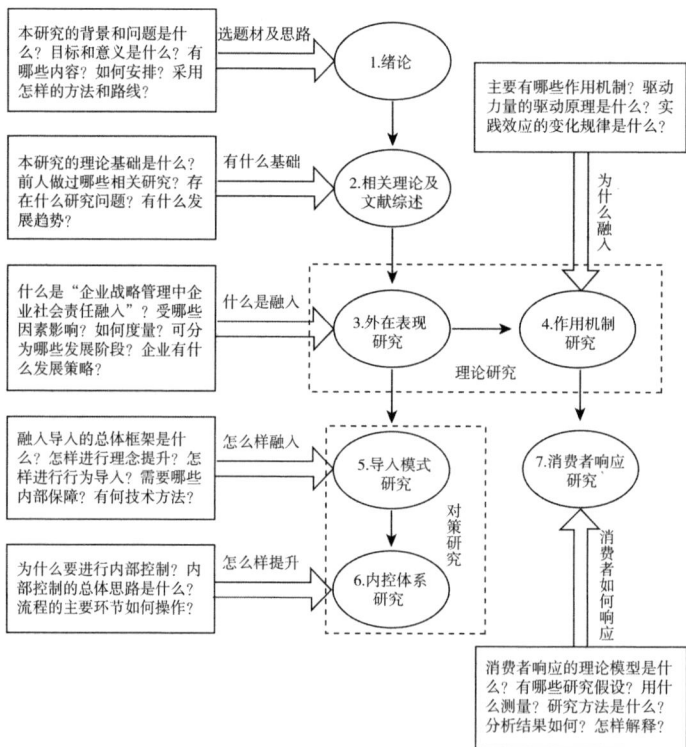

图1.1 论文的结构安排及技术路线

第 2 章

相关理论和文献综述

企业社会责任概念及理论框架是本研究开展的理论基础。本章回顾并分析企业社会责任概念的形成及发展，并依据其发展脉络对企业社会责任理论框架进行深入剖析。在此基础上，对与本研究密切相关的战略视角下的企业社会责任管理研究以及企业社会责任与消费者的相关研究进行综述。基于以上各部分，本章最后对目前的企业社会责任研究进行简单评述，并在归纳分析基础上预测发展趋势。

2.1 企业社会责任概念形成及发展

企业社会责任研究已有上百年的历史，有关企业社会责任的缘起及定义的讨论在其中占据了非常重要的地位。关于企业是否要承担社会责任及其原因的争论持续了相当长的时间，推动了学者们对企业社会责任的内涵和外延展开广泛的讨论。在企业社会责任概念不断明晰的过程，还由此衍生了一系列相关概念。回顾和分析企业社会责任概念的形成、发展及拓展有利于我们加深对企业社会责任理论的理解。

2.1.1 企业社会责任的争议

企业社会责任的定义是在企业是否要承担社会责任、企业为什么要承担社会责任的讨论中逐渐清晰和发展的，这些争议是建立在企业社会责任的早期概念基础上的，即企业社会责任是指利润最大化以外的责任。有关企业是否应承担社会责任争议的典型事件是 20 世纪 30 ~ 40 年代和 60 年代展开的两次著名的论战，论战促进了学术界对企业社会责任的进一步思考和研究。

20 世纪 30 年代，Berle – Dodd 之间关于企业是否要承担社会责任的论战始于对企业经营者职能的讨论。哥伦比亚大学法学院教授 Berle 认为，股东是企业的唯一委托人，企业管理者应该以股东利益最大化为唯一目标；而哈佛大学法学院 Dodd 教授则认为，企业既有社会服务功能又有营利功能，企业管理者作为多方受托人，应该树立对职工、消费者和社会大众的社会责任感①。之后，Berle 和 Dodd 争论发生了一些戏剧性的变化，Dodd 放弃了企业应承担社会责任的观点，而 Berle 反而认为 Dodd 原来的观点是对的。两位学者的思想变化说明两种论点本身都具有缺陷，单方委托人的观点忽略了现实基础的变化，多方委托人的观点则缺乏有力的理论支撑。

20 世纪 60 年代初，Berle – Manne 之争使得 Berle – Dodd 得以延续。Manne 批评 Berle 没有讲清楚为何企业管理者的职责是执行在企业利益相关者之间分配企业财富的问题。Berle 则反驳，企业经营者并非不适合担当企业所有利益相关者的受托人和财富分配者的角色。之后，Manne 的思想逐渐发生转变，逐渐有条件地接受企业要承担社会责任的观点②。但两人都从未对为何企业管理者是执行在利益相关者之间分配企业财富职能的最佳人选提供明证。

在两场著名的论战过程中，学术界对企业与社会关系的认识逐渐分成了两派：一派认为企业唯一的社会责任就是在一定的规则内实现股东利益最大化；另一派认为除了股东利益外，企业社会责任还要求企业关注与其相关群体的利益，我们简单称为企业社会责任反对派和支持派。

企业社会责任反对派的观点主要来自主流经济学中的企业理论，即股东之上主义，主要代表人物有美国哈佛大学教授 Theodore Levitt 以及诺贝尔经济学奖得主 Friedrich A. Hayek 和 Milton Friedman。Levitt 认为企业经营者关注社会责任大部分是基于营利动机，部分经营者以社会责任为目标并加以实践是危险的，会影响民主社会价值观的多元化③。Hayek 认为，企业唯一的目标是作为出资人的受托者赚取长期利润，履行社会责任可能使企业将主要精力放在与"正确的目的"不相干的努力上，危及企业的生存④。Friedman 从资本主义的基本原则出发，认为企业的社会责任是增加企业利益，如果企业承担社会责

① Dodd, J. E. M. For Whom Are Corporate Managers Trustees? [J]. Harvard Law Review, 1932, 45 (7): 1145 ~ 1163.

② Sheikh, S. Corporate Social Responsibilities: Law and Practice [M]. London: Cavendish Publishing Limited London, 1996.

③ Levitt, T. The Dangers of Social Responsibility [J]. Harvard Business Review, 1958, (9/10): 41 ~ 45.

④ 郑海东. 企业社会责任行为表现_ 测量维度_ 影响因素及对企业绩效的影响 [D]. 杭州：浙江大学博士学位论文，2007.

任，社会将走向集体主义①。Hay 和 Friedman 反对企业社会责任的原因包括他们不相信企业承担社会责任不会造成企业长期利润的损失。Friedman 和 Levitt 还考虑到可能导致的社会性质的变化和民主社会的多元化问题。事实证明，他们的担心显然是多余的。我国著名学者张维迎在 2007 年的"第十四届中国企业家成长与发展调查结果发布暨企业社会责任研讨会"上从利润、收入、成本的关系以及利润产生的根源谈起，归结出企业的社会责任就是追求利润②，这显然也是一种股东之上主义的观点。

企业社会责任支持派的观点除了多方受托人观点外，还有综合契约论观点和利益相关者观点。综合契约论的代表人物是 Donaldson，他认为③，企业与社会缔结了一个契约，社会为企业的存在提供了条件，企业应对社会承担责任，社会应对企业的发展承担责任。他还指出，企业追求利润最大化不会自动导致社会进步，相反可能会导致众多社会问题，企业有责任为社会和经济的改善而运作。利益相关者理论认为企业不仅应对股东利益负责，而且应对界定清晰的其他利益相关者负责。利益相关者观点又可具体分为工具性观点和规范性观点④。工具性观点认为企业之所以要承担社会责任、关注利益相关者的利益要求，是因为企业社会责任可以成为企业实现经营目的的手段和工具，将使企业更有利可图⑤。规范性观点认为不论企业的经营状况如何，企业都有伦理责任，应当对利益相关者的要求做出恰当的回应，强调做"正确的事"和"应该做的事"，而不再将对利益相关者的关注作为企业实现经济利益的手段和工具⑥。

---

① Friedman, M. The Social Responsibility of Business is to Increase its Profits [N]. New York Times Magazine, 1970 – 9 – 13 (32).

② 央视国际. 正确解读企业的经济效益和社会效益 [EB/OL]. (2007 – 04 – 14) [2007 – 08 – 21]. http: //finance. cctv. com/20070821/106706. shtml.

③ Donaldson, T. & Dunfee, T. W. Ties That Bind: A Social Contracts Approach to Business Ethics [M]. Bsoton: President and Fellows of Harvard College, 1999.

④ 陈宏辉，贾生华. 企业社会责任观的演进与发展：基于综合性社会契约的理解 [J]. 中国工业经济，2003，(12)：85～92.

⑤ Jones, T. M. Instrumental Stakeholder Theory: A Synthesis of Ethics and Economics [J]. Academy of Management Review, 1995, 20 (2): 404～437.

⑥ Clarkson, M. E. A Stakeholder Framework for Analying and Evaluating Corporate Social Performance [J]. Academy of Management Review, 1995, 20 (1): 92～117. Mitchill, R. K., Agle, B. R. & Wood, D. J. Toward a Theory of Stakeholder Identification and Salience: Definng the Principle of Who and What Really Counts [J]. Academy of Management Review, 1997, 22 (4): 853～886.

经过长达 40 多年的争议和辩论，企业是否应该承担社会责任问题日益清晰。企业社会责任不利于企业实现利润最大化、企业社会责任会对社会发展造成负面影响等反对观点都是不合逻辑、不合时宜的，甚至陷入了对企业社会责任的误解。目前看来，企业承担社会责任已经不再是一个需要讨论的理论问题，而是企业必须面对的现实问题。企业社会责任研究的重点已经从是否要承担社会责任转向如何承担的问题。

2.1.2 企业社会责任的定义

学者们对企业社会责任的探索和研究源远流长，其思想的萌芽甚至可以追溯到企业产生之前。但是到目前为止，学术界并未对企业社会责任的理解达成一致。这是因为，企业的社会责任是一个历史范畴，它随着企业和社会的发展而发展变化，在不同的历史时期有不同的含义①。

1924 年，英国学者 Oliver Sheldon 在其著作《The Philosophy of Management》中正式提出了企业社会责任的概念。从可查阅的资料②获知，这是迄今为止对企业社会责任的最早描述。目前，对于公司社会责任概念的认识众说纷纭，在西方较有影响力的企业社会责任定义就不下几十种，本部分仅对国内外较有影响力的企业社会责任定义进行分析说明。

Sheldon 把企业社会责任与企业经营者满足企业内外各种社会需要的责任联系起来，并认为企业社会责任含有道德因素在内。他对企业社会责任的定义为③：企业社会责任是指企业应该为其影响到的其他实体、社会和环境的所有行为负责。Sheldon 关于企业社会责任的这种思想很快推进了理论界对传统企业社会责任理念的挑战，出现了受托人观念、利益平衡观念和服务观念，扩大了企业社会责任的含义。

Howard R. Bowen 在《Social Responsibility of the Business》一书中，使企业社会责任正式走进人们的视野，被认为是开创了现代企业社会责任概念研究

---

① 郭红玲. 基于消费者需求的企业社会责任供给与财务绩效的关联性研究 [D]. 成都：西南交通大学博士学位论文，2006.

② 沈艺峰，沈洪涛. 相关利益者理论研究传统之探讨 [J]. 中国经济问题，2003，(2)：23～31. 马力，齐善鸿. 公司社会责任理论述评 [J]. 经济社会体制比较，2005，(2)：138～141. 杨帆，吴江. 国外关于企业社会责任的理论评介 [J]. 暨南学报 (哲学社会科学版)，2006，(05)：67～71.

③ Sheldon, O. The Social Responsibility of Management, the Philosophy of Management [M]. London: Sir Isaac Pitman and Sons Ltd, 1924.

的创始者。他认为①："企业的社会责任是指商人按照社会的目标和价值，向有关政府靠拢、做出相应的决策、采取理想的具体行动的义务。"上述定义被众多学者给予很高的评价②，Bown 也因此被尊称为"企业社会责任之父"。

Bowen 从商人视角出发的社会责任研究引发了以企业为主体的社会责任研究。Keith Davis 认为企业社会责任是企业的决策者们采取行动的责任或义务，他们采取行动以保护和改善那些与他们自己的利益相一致的整个社会的福利③。Davis 经过十几年的研究，提出了著名的"责任铁律"，认为企业对社会责任的回避将导致社会所赋予权利的逐步丧失，企业应该考虑或回应超出狭窄的经济、技术和立法要求之外的议题，实现企业追求的经济目标和社会利益。

在此期间，众多学者对企业社会责任概念的模糊性发表了看法。Christopher D. Stone 认为，企业社会责任含义固然模糊不清，但正由此获得了社会各界的广泛支持④。Votaw 毫无保留地对其盛赞，认为企业社会责任是个绝妙的词汇⑤。但 R. Rutherford Smith 却认为，企业社会责任从来没能准确规定公司的行为标准，只不过是公司、政府和消费者团体相互斗争的工具⑥。R Gunness 认为，企业社会责任的批评言论反映了企业对解决困扰社会的诸多问题负有直接责任、也有能力单独担当此任的信念，但这种想法其实是一种不切实际的空想⑦。

20 世纪 70 年代，消费者权益运动浪潮高涨，引起了非政府机构对企业社会责任的关注。1971 年，美国经济发展委员会发表了具有历史创新意义的文章《Social Responsibility of Business Corporations》，为此后的企业社会责任大讨论奠定了基础。文章通过对企业社会责任概念外延的描述对企业社会责任进行

---

① Brown, H. R. Social Responsibility of the Businessman [M]. New York: Harper, 1953.

② Carroll, A. B. Corporate Soicial Responsibility [J]. Business & Society Review, 1999, 38 (3): 268 ~ 295.

③ Davis, K. & Blomstrom, R. Business and Society: Environment and Responsibility (3rd ed.) [M]. New York: McGraw - Hill, 1975.

④ Stone, C. D. Where the Law Ends the Social Control of Corporate Behavior [M]. New York: Harper & Row, 1975.

⑤ Votaw, D. Genius Becomes Rare in the Corporate Dilemma: Traditional Values and Contemporary Problems [M]. Enlewood Cliffs, N. J.: Prentrice Hall, 1975.

⑥ Smith, R. R. Social Responsibility: A Term We Can Do Without [J]. Business and Society Review, 1988: 31.

⑦ Gunness, R. Social Responsibity: The Art of the Possible [J]. Business and Society Review, 1986: 25.

界定，包括经济增长与效率、教育、用工与培训、公民权与机会均等、城市建设与开发、污染防治、资源保护与再生、文化与艺术、医疗服务以及对政府的支持等十个方面。

1979 年，对企业社会责任研究做出重大贡献的学者 Carroll 在文章《A Three – Dimensional Conceptual Model of Corporate Performance》中提出了影响深远的四责任框架①。他把企业社会责任定义为四个方面的责任，即生产、盈利及满足消费者需求的经济责任，在法律范围内履行其经济责任的法律责任，遵守社会准则、规范和价值观的伦理责任，以及具有坚定意志和慈爱心怀的自愿责任。Carroll 将企业社会责任赋予了明确的内容，突出了经济因素在企业社会责任中的重要地位。

很多著名的管理学者也对企业社会责任如何定义发表了自己的看法。Stephen P. Robins 和 Mary Coulte 认为，企业社会责任是指超过法律和经济要求的、企业为谋求对社会有利的长远目标所承担的责任②。这一定义建立的前提是企业都会遵守国家法律，并且在为社会做贡献的过程中，必须分清正确与错误的行为。Harold Koontz 和 Heinz Weihrich 认为，公司的社会责任就是认真地考虑公司一举一动对社会的影响③。但其研究视角是基于企业内部利益视角，没有考虑企业的社会角色，具有一定局限性④。

2000 年，世界可持续发展委员会（World Business Council on Sustainable Development，WBCSD）对企业社会责任进行了定义，认为企业社会责任是企业持续承诺的企业行为符合伦理要求、为经济发展作贡献，致力于改善员工及其家庭、以及社会和社会整体的生活质量的责任。以 WBCSD 的观点来看，企业社会责任是与经济发展和生态平衡相并列的人类社会可持续发展的重要方面。

我国也有众多学者对企业社会责任概念进行了探讨。刘俊海认为，企业社会责任是指公司不能仅仅以最大限度地为股东们盈利或赚钱作为自己存在的唯一目的，而应当最大限度地增进股东利益之外的其他所有社会利益，包括雇员

① Carroll, A. B. A Three – Dimensional Conceptual Model of Corporate Performance [J]. The Academy of Management Review, 1979, 4 (4): 497～505.

② ［美］斯蒂芬·罗宾斯. 管理学 [M]. 北京：中国人民大学出版社, 1998.

③ ［美］哈罗德·孔茨. 管理学 [M]. 北京：经济科学出版社, 1998.

④ 田虹. 企业社会责任效应研究 [D]. 长春：吉林大学博士学位论文, 2007.

利益、消费者利益、债权人利益、中小竞争者利益、当地社区利益、环境利益、社会弱者利益及整个社会公共利益等内容①。这种定义方法考虑了我国的具体国情。

屈晓华根据我国现阶段企业的实际情况，修改并扩充了 Carroll 四责任框架的内容。他认为②，企业社会责任是指企业通过企业制度和企业行为所体现的对员工、商务伙伴、消费者、社区、国家履行的各种积极义务和责任，具体包括经济责任、法律责任、生态责任、伦理责任和文化责任。他认为，企业社会责任是企业对市场和相关利益群体的良性反应，也是企业经营目标的综合指标。

姜启军认为③，企业社会责任是为了满足一定的社会利益，企业除了为股东追求利润外，还应遵守法律以及超越法律所要求的承担对其他利益相关者群体的责任。他认为，员工是企业社会责任中最主要的利益相关者，劳工权益是企业社会责任中最直接和最主要的内容，并进一步针对和员工有关的企业社会责任问题进行了深入讨论。

从企业社会责任定义发展过程中，我们有三点发现：

（1）人们对企业社会责任的理解具有差异性，其根源在于研究立场和对企业理解的不同。企业是历史发展的产物，它产生于社会需求，随社会发展而发展，是社会生活的一部分，是为社会服务的工具。20 世纪初，由于人们对企业的专注和依赖，使得它从工具变成了目的，而社会则异化为它的工具，但这种小曲折始终扭转不了大趋势。对企业本质的理解也是企业社会责任定义的关键问题。如果单纯把企业看做赢利机构，是资本的集合，那么其目的就是利益最大化。但企业是社会的有机构成部分，任何理由都改变不了这一客观现实。在这一前提下，企业是各种利益相关者的利益集合体，有责任平衡各种利益相关者的利益④。

（2）有关企业社会责任的定义虽然存在差异，但我们仍可以从中发现一些共同特征：①企业是一个经济组织，应该考虑其经济利益；②企业是一种社会存在，其生存发展离不开社会；③企业的经营运转不能随心所欲，应该受到

① 刘俊海. 公司的社会责任 [M]. 北京：法律出版社，1999.
② 屈晓华. 企业社会责任演进与企业良性行为互动研究 [J]. 管理现代化，2003，(5)：36～38.
③ 姜启军，顾庆良. 企业社会责任和企业战略选择 [M]. 上海：上海人民出版社，2008.
④ Friedman, M. Capitallism and Freedom [M]. Chicago：University of Chicago Press，1962.

一定的约束；④企业在生存发展中，应该对社会发展有所考虑。由此可见，企业社会责任是社会公众对企业的期望和要求，其行为主体是企业而非社会，企业承担社会责任并不是企业追求经济利益的对立面，但的确对其追求经济利益的行为形成一种约束。当然也有某些学者的观点与上述某些方面不符，但并不代表主流意见，虽然盛传一时，最终在激烈争论中落败。这一系列特征的厘清都有利于本研究顺利展开。

（3）企业社会责任概念在几十年的发展中，其变化主要体现在企业社会责任的对象及范围上，并且符合由少到多、由窄及宽的发展趋势。这与企业工具论一度盛行有莫大关系。当人们的研究视角过多地专注于企业，或者过多地考虑企业的短期存在时，企业便成了利益中心，企业的责任对象只有股东，追逐利润天经地义。但随着企业社会服务论的逐渐盛行，企业与社会的地位完全调换，企业的责任对象变成了与社会发展相关的一切人和物，责任范围不断变大。近年来，随着可持续发展呼声的日益高涨，人们倾向于从企业和社会可持续发展角度对企业社会责任进行定义，企业社会责任的内容也更加丰富。本研究正是从企业自身与人类社会可持续发展视角开展的研究，对企业社会责任内涵的理解也是建立在可持续发展基础上的。

2.1.3　企业社会责任的拓展

对企业社会责任定义的广泛讨论拓宽了人们的研究视野，由此涌现出许多与企业社会责任相关的概念。它们与企业社会责任在某些方面具有相似性，但关注的焦点又有所不同。这些概念的出现有利于我们从不同角度加深对企业社会责任的理解，促使我们从更加全面客观的视角来看待企业的社会责任问题。这些相关概念主要有企业社会响应、企业公共责任、企业社会表现、利益相关者以及企业公民。

（1）企业社会响应。响应社会需求远不只是决定做什么。当企业决定了做什么，后面还有怎样去做的问题，还有管理上的任务①。企业社会响应是行动导向的社会责任，是指企业面对社会压力如何应对，它与企业社会责任在本质上是一致的，但关注焦点是企业社会责任如何履行的问题。

（2）企业公共责任。企业公共责任是 Preston 和 Post 在探讨企业社会责任

---

① Ackerman, R. W. How Companies Respond to Social Demands［J］. Harvard Business Review, 1973, 51（4）: 88～98.

与企业内部管理的联系时提出的。他们提议用企业公共责任代替社会责任强调特定环境中组织管理的功能。他们认为，多数企业社会责任关注的是企业对社会的影响，与企业内部经营管理缺乏联系，而公共责任管理应考虑自身经济活动及其造成的内外影响①。

（3）企业社会表现。对于企业社会表现的含义，存在广义和狭义两种理解。狭义的企业社会表现主要指企业在承担社会责任方面做得怎么样，表现如何，侧重企业社会责任的外部评价。广义的企业社会表现是一个系统的研究框架，包括企业社会责任的行为原则、行为过程及行为结果等方面。本研究中提到的企业社会表现是广义的理解。

（4）利益相关者。利益相关者是指能够影响组织目标实现或受到组织目标实现过程影响的所有个体和群体②。我国企业社会责任研究中常常把企业的利益相关者列述为：股东、管理人员、员工、债权人、供应商、分销商、消费者、政府、特殊群体和社区等③。利益相关者是企业社会责任研究中的一个重要概念，有助于我们深入理解企业社会责任的作用对象、具体内容以及涵盖范围。

（5）企业公民。美国波士顿学院提出，企业公民是指公司将社会基本价值与日常商业实践、运作和政策相结合的行为方式，强调企业作为社会中的经济实体必须承担与个人类似的、应有的权利和义务。企业公民要求把企业当做社会公民来看待，企业在通过其核心业务为社会提供价值的同时，也向所有利益相关群体承担社会责任。

2.2　企业社会责任理论框架的演进

上一节中，我们提到，1924 年企业社会责任概念被正式提出后引起了社会各界广泛的争论，典型事件就是 30 ~ 40 年代的 Berle – Dodd 之争，争论的进行促进了人们对企业社会责任的思考，推动了企业社会责任研究的广泛开

---

①　Preston, L. E. & Post, J. E. Measuring Corporate Responsibility [J]. Journal of General Management, 1975, 2 (3): 45 ~ 52.

②　Freeman, R. E. Strategic Management: A Stakeholder Approach [M]. Boston: Pitman, 1984.

③　陈宏辉. 企业的利益相关者理论与实证研究 [D]. 杭州：浙江大学博士学位论文, 2003.

展。学者们通常把 20 世纪 50 年代作为现代企业社会责任研究的开端①。60 年来，企业社会责任研究的理论框架呈现出一条清晰的演进线索：企业社会责任框架——企业社会响应框架——企业社会表现框架——利益相关者框架。

2.2.1 企业社会责任框架

企业社会责任理论研究的第一个框架是企业社会责任框架（Corporate Social Responsibilty—CSR1），研究焦点是社会需要企业做什么②，属于企业社会责任"是什么"的研究范畴。企业社会责任框架研究包括历史上关于企业是否应当承担社会责任的争论，以及对企业社会责任的定义、对象、内容、层次、特征等方面的探讨。最具代表性的企业社会责任框架是 Carroll 的四责任框架。

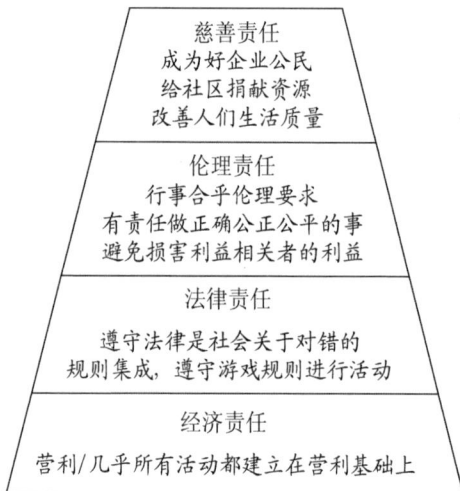

慈善责任
成为好企业公民
给社区捐献资源
改善人们生活质量

伦理责任
行事合乎伦理要求
有责任做正确公正公平的事
避免损害利益相关者的利益

法律责任
遵守法律是社会关于对错的
规则集成，遵守游戏规则进行活动

经济责任
营利/几乎所有活动都建立在营利基础上

图 2.1　Carroll 的企业社会责任四责任框架
资料来源：Carroll, A. B. The Pyramid of Corporate Social Responsibility：Toward the Moral Management of Organizational Stakeholders［J］. Business Horizons, 1991, 34：39～48。

1979 年，Carroll 在《A Three – Dimensional Conceptual Model of Corporate Performance》一文中提出了影响深远的企业社会责任的四责任框架，这是首次

---

① Carroll, A. B. A. A Three – Dimensional Conceptual Model of Corporate Performance［J］. Academy of Management Review, 1979, 4 (4)：497～505.

② Davis, K. Understanding the Social Responsibility Puzzle［J］. Business Horizons, 1967, 10 (3)：45～50. Davis, K. The Case for and against Business Assumption of Social Responsibility［J］. Academy of Management Journal, 1973, 16 (2)：312～322.

以企业社会责任的内容构成和层次分布为依据构建的企业社会责任框架模型。在该框架中，Carroll 把企业社会责任划分为四种类型，即经济责任、法律责任、伦理责任和自愿责任，并制定了各层次之间的权数关系，被称为"卡罗尔结构"（Carroll's Construct），下面我们进行详细说明。

Carroll 框架中的经济责任是指在市场交易中所需提供的产品和服务，那些控制员工的生产率或者监测消费者投诉的活动都是企业履行其重要经济责任的例子。法律责任是指遵守法律，企业负有依法而为其牺牲利润的义务，例如企业投资并不属于其产品生产设备的环保设备就是承担了减少污染的法定责任。伦理责任是指在市场交易中以公平和负责人的方式，尤其不是法定要求时，要求企业的行为模式完全遵循道德标准，像企业行为准则或者道德培训项目都有助于企业履行其道德责任。自愿责任是指企业自愿以比实际所承担的责任和期望更高的企业准则来指导企业活动，不具有强制性，后被明确为慈善责任（如图 2.1 所示）。

上述四个方面的责任具有层次性，经济责任是企业的首要责任，企业所有其他功能都是在这个根本假设基础上衍生出来的；其次是法律责任，这是企业安身立命必须遵守的；再次是伦理责任，这反映了社会公众对企业的期望；最后是自愿责任，取决于企业的自由斟酌。Carroll 进一步指出，上述四个方面的责任并非等量齐观，他们的权数各不相同，其权数按经济责任、法律责任、伦理责任和自愿责任依次为 4、3、2、1，这一权数后来被称为"卡罗尔结构"。在卡罗尔结构里，企业社会责任具有了明确的内容，并突出了经济因素在企业社会责任中的重要地位。

2003 年，Carroll[①] 将四责任框架中的伦理责任和慈善责任合并为一类，将原来的四种责任用三个责任领域来代替：经济责任、法律责任和伦理责任，即三领域框架（a three approach）。他根据三个领域之间的交叉关系，利用维恩图（venn framework）把企业社会责任分成七类，最后根据三个领域的相对大小，提出了企业承担社会责任的四种模式：经济责任导向型、法律责任导向型、伦理责任导向型以及责任平衡导向型。三领域框架有利于人们更好地理解企业不同的社会责任战略。

---

① Carroll, A. B. & Buchholtz, A. K. Business & Society: Ethics and Stakeholder Management (5th ed.) [M]. Ohio: South - Western, 2003.

Carroll 框架为企业社会责任内容和层次的明细做出了重要贡献，但仍存在诸多的局限性。首先，在责任框架中，伦理责任和慈善责任界限不明确，两者之间的关系也模糊不清；其次，四种类型的责任存在交叉重叠，导致有些企业社会责任行为无法清晰地归入某一特定类别；再次，该框架通过责任属性来划分社会责任类别显得比较抽象，不利于研究的操作化。三领域框架的提出只解决了第一个问题，后两个问题依然存在。这推动了学者们从其他角度对企业社会责任展开研究。

2.2.2　企业社会响应框架

企业社会责任理论研究的第二个框架是企业社会响应框架（Corporate Social Responsiveness—CSR2），研究焦点是企业应该怎样做才是履行社会责任，属于企业社会责任"是什么"的研究范畴。企业社会响应包括两个方面：一是面对社会压力，企业所采取的策略；二是面对社会问题，企业的态度是什么，包含了广泛的社会价值观。企业社会响应对企业社会责任具有直接影响，是行动导向的企业社会责任，Carroll 将其定义为"对社会响应的行动状况"①。

表 2.1　企业社会响应框架的主要研究成果

研究学者	企业社会响应框架的主要内容
Terry McAdam，1973	抵制——做必要的——不断进步——行业领先
Ian Wilson，1975	消极反应——防卫——适应——预反应
Davis & Blomstrom，1975	退出——公关——法律途径——谈判——解决问题
James Post，1978	适应——预反应——互动
Savage et al.，1991	监控——防卫——参与——合作
企业社会责任态度	消极————————积极

资料来源：Carroll, A. B. A Three – Dimensional Conceptual Model of Corporate Performance ［J］. Academy of Management Review, 1979, 4（4）：497～505，作者有修改。

在企业社会响应研究阶段，学者们往往以企业社会责任态度作为一个连续变量，探讨当企业所持态度从消极到积极变化时可能出现的行为策略。企业社会响应框架研究的代表人物有 Terry McAdam、Ian Wilson、Davis & Blomstrom、

---

① Carroll, A. B. & Buchholtz, A. K. Business & Society：Ethics and Stakeholder Management（5th ed.）［M］. Ohio：South – Western, 2003.

James Post 以及 Savage 等，其研究成果如表 2.1 所示。

有的学者在研究企业社会责任理论框架时，将企业社会责任和企业社会响应定义为一种理论框架，我们认为此举有所不妥，因为企业社会响应与企业社会责任并不相同。通过对企业社会责任框架和企业社会响应框架的深入分析，我们认为两者存在以下差异：（1）研究起点不同：企业社会责任研究的出发点是社会期望和伦理要求，企业社会响应研究的出点发是解决现实问题；（2）研究重点不同：企业社会责任研究的重点是企业对社会发展应该承担的责任和义务，企业社会响应研究的重点是对现实问题的实践对策；（3）关注焦点不同：企业社会责任研究关注的焦点是企业具有怎样的社会责任目标，企业社会响应研究关注的焦点是企业采用怎样的手段；（4）企业定位不同：企业社会责任研究对企业的定位是一种社会存在、一种道德载体，企业社会响应对企业的定位是一个经济组织、一个产品或服务的提供者。企业社会响应与企业社会责任上述方面的不同，使企业社会责任研究更倾向于从企业视角和应用角度来研究问题，是企业社会责任理论研究的巨大进步，应当作为一个独立发展阶段来对待。

2.2.3 企业社会表现框架

企业社会责任理论研究的第三个框架是企业社会表现框架（Corporate Social Responsiveness—CSR2）。该框架试图把原来相对独立的企业社会责任（CSR1）与企业社会响应（CSR2）整合在一起。企业社会表现框架经历了一个发展演变的过程，最早出现的企业社会表现框架是 Preston 提出的企业社会响应矩阵，但没有被广泛接受。影响较大的企业社会责任表现框架主要有 Carroll 的三维概念模型、Wartick 和 Cochran 的拓展模型，以及 Wood 的重构模型。

Carroll 认为①，企业社会责任研究应该把经济、法律或资源性的事物或问题归入到一个企业的社会责任范围内，并提倡企业对歧视、产品安全和环境等社会问题予以关注。在企业社会响应问题上，他认为企业响应态度是企业产生何种行为的关键。据此，Carroll 提出了企业社会表现的三个维度：社会责任内容、社会责任态度和有关联的社会问题，如表 2.2 所示。

---

① Carroll, A. B. A Three – Dimensional Conceptual Model of Corporate Performance ［J］. Academy of Management Review, 1979, 4（4）: 497~505.

表2.2 Carroll 的企业社会表现三维概念模型

第一维度： 社会责任内容	第二维度： 社会响应态度	第三维度： 有关联的社会问题
慈善责任	预反应	消费者主义
伦理责任	适 应	环境保护
法律责任	防 御	歧视
经济责任	抵 制	产品安全、职业安全、股东问题

资料来源：Carroll, A. B. A Three – Dimensional Conceptual Model of Corporate Performance [J]. Academy of Management Review, 1979, 4（4）：497～505，作者有修改。

1985 年，Wartick 和 Cochran 对 Carroll 的三维概念模型进行了拓展，将企业社会表现的三个方面分别用原则、过程和政策来表示①。他们认为，作为原则的企业社会责任反映了理念性目标，作为过程的企业社会响应反应了制度化目标，作为政策的社会问题管理反映了组织方面的目标，显示出了明确的层次性，如表2.3 所示。

1991 年，Wood②综合 Carroll 的三维概念模型以及 Wartick 和 Cochran 的拓展模型，对企业社会表现模型进行了重构，提出了一个新模型，如表2.4 所示。在该模型中，Wood 从企业实践视角提出了"原则——过程——结果"的研究体系，为现实中处于不同状态的企业如何参与社会责任实践提供了指导，具有较高的实用价值。

表2.3 Wartick 和 Cochran 的企业社会表现模型

原则	过程	政策
企业社会责任	企业社会响应	社会问题管理
（1）慈善责任	预反应	（1）问题识别
（2）伦理责任	适应	（2）问题分析
（3）法律责任	防御	（3）制定对策

---

① Wartich, S. L. & Cochran, P. L. The Evolution of the Corporate Social Performance Model [J]. Academy of Management Review, 1985, 10（4）：758～769.

② Wood, D. J. Corporate Social Performance Revisited [J]. The Academy of Management Review, 1991, 16（4）：691～717.

续表

原则	过程	政策
（4）经济责任	抵制	
针对： （1）企业的社会契约 （2）企业作为道德主体	针对： （1）应对社会变化的能力 （2）制定响应策略	针对： （1）尽量避免意外 （2）制定企业的社会计划
理念层次	制度层次	组织层次

资料来源：Wartich, S. L. & Cochran, P. L. The Evolution of the Corporate Social Performance Model ［J］. Academy of Management Review, 1985, 10（4）：758~769，作者有修改。

表 2.4　Wood 的企业社会表现模型

企业社会责任原则	企业社会响应过程	企业行为结果
制度原则：合法性	环境分析	社会影响
组织原则：公共责任	利益相关者管理	社会项目
个人原则：管理判断	问题管理	社会政策

资料来源：Wood, D. J. Corporate Social Performance Revisited ［J］. The Academy of Management Review, 1991, 16（4）：691~717，作者有修改。

Wood 的企业社会表现框架中行为结果的提出，还推动了企业社会责任实证研究的发展，主要集中在企业社会绩效与企业财务绩效（CSP - CFP）的关系上，企业社会责任研究在该方面收获了丰富的成果。

与企业社会响应框架相比，企业社会表现框架越来越注重企业的行为特征，体系性和操作性明显增强，但仍存在以下缺陷：（1）企业社会责任原则没有内部化：制度—组织—个人的分级研究方法显然是从政府或社会角度出发的，而不是从企业社会责任主体角度来考虑的；（2）企业响应过程没有细致化：环境分析—利益相关者管理—问题管理的企业社会责任管理过程过于粗糙，与能够有效指导企业实践操作的差距还很大；（3）企业行为结果没有企业化：只考虑了企业社会责任实践对社会的影响，缺少对企业社会责任的企业效应的思考，而这却是现实企业更为关心的问题。上述研究缺陷给本研究提供了良好的切入点。

2.2.4　利益相关者框架

企业社会责任理论研究的第四个框架是利益相关者框架。该框架与前述三个框架的研究视角完全不同，既不是从责任性质出发研究社会责任内容层次，也不是从企业态度出发研究企业行为策略，又不是从问题管理出发研究社会责任实践过程，而是界定了一系列企业社会责任的履行对象，借此来全面探讨社会责任管理问题。利益相关者理论使企业社会责任研究进入一个崭新的发展阶段。

关于利益相关者的说法可以追溯到 20 世纪 60 年代，但学术一般把 1984 年 Freeman "Strategic Management: A Stakeholder Approach" 一书的出版作为利益相关者理论正式产生的标志。Freeman 认为，利益相关者是指能够影响组织目标实现或受到组织目标实现过程影响的所有个体和群体①。在此后的 20 多年中，利益相关者研究迅速发展，在经济学、管理学、伦理学、社会学、政治学和公共管理学等多个相关领域获得了丰富的成果。利益相关者在企业社会责任领域的框架性研究主要集中在两个方面：利益相关者的分类框架和管理框架，下面我们分别进行说明。

（1）利益相关者的分类框架：主要有概念细分法和米切尔评分法。

①概念细分法。利益相关者的概念细分法首先提出不同的特征维度，之后从一个或多个特征维度入手，对利益相关者概念性进行思辨和分析，将其分为不同的类别。以概念细分法提出利益相关者分类框架的代表性学者有 Freeman、Frederick、Grant、Clarkson 以及 Wheeler。

Freeman 提出了利益相关者分类的三个维度②：所有权、经济依赖性和社会利益，并据此分为对企业拥有所有权、与企业在经济上有依赖关系和与企业在社会利益上存在关系的三类利益相关者。第一类包括企业外部的持股人士及内部的持股董事和经理；第二类包括经理人、债权人、内部服务机构、雇员、消费者、供应商、竞争者、地方社区和管理机构；第三类包括特殊群体、政府和媒体。

Frederick 根据利益相关者与企业是否直接发生市场交易关系，将利益相关者分为直接利益群体和简介利益群体③。前者包括股东、员工、债权人、供应商、零售商、消费者以及竞争对手；后者包括中央政府、地方政府、外国政

① Freeman, R. E. Strategic Management: A Stakeholder Approach ［M］. Boston: Pitman, 1984.

② Freeman, R. E. Strategic Management: A Stakeholder Approach ［M］. Boston: Pitman, 1984.

③ Frederick, W. C. Business and Society, Corporate Srrategy, Public Policy, Ethics (6th ed.) ［M］. New York: McGraw – Hill Book, 1988.

府、社会活动团体、媒体、一般公众以及其他团体。Charkham 也根据类似分类规则将利益相关者分为契约型利益相关者和公众型利益相关者①。

Grant 根据对企业的威胁潜力和与企业的合作潜力，将利益相关者分为支持型、边缘型、混合型和反对型②。这种思路将利益相关者分类的关键转化为如何判定利益相关者对企业的威胁或合作潜力。利益相关者的威胁或合作潜力判别表如表 2.5 所示。Grant 实际上并没有对利益相关者进行分类，而是给出了分类规则。

Clarkson 根据利益相关者在企业经营活动中承担风险的种类将其分为自愿型和非自愿型③。前者指主动在企业中进行物质或人力资本投资的群体，后者是指被动承担风险的群体。一年后，Clarkson 又根据相关群体与企业联系的紧密性，将利益相关者分为首要的利益相关者和次要的利益相关者。前者包括股东、投资者、雇员、顾客和供应商；后者包括环境主义者、媒体、学者以及众多的特定利益集团。

表 2.5　Grant 的威胁与合作潜力判别表

因素	利益相关者情况	威胁潜力	合作潜力
是否掌握关键资源	掌握关键资源	升高	升高
	没有掌握关键资源	降低	不变
实力与公司相比如何	实力比公司更强	升高	不变
	实力与公司相当	不变	不变
	实力没有公司强	降低	升高
可能采取何种行动	可能采取支持行动	降低	升高
	可能采取反对行动	升高	降低
	不会采取任何行动	降低	降低

① Charkham, J. Corporate Governance: Lessons From Abroad [J]. European Business Journal, 1992, 4（2）: 8～16.

② Grant, T. S., Nix, T. W., Whitehead, C. J. & Blair, J. D. Strategy for Assessing and Managing Organization Stakeholders [J]. Academy of Management Executive, 1991, 5（2）: 86～102.

③ Clarkson, M. E. A Stakeholder Framework for Ananlying and Evaluating Corporate Social Performance [J]. Academy of Management Review, 1995, 20（1）: 92～117.

续表

因素	利益相关者情况	威胁潜力	合作潜力
可能与谁结盟	可能与其他利益相关者联盟	升高	不变
	可能与本公司联盟	降低	升高
	不会参加任何联盟	降低	降低

资料来源：Grant，T. S.，Nix，T. W.，Whitehead，C. J. & Blair，J. D. Strategy for Assessing and Managing Organization Stakeholders［J］. Academy of Management Executive，1991，5（2）：86～102，作者有修改。

Wheeler 在 Clarkson 研究的基础上，又引入了社会性维度，依据利益现观者的社会性和企业紧密性，分为首要的社会性利益相关者、次要的社会性利益相关者、首要的非社会性利益相关者和次要的非社会性利益相关者①。

上述学者对利益相关者的概念细分极大地深化了人们对企业利益相关者特征的认识，但研究过于理论化，实践操作性不强，使其对企业社会责任研究的贡献非常有限。米切尔评分法的提出使得这一状况大为改观，为企业社会责任理论发展开辟了道路。

②米切尔评分法。20 世纪 90 年代后期，美国学者 Mitchell 和 Wood 提出了一种将利益相关者界定与分类相结合的评分法，该方法思路清晰，简单易行，受到了学术界和企业界的普遍推崇，大大推进了利益相关者理论的应用与实践，学者们常将其称为米切尔评分法，如图 2.2 所示。

Mitchell 认为②，利益相关者的确认和特征是利益相关者理论的两个核心问题，并提出了可以明确上述核心问题的三个属性：合法性、权力性和紧急性，根据利益相关者在以上三个属性评分的高低，就可以确定某个体或群体是不是企业的利益相关者，是哪一类型的利益相关者。要成为一个企业的利益相关者，只要符合其中一条属性，即要么对企业拥有合法的索取权，要么能够对企业决策施加压力，要么能够紧急地引起企业管理层关注。

---

① Wheeler，Maria. Including the Stakeholders：the Business Case［J］. Long Range Planning，1998，31（2）：201～210.

② Mitchill，R. K.，Agle，B. R. & Wood，D. J. Toward a Theory of Stakeholder Identification and Salience：Definng the Principle of Who and What Really Counts［J］. Academy of Management Review，1997，22（4）：853～886.

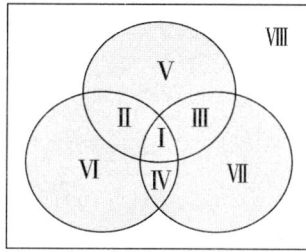

图2.2 米切尔评分法对企业利益相关者的分类

资料来源：Mitchill, R. K., Agle, B. R. & Wood, D. J. Toward a Theory of Stakeholder I-dentification and Salience：Definng the Principle of Who and What Really Counts ［J］. Academy of Management Review, 1997, 22（4）：853～886，作者有修改。

经过上述三个属性的评分，企业利益相关者可以分为三类：确定型利益相关者、预期型利益相关者和潜在的利益相关者。确定型利益相关者在三个属性的评分都较高，企业必须高度关注其需求并设法满足，典型的确定型利益相关者包括股东、雇员和顾客。预期型利益相关者有两个属性的评分较高，与企业的联系较为密切，合法性和权力性评分较高的利益相关者可能会参加并影响企业决策，合法性和紧急性评分较高的利益相关者往往采用结盟、参加政治活动或呼吁管理良知等办法来实现自身的要求，紧急性和权力性评分较高的利益相关者常常通过暴力来满足他们的要求。潜在利益相关者只有一个属性的评分较高，只有合法性评分较高的群体会在企业不同运作情况下发挥（或不发挥）利益相关者作用，只有权力性评分较高的群体处于一种蛰伏状态，只有紧急性评分较高的群体很难获得企业的关注。图2.2表示了米切尔评分法对利益相关者进行分类的结果。其中Ⅰ是确定型利益相关者，Ⅱ、Ⅲ、Ⅳ是预期型利益相关者，Ⅴ、Ⅵ、Ⅶ是潜在的利益相关者，而Ⅷ则不是利益相关者。

米切尔评分法大大推进了利益相关者实证研究的发展。Agle、Mitchell 和 Sonnenfeld①、Knut 和 Svein② 以及陈宏辉和贾生华③分别以美国企业、挪威企业和中国企业为样本对这一分类方法进行了实证研究，结果完全支持米切尔方

① Agle, B. R., Mitchell, R. K. & Sonnenfeld, J. A. Who Matters to Ceos? An Investigation of Stakeholder Attributes and Saleence, Corporate Performance, and CEO Values ［J］. Academy of Management Journal, 1999, 42（5）：507～525.

② Kunt, H. M. & Svein, J. From User－groups to Stakeholders? The Public Interst in Fisheries Management ［J］. Marine Policy, 2001, 25（4）：281～292.

③ 陈宏辉. 企业利益相关者理论与实证研究 ［D］. 杭州：浙江大学博士学位论文, 2003.

法的有效性。陈宏辉和贾生华[①]又进一步完善了米切尔评分法。他们遵循严格的科学程度，充分考虑我国的现实情况，将企业的利益相关者界定为股东、管理人员、员工、债权人、供应商、分销商、消费者、政府、特殊群体和社区等十类，又进一步根据重要性、紧急性和主动性三个评分属性将其分为核心利益相关者、蛰伏利益相关者和边缘利益相关者，有利地推动了我国基于利益相关者的企业社会责任研究的迅速发展。

（2）利益相关者的管理框架：主要有 RDAP 管理模型、分类管理模型、基于企业生命周期的利益相关者动态管理模型以及战略性利益相关者管理模型与内生利益相关者承诺模型，下面分别予以介绍。

①RDAP 管理模型。该模型是 Clarkson 根据 Carroll 的四种企业社会责任策略提出的。Carroll 在研究企业社会表现问题时，提出企业在承担社会责任时有四种策略可供选择：对抗型策略、防御型策略、适应型策略和预见型策略[②]。Clarkson 将此模型用于企业利益相关者管理，认为这正对应企业四种不同的利益相关者管理策略[③]，具体内容如表 2.6 所示。RDAP 管理模型的提出为企业利益相关者管理指明了方向，但它没有说明具体的执行措施，也没有指出不同利益相关者应该采取哪种管理策略，其应用价值非常有限。

表 2.6　企业利益相关者 RDAP 管理模型

策略类型（RDAP）	定位或内涵	社会表现
对抗型（Reactive）	否认责任	比要求的做得少
防御型（Defensive）	接受责任但拒绝承担	尽量少履行
适应型（Accommodative）	接受责任但同时希望获得让步	仅做到所要求的事
预见型（Proactive）	预测责任且承担责任	比要求做得多

资料来源：Clarkson, M. E. A Stakeholder Framework for Analying and Evaluating Corporate Social Performance［J］. Academy of Management Review, 1995, 20（1）: 92 ~ 117，作者有修改。

---

① 陈宏辉，贾生华. 企业社会责任观的演进与发展：基于综合性社会契约的理解［J］. 中国工业经济，2003，（12）：85～92.

② Carroll, A. B. A Three – Dimensional Conceptual Model of Corporate Performance［J］. Academy of Management Review, 1979, 4（4）: 497~505.

③ Clarkson, M. E. A Stakeholder Framework for Analying and Evaluating Corporate Social Performance［J］. Academy of Management Review, 1995, 20（1）: 92~117.

②分类管理模型。Grant 根据对企业的威胁潜力和与企业的合作潜力，将利益相关者分为支持型、边缘型、混合型和反对型，并进一步提出了与之对应的利益相关者管理策略①，如图 2.3 所示。分类管理模型克服了 RDAP 管理模型的一些缺陷，指出了不同利益相关者应该采取的管理策略，但没有考虑具体情境对利益相关者分类和管理策略匹配的影响，其实践操作性仍然较差。

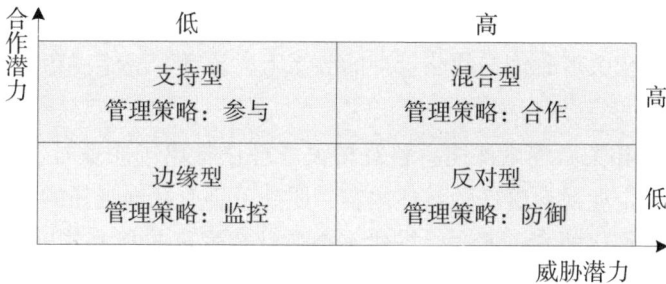

图 2.3　企业利益相关者分类管理模型

资料来源：Grant, T. S., Nix, T. W., Whitehead, C. J. & Blair, J. D. Strategy for Assessing and Managing Organization Stakeholders ［J］. Academy of Management Executive, 1991, 5 (2)：86～102，作者有修改。

③基于生命周期的利益相关者动态管理模型。该模型是 Jawahar 和 Mclaughlin 在资源依赖理论和期望理论基础上②，结合 Miller 和 Friesen 提出的四阶段生命周期说法③和 RDAP 模型提出的。他们认为，企业不但要对不同利益相关者采取不同管理策略，相同利益相关者在不同生命周期阶段也应采取不同管理策略。该模型虽然克服了分类管理模型没有考虑管理情境的缺陷，但也没有对具体执行措施进行说明，依然不具备实践操作性。

④战略性利益相关者管理模型与内生利益相关者承诺模型。这两个模型都是 Berman 从现有利益相关者理论研究中导出的④。战略利益相关者模型认为

① Grant, T. S., Nix, T. W., Whitehead, C. J. & Blair, J. D. Strategy for Assessing and Managing Organization Stakeholders ［J］. Academy of Management Executive, 1991, 5 (2)：86～102.

② Jawahar, J. M. & Mclaughlin, G. L. Toward a Descriptive Stakeholder Theory：An Organization Life Cycle Approach ［J］. Academy of Management Review, 2001, 26：397～414.

③ Miller, D. & Friesen, P. H. Momentum and Revolution in Organizational Adaptation ［J］. Academy of Management, Journal, 1980, 23：591～614.

④ Berman, S. L. & Wicks, A. C. Does Stakeholder Orientation Matter? The Relationship between Stakeholder Management Models and Firm Financial Performance ［J］. Academy of Management Journal, 1999, 42 (5)：488～508.

主要利益相关者是企业实现财务目标的工具，企业对利益相关者的关注取决于其对财务绩效的提升能力，这显然是一种典型的工具论。内生利益相关者承诺模型认为企业对利益相关者负有道义责任，利益相关者利益应该优于其他战略，即企业利益相关者管理策略的制定仅考虑企业道德责任，而不考虑对财务绩效的影响，这显然是一种纯粹的道义论。Berman 提出了两种极端的利益相关者管理模型，虽然因为缺乏可执行的操作措施难以应用，但将人们的研究实现转向了利益相关者管理与战略管理的关系上，推动了战略视角下企业社会责任研究的发展。

（3）利益相关者理论评述。利益相关者理论指出了企业社会责任的作用对象，提出了企业社会责任的具体内容，明确了企业社会责任的涵盖范围，构建了企业社会责任的测量方法，搭建了企业社会责任与战略管理之间的桥梁，极大地推动了企业社会责任管理研究和实践的发展。与企业社会责任框架、企业社会响应框架和企业社会表现框架相比，利益相关者理论取得的另一个显著进步，就是在企业社会责任研究中逐渐考虑了企业内部视角，而不是如前三个理论框架一样站在政府和社会层面从企业外部审视企业社会责任问题。

但利益相关者理论还远非一个完善的理论，仍存在一些缺陷。首先，虽然众多学者提出了不同的利益相关者分类方法，但其基本出发点不同，即对利益相关者的理解不同，这导致各种分类方法无法统一，甚至存在矛盾之处；其次，利益相关者理论研究偏重于规范分析，实证研究明显不足，这在一定程度上制约了利益相关者理论在学术界的地位；最后，虽然当前的利益相关者理论研究内容庞杂，但并没有形成对企业实践具有指导作用的理论体系和研究框架。这些问题的解决都有待后续研究的开展。

2.3　战略视角下企业社会责任管理研究

在企业社会责任研究早期，西方学术界只是笼统地认为，企业社会责任有利于企业盈利。但很多可观察到的企业社会责任行为并非如此，有些企业社会责任行为给企业提供了价值创造的机会，有些对企业的价值创造能力没有改变甚至产生了负面影响。战略意味着精心挑选能实现企业价值目标的行为，并以异于竞争对手的方式来实施①。于是，国内外众多学者将研究视角转向战略管理框下的企业社会责任研究，以期能给企业社会责任理论研究带来新的春天。

2.3.1　战略性社会责任的基本内涵和构成维度

战略性社会责任概念的提出是企业社会责任研究明确提升到战略高度的阶段性成果。1972 年，哈佛大学的 Kenneth R. Andrews 首先将企业社会责任引入企业战略管理框架中，他认为战略决策包括四个主要方面②：一是识别和评价企业的优势和劣势；二是识别和评价环境中的机会和威胁；三是识别和评价管理者的个人价值观和管理抱负；四是识别和评价对社会应承担的责任。他的这种观点将企业社会责任提高到企业战略管理的高度，对企业社会责任实践的发展做出了贡献，但这种点到即止的提法又使得其发挥的作用非常有限。

Wartick 和 Rude 将对企业社会责任的战略思考称为问题管理，并定义为：对企业可能产生重大影响的社会问题和政治问题进行识别、评估和响应的过程③。Frederick④、Ackerman⑤、Wilson⑥、Greening 和 Gray⑦ 等学者都对问题管理展开了相关研究。从问题管理角度来开展的企业社会责任活动，更多地是预防企业社会责任的各种消极影响，在一定程度上忽略了企业社会责任能带来现实收益的巨大潜力。

最早明确提出"战略性企业社会责任"（Strategic corporate social responsibility）这一术语的学者是 Burke 和 Logsdon⑧。他们指出，企业社会责任对企

---

① Porter, M. E. Whai is strategy? [J] Harvard Business Review, 1996, 74 (6): 61~79.

② 欧阳润平，宁亚春. 西方企业社会责任战略管理相关研究述评 [J]. 湖南大学学报（社会科学版），2009，(03)：48~52.

③ Wartick, S. & Cochran, R. E. Issues Management: Corporate Fad or Corporate Function? [J]. California Management Review, 1986, 29 (1): 214~132.

④ Frederick, W. C. Anchoring Values in Nature: Towards a Theory of Business Values [J]. Business Ethics Quarterly, 1992. 2 (3): 283~304. Frederick, W. C. Moving to CSR4 [J]. Business and Society, 1998, 37 (1): 40~60.

⑤ Ackerman, R. W. How Companies Respond to Social Demands [J]. Harvard University Review, 1973, 51 (4): 88~98.

⑥ Wilson, Mel. Corporate Sustainability: What is it and Where does it Come From? [J]. Ivey Business Journal, 2003, (3/4): 1~6.

⑦ Greening, D. W. & Gray, B. Testing a Model of Organizational Response to Social and Political Issues [J]. Academy of Management Journal, 1994, 37: 467~498.

⑧ Burke, L. & Logsdon, J. M. How Corporate Social Responsibility Pays Off [J]. Long Range Planning, 1996, 29 (4): 495~502.

业的回报与对利益相关者和广大社会的回报是一致的，当企业社会责任能切实产生与企业相关的利益时，特别是对企业核心业务的支持，进而促进企业绩效，有助于实现企业使命时，企业社会责任就上升到战略高度。他们认为战略性企业社会责任包含五个维度：企业社会责任项目与企业使命和目标的一致性、企业社会责任项目的专用性、按环境趋势来规划行为的前瞻性、不受外部制约而自由决策的自愿性，以及赢得认可的可见性。这一研究为企业社会责任实践提供了原则指导。

Husted 和 Allen 修正了 Burke 和 Logsdon 的"五维度"模型①。他们认为履行强制性企业社会责任也可以使企业获得竞争优势，自愿性对于战略性企业社会责任并非必要。他们将战略性企业社会责任定义为四种能力：一是为企业的资源和资产组合设置一致目标的能力（一致性）；二是先于竞争对手获得战略性要素的能力（前瞻性）；三是通过顾客对企业行为的感知来建立声誉优势的能力（可见性）；四是确保企业创造的价值增值为企业所独占的能力（专用性）。Husted 和 Allen 的四种能力的提法是企业社会责任内涵进一步拓展的表现。

Baron 在扩展了 Burke 和 Logsdon 的研究，引入了"非战略性企业社会责任"②。他们按照利润最大化（profit maximization）、利他主义（altruism）和应对社会活动家威胁（threats by the activist）等三种动机，将企业社会责任明确区分为战略性和非战略性企业社会责任。战略性企业社会责任是指企业中承载着社会责任并以利润最大化为目的的战略性行为。在其他条件相同的情况下，利润最大化动机比利他主义动机和应对活动家威胁动机能导致更好的财务绩效，但在社会责任表现方面要比这两者弱一些。这为我们研究企业社会责任提供了一个新的视角。

基于对 Carroll 的企业社会责任分类思想的批判和继承，Lantos 对不同性质的企业社会责任的界限进行了进一步阐述。他从责任性质（必需还是自愿）和责任动机（为了利益相关者的利益，或为了企业的利益，或者两者兼顾）

---

① Husted B. W., Allen D. B. Strategic Corporate Social Responsibility and Value Creation among Large Firms. Long Range Planning, 2007a, 40: 594～610.

② Baron, D. P. Private Politics, Corporate Social Responsibility and Integrated Strategy ［J］. Journal of Economics and Management Strategy, 2001, 10: 7～45.

两个方面，将企业社会责任划分为战略性、伦理性和利他性等三种类型①。战略性企业社会责任是指能作为营销工具以提升企业形象，进而增进企业利润的企业慈善活动，可以通过服务社会获得利润，应该受到鼓励。而伦理性企业社会责任是指使企业经营对社会的损害最小化的企业活动，利他性企业社会责任则指弥补并非企业所致的公共福利缺陷，企业从中获益的可能性不确定的企业活动。

Porter 和 Kramer 以竞争优势理论为基础，在发表于 2002 年 12 月《哈佛商业评论》的"企业慈善事业的竞争优势"（The competitive advantage of corporate philanthropy）一文中提出了战略性慈善事业（Strategic philanthropy）概念②，即企业经济和社会效益的双赢状态，对 Lantos 的定义进行了必要的拓展，丰富了战略性社会责任的内涵和外延。Porter 指出企业应当把企业社会责任融入整体经营战略中，加大对社会责任的投入以求增强企业的竞争力，企业承担社会责任并不会约束企业的发展，相反是企业获得机会、创新和竞争优势的源泉之一。

我国学者徐超和陈继祥认为③，战略性企业社会责任是指能为企业带来利润的涉及企业社会责任的政策、项目或过程，它能支持企业的核心业务，从而有效地实现企业的使命。并进一步指出，战略性企业社会责任活动具有以下四个特征：向心性、专属性，超前反映性和可见性。这与 Burke 和 Logsdon 的研究基本一致，但是将颇具争议的自愿性从战略性企业社会责任特征中去除。

我国学者还提出了其他类似概念，如企业社会责任型战略和企业社会责任创新战略。陈明将企业社会责任型战略定义为④：以承担社会责任为愿景，致力于打造企业的社会责任竞争力。刘斌将企业社会责任创新战略定义为⑤：把承担社会责任作为一种提高自身竞争力和追求可持续发展的、以退为进的新战略。这些概念与战略性社会责任既有交叉，又不完全相同，但都代表了研究者

---

① Lantos, G. P. The Boundaries of Strategic Corporate Social Responsibility [J]. Journal of Consumer Marketing, 2001, 18 (7): 595~630.

② Porter, M. E. & Kramer, M. R. Strategy and Society: The Link between Competitive Advantage and Corporate Social Responsibility [J]. Harvard Business Review, 2006, 12: 78~92.

③ 徐超，陈继祥. 战略性企业社会责任的评价 [J]. 上海企业, 2005, (5): 21~23.

④ 陈明，刘跃所. 企业责任型战略的界定与实施方略 [J]. 企业研究, 2006, (5): 69~71.

⑤ 刘斌，王杏芬，李嘉明. 实施企业社会责任创新战略的模型分析 [J]. 科技进步与对策, 2007, 24 (4): 111~115.

对企业社会责任的战略思考。

尽管不同学者对战略性企业社会责任阐述各有差异，但整体看法基本相同。他们都认为战略性企业社会责任是兼顾了企业自身的战略和外部环境特征的企业战略行为，能够将企业利益和社会利益的创造进行最大程度的统一，既有利于培养和增强企业的竞争优势，也能通过提升企业形象、企业声誉等方式增加企业的长期收益。战略性企业社会责任的提出有力地推动了企业社会责任管理理论和实践的发展。

2.3.2　基于战略思考的企业社会责任应对模式

由前述战略性社会责任的基本研究可以看出，战略性社会责任是从企业角度出发的对于承担社会责任的战略性思考，本身就表明了企业的积极态度。显然，这是社会公众期望中的比较理想的企业回应社会责任需求的方式。但是，现实企业出于各种各样的考虑，会采取不同的企业社会责任应对模式，这些实践模式具有哪些特征、预期效果如何都是战略视角下企业社会责任管理研究的重要内容。

Ian Wilson 根据现实中不同企业对待社会责任态度的差异，提出了四种不同的企业社会责任战略[①]：消极反应战略、最低限度地遵守规章制度和法定义务等强制性要求的防卫战略、企业自觉地按照利益相关者的期望来采取行动的适应战略，以及积极响应预期到的利益相关者要求的预反应战略。类似的，我国学者杨继瑞等将社会责任战略分为消极反应战略、抵御战略、适应战略和提前采取行动战略[②]。根据这种观点，要提高企业履行社会责任的水平，就要在企业的社会责任态度上狠下功夫。

L. S. Paine 从伦理角度提出了合法服从战略和整合战略[③]（见表2.7），分析了企业采取不同战略的原因及其战略行为。他认为如果经理人不能认识到他们在规范组织伦理和寻求加强商业关系和声誉等方面的责任，在不可宽恕的成

---

①　Wilson, I. What one company is doing about today's demands on business, In George A Steiner (ED), Changing Business society interrelationships [C]. Los Angeles: Graduate School of Management, 1975.

②　杨继瑞，李晓涛，黄善明. 企业社会责任的治理及对策思考 [J]. 福建论坛（人文社会科学版），2005，(1)：111~114.

③　Paine, L. S. Managing for Organizational Integrity [J]. Harvard Business Review, 1994, March/April: 106~117.

熟商业环境下，企业经理人必须承担个人和企业责任的风险。Paine 的企业社会责任战略分类实际上只对 Carroll 框架下的法律责任进行了探讨，没有对其他责任进行分析。

Hummels 和 Karssing 针对企业社会责任区分了三种不同的战略：合法服从战略、整合战略和对话战略①。前两种战略与 Paine 的战略分类一致。对话战略注重关注企业利益相关者的期望，这种战略注重对利益相关者的观念、利益和价值的响应。企业努力从变化的环境以及外部机构的沟通交流中不断学习。这一研究克服了 Paine 框架中将法律责任替代企业社会责任的缺陷，还从利益相关者角度进行了分析，大大拓展了企业社会责任管理的内容。

依据是否进行了战略思考，Michael E. Porter 将社会责任分为反应型（responsive）社会责任和战略型（strategic）社会责任②。反应型企业社会责任包括两方面的内容：一是作为良好企业公民，顺应利益相关者不断变化的社会关注；二是减轻企业行为中已有的或者即将发生的负面影响。而战略型企业社会责任不仅是指那些能利用企业能力来改善重要竞争背景的战略性慈善活动，还指那些能产生社会利益并同时强化企业战略的价值链转型活动。

Porter 还指出，履行反应型社会责任虽然能给企业带来竞争优势，但这种优势通常很难持久。而战略型社会责任则是寻找能为企业和社会创造共享价值的机会，包括价值链上的创新，针对竞争环境的投资，在企业的核心价值主张中考虑社会利益。他认为，企业社会责任中最重要的任务，就是要在运营活动和竞争环境的社会因素这两者之间找到共享价值，从而不仅促进经济和社会发展，也改变企业和社会对彼此的偏见。Porter 的提法考虑了企业主观能动性的发挥，并且认为企业社会责任是能够给企业带来商业收益的投资行为，是企业社会责任管理理念的重大飞跃。

---

① Hummels, H. & Karssing, E. Ethiek Organiseren. In Jeurissen, R. [M] Bedrijfsethiek: Een Geode Zaak, 2000.

② Porter, M. E. & Kramer, M. R. The Competitive Advantage of Corporate Philanthropy [J]. Harvard Business Review, 2002, 12: 5~16.

表 2.7　Paine 的伦理战略类型及分析框架

战略种类	战略形态	各准则范围的样本资料
合法服从战略	恪守法律的字面意思	E1：我们的消费者对我们遵守所有的企业社会责任规范非常敏感； E6：我们熟练掌握法律所要求的……； E10：我们遵守法律。
整合战略	1. 沟通的价值和承诺	E3：我们书面陈述我们的目标：我们的业务是什么，并与之沟通，无论成本多少，我们恪守诺言； E8：我们告诉员工：制定自己的计划，给自己定位，因为无人能替代你； E10：我们详细阐述我们的价值体系，并宣布有关企业价值观的陈述。
	2. 员工忠诚管理	E2：实行推己及人的待人接物原则：对员工忠诚，而员工积极地响应； E7：当某人帮助你时，作为回报，只要你能帮助别人就去帮助别人； E10：为了实现目标，我们花费了 25000 美元（企业使用的软件是非盗版的）；我们对他说我们就是这样的企业，我们的用意就是那样。
	3. 把企业价值观并入企业战略决策中	E1：学会从不同观点的细微处来评价人，而不依他们所说和受教育程度作为决策依据； E3：在伦理和质量的范围内，我们寻求商业机会； E9：如果你与对方进行商务活动，对方必须是值得信赖的。
	4. 组织支持和加强原则	E2：所有员工都受到应有的关注，尊重是企业不成文的规定； E3：对员工进行培训，给员工发展的机会，以及员工愿意承担的责任； E9：企业实施企业社会责任计划，使他们成为合作伙伴。
	5. 对经理人进行价值观和责任训练	E3：你被授权决策，企业支持你的决策； E6：在我们的组织得到发展时，经理人也得到发展； E8：当经理人成绩卓著时给予奖励，当他们表现平平时对他们宽容。

资料来源：Joyner, B. E., Paine, D., Raiborn, C. A. Building Values, Business Ethics and Corporate Social Responsibility into the Developing Organization ［J］. Journal of Developmental Entrepreneurship, 2007, 7（1）: 1113~131，作者有修改。

2003 年，W. E. Halal 通过对企业进行分类探讨了企业基于战略视角的社会责任实践应对模式①。他把企业战略管理者是以道德和社会责任为准则还是以经济价值和竞争优势为准则对待利益相关者，从战略角度把企业区分为利益中心型和社会责任型。前者把利益相关者的利益仅仅看作股东追求利益最大化的手段。这一研究来源于人们对企业社会责任究竟是目的还是手段的争论，但这种分类对于企业管理目的的考虑过于简单了，现实中恐怕很难有哪一个企业是单纯利益中心型或者社会责任型的。

美国学者 R·Edward·Freeman 从利益相关者角度提出了五种战略②，特定利益相关者战略、股东战略、功利主义战略、罗尔斯战略和社会协调战略，他认为每种战略都代表了一个公司对其面临的环境所做出的一系列特定的反应和举动，可以被视为达到了利益相关者、价值观和社会问题之间的"协调一致"。这种从利益相关者角度出发的企业社会责任管理战略，与企业经营管理有很多结合点，便于企业管理人员实现企业社会责任与企业经营管理的战略融合。

我国学者姜启军和顾庆良提出，企业可以从两个维度来考察企业社会责任战略的不同类型③。第一个维度是企业对社会责任问题的态度，这可以分为不服从、被动服从和主动适应三种不同的方式。第二个维度是企业社会责任和企业经济绩效之间存在张力还是合力。如果企业社会责任和企业的经济绩效之间存在合力，则理性的企业应该采取双赢战略。该研究从经济学角度对企业社会责任战略选择进行了定量分析，其整合的观点对企业社会责任的战略管理作出了巨大贡献。

我国还有众多学者对基于战略思考的企业社会责任实践的应对模式进行了探索，但大多数是以上述研究结论为基础而展开的修改完善。基于战略思考的企业社会责任实践应对模式的研究，强调了企业社会责任研究的内部视角，将人们的视线从企业外部转移到企业内部，逐渐开始关注企业社会责任与经营管理活动的结合。

---

① 姜启军，顾庆良. 企业社会责任和企业战略选择［M］. 上海：上海人民出版社，2008.
② R·爱德华·弗里曼. 战略管理——利益相关者方法［M］. 上海：上海译文出版社，2006.
③ 姜启军，顾庆良. 企业社会责任和企业战略选择［M］. 上海：上海人民出版社，2008.

2.3.3　企业社会责任与企业战略管理的结合

如前所述，早期的企业社会责任研究和实践并没有站在战略高度考虑问题，这使得企业社会责任管理无论是理论研究还是现实实践都遇到了难以突破的瓶颈。战略性企业社会责任的提出和基于战略思考的企业社会责任应对模式的相关研究使得企业社会责任与企业经营管理走得越来越近，在众多学者和现实企业的不断摸索和实践中，企业战略管理中企业社会责任融入思想的雏形逐渐形成。

Craig Smith 在《哈佛商业评论》发表的《慈善事业的竞争优势》（The New Corporate Philanthropy）一文中，提出"新的企业慈善行为"，认为企业社会责任实践应对特定的社会公益事业和活动做出长期的承诺，也应该专注于企业竞争力的增强，支持企业目标的战略层次转变，有配套的整体规划和经营战略[①]。该研究通过企业社会责任管理中非常重要的部分——企业慈善活动的管理点明了企业在履责过程中要考虑对企业经营管理的影响，企业社会责任与其他组织的社会责任的差异逐渐被发现。

Michael E. Porter 借助企业管理理论指出了现实中企业社会责任行为效率低下的原因[②]：一是它们把企业与社会对立起来看待，而这两者事实上是相互依存的；二是它们只是泛泛而谈公益慈善，从未将其与企业自身的战略需求相结合。企业只有找到与社会共同发展的契合点，才能踏上通往可持续发展的道路。这两点正是众多企业在社会责任承担方面不断纠结的原因所在。

Porter 还提出了承担企业社会责任的价值链模型和钻石模型。价值链模型用于企业自检，即通过详细检查价值活动，发现与企业社会责任正面或负面相关的问题。钻石模型用于企业挖掘企业社会责任竞争优势，即从外部环境寻找问题，并在解决问题过程中提升企业竞争力。这为众多不断尝试着将企业社会责任融入企业战略管理却始终不得其道的企业提供了现实的技术指导。

当前社会责任实践的主要问题，反映出企业社会责任实践相关的理论研究的偏颇之处，即在如何提升企业的社会责任水平方面没有对如何真正激发企业的主观能动性做深入研究。Porter 用犀利的战略思维重新诠释了企业社会责

---

① Smith, C. The New Corporate Philanthropy [J]. Harvard Business Review1996, (5/6): 105~116.

② Porter, M. E. & Kramer, M. R. Strategy and Society: The Link between Competitive Advantage and Corporate Social Responsibility [J]. Harvard Business Review, 2006, 12: 78~92.

任，使之与企业竞争优势紧紧地捆绑在一起，从而彻底打破了社会责任与股东利益之间的藩篱，使企业社会责任从管理思想的边缘走向主流。

国外也有学者以企业社会责任对企业经营管理的支持性为主题进行了研究。Preece、Fleisher 以及 Toccacelli 利用价值链原理在有支持作用的环境下分析了企业社会责任①。Litz 利用资源基础模型分析社会责任问题②。Owen 和 Scherer 研究认为经理人相信企业社会责任行为有助于扩大市场份额③。国内外众多学者认为企业社会责任会给企业带来商业收益（详见本书中第四章第二节的相关论述），这些研究都为企业将社会责任管理与经营管理进行融合提供了有力支撑。

对于社会责任如何成为主要的管理职责的研究很少，但 Polonsky 对环境营销战略的设计④，以及 Murray 和 Montanari 的整合管理和营销理论⑤给我们提供了理论参考。Burke 和 Logsdon 认为双赢战略是可行的，企业社会责任可看作长期投资决策⑥。这方面研究的欠缺直接导致了企业社会责任管理研究与企业经营管理的脱节，也是目前多数企业对企业社会责任持矛盾观望态度的主要原因。

我国学者张贤惠认为⑦，企业应实施社会责任战略管理，积极应对经营活动在经济、社会、环境和人权方面造成的影响，使其为企业的社会声誉、业务运作和竞争优势的建立创造有利条件，同时也要为社会与环境的和谐发展做出贡献。在企业社会责任战略管理中，企业应明确提出企业社会责任愿景，在其内部设立社会责任管理的专门机构，建立能对企业社会责任进行有效评价的机

① Preece, S., Fleisher, C. & Toccacelli, J. Building a Reputation along the Value Chain at Levi Strauss [J]. Long Range Planning, 1995, 28 (6): 88 ~ 98.

② Litz, R. A. A Responsiveness as Strategic Assets [J]. Journal of Business Ethics, 1996, 15: 1355 ~ 1363.

③ Owen, C. L. & Scherer, R. F. Social Responsibility and Market Share [J]. Review of Business, 1993, 15 (1): 11 ~ 16.

④ Polonsk, M. J. A Stakeholder Thoery Approach to Design Environmental Marketing Strategy [J]. Journal of Business and Industrial Marketing, 1995, 10 (3): 29 ~ 46.

⑤ Murray, K. B. & Montanari, J. R. Stratetic Management of the Socially Responsible Firm: Integrating Management and Marketing Theoty [J]. Academy of Management Review, 1986, 11 (4): 815 ~ 828.

⑥ Burke, L. & Logsdon, J. M. How Corporate Responsibility Pays Off? [J] Long Range Planning, 1996, 29 (4): 495 ~ 502.

⑦ 张贤惠. 战略视角的企业社会责任管理 [J]. 商业现代化, 2007, (4): 87 ~ 88.

制，并积极引导企业及其员工的行为。战略高度的企业社会责任管理要求企业内部管理的协调配合，企业社会责任管理水平的提升离不开与企业经营管理的深度融合。

"2007 年企业社会责任在中国"国际论坛①将"将社会责任融入企业发展战略"作为会议主题。刘俊海认为，企业首先应当自觉出台尊重消费者权益的社会责任政策；其次，对于公司社会责任的细节管理永无止境，对消费者不仅要听其言、察其色，更要观其行；再次，企业应鼓励和保护消费者代表步入公司决策层。这种观点以企业的重要利益相关者群体之一——消费者为例，指出企业社会责任管理要关注细节。显然，这无法与企业的经营管理分割开来。

Jeremy Galbreath 从战略要素层面探讨了如何将企业社会责任融入企业战略管理中②，推动了"企业战略管理中企业社会责任融入"从管理思想向实践模式的演变。文中的很多观点与我们于同时间发表的《基于持续发展的企业社会责任与企业战略目标管理融合研究》中某些观点非常相似。这一方面说明本研究中提到企业战略管理中企业社会责任融入并非无稽之谈，有国内外同仁的支持；另一方面也说明，深入探讨如何将企业社会责任融入企业战略管理的操作方案是当前研究的需要。

卫敏娟认为企业社会责任问题要从战略高度予以重视③：企业社会责任应该纳入企业战略管理过程中，明确为哪些利益相关者负责和选择进入的企业社会责任的领域，在企业不同发展阶段如何规划企业社会责任、积极宣传企业社会责任行为，通过这些战略的实行一起实现企业社会责任与利润增长的均衡。卫敏娟的提法明确了企业社会责任管理与企业战略管理的关系，也提供了将企业社会责任融入企业战略管理的框架性指导。

---

① 2007 年第 39 期 "2007 企业社会责任在中国" 国际论坛综述 ［EB/OL］．（2007 - 10 - 08）［2010 - 04 - 03］．http：//www. cec - ceda. org. cn/yjbg/content. php？id = 176.

② Galbreath, J. Building Corporate Social Responsibility into Strategy ［J］．European Business Review，2009，21（2）：109 ~ 127.

③ 卫敏娟. 关于企业社会责任的战略思考［J］．全国商情（经济理论研究），2008，（8）：58 ~ 59.

此外，姜启军①、刘德胜②、聂禄玲③、郑晓霞④、沈弋⑤、刘思华⑥、南文化⑦等学者也对企业社会责任承担与企业战略实施之间的关系从不同角度进行了研究，一致认为企业应当把企业社会责任问题纳入到企业战略管理中。在众多学者的不断讨论中，企业战略管理中企业社会责任融入的思想不断清晰，其必要性和可行性也已被证明，但仍缺乏具体的执行措施，尤其是能指导企业实践的系统研究。本研究正是基于这一研究缺陷和现实需求而展开的。

2.3.4 战略视角下企业社会责任管理研究的简单评述

战略视角下企业社会责任管理研究是企业社会责任研究领域的新发展，标志着学者们和企业家们更多地从企业管理视角去看待企业社会责任问题。该方面的企业社会责任研究在几十年来的发展中取得了许多重要成果，对战略性社会责任的基本内涵和构成维度的研究越来越细致和贴近企业，并对不同企业从不同角度进行了应对模式研究，最重要的是新研究逐渐将企业社会责任管理与企业经营管理相结合，将企业社会责任与企业竞争优势建立联系，突破了企业社会责任与股东利益之间的藩篱，使企业社会责任从管理思想的边缘走向主流。

回顾几十年来围绕战略视角下企业社会责任管理展开的相关研究，我们发现以下几个方面的研究偏差：一是研究前提的偏差，以往研究过度强化了企业利益与社会利益之间的对立性，没有深挖其矛盾同一性，使得几十年来的企业社会责任研究的重点围绕在如何"应对"上，而非如何"管理"，直至 Porter 明确指出企业社会责任管理存在的两类错误，才成功地扭转了这一认识偏差；二是研究方法的偏差，没有从事物完整的管理过程进行研究，绝大多数研究将关注点放在管理原则和管理结果上，而对企业社会责任管理过程没有给予较高

① 姜启军，贺卫．企业社会责任的战略选择与民营企业的可持续发展 [J]．商业经济与管理，2005，169（11）：51~56.

② 刘德胜，金常辉．战略视角下的企业社会责任 [J]．企业研究，2006，（11）：46~47.

③ 聂禄玲．企业社会责任与企业战略选择 [J]．商业现代化，2007，（08）：72~73.

④ 郑晓霞．企业社会责任对中国企业战略管理的意义分析 [D]．太原：山西大学硕士学位论文，2008.

⑤ 沈弋．企业经营管理与社会责任之战略耦合 [D]．南京：南京理工大学硕士学位论文，2008.

⑥ 刘思华．中国企业的社会责任战略思考 [J]．企业发展，2009，（02）：26~28.

⑦ 南文化．企业社会责任与企业战略 [J]．华北电力大学学报（社会科学版），2009，（2）：42~47.

的重视，有些甚至将其视为黑箱，为数不多的从管理过程视角进行的研究也是从一般问题管理角度展开的，没有考虑企业社会责任对于企业管理的差异性和特殊性；三是研究结论的偏差，战略视角下企业社会责任管理研究得出了很多有益于企业社会责任实践的结论，但这种研究结论长时间停留在理论层面，没有进行工程化实现，即学者们没有及时将有价值的理论创新转化为能有助于企业社会责任实践的现实对策。"企业战略管理中企业社会责任融入"是该领域的思想结晶，代表了企业社会责任管理的更高水平，但关于其外在表现、内部规律以及其企业实现的研究并没有全面展开。本研究正是在理论研究短缺和现实需求迫切的双重推动下展开的、以"企业战略管理中企业社会责任融入"为研究主题的理论探索和实践对策相结合的体系性研究，既是战略视角下企业社会责任管理研究的重大发展，又是解决当前企业社会责任管理难题的现实对策。

2.4 消费者对企业社会责任响应的研究

消费者是企业的重要利益相关者，从消费者视角研究企业社会责任是学术界研究的重点。企业社会责任与消费者的相关研究大致可以划分为三个阶段①：将企业社会责任引入消费者研究领域的初始阶段、在有限领域研究企业社会责任的成长阶段以及开展实证研究的蓬勃发展阶段。消费者联想、消费者归因和消费者态度是企业社会责任对消费者响应产生影响的三个主要方面，下面我们对其相关研究分别进行综述。

2.4.1 企业社会责任联想

企业联想是指消费者对于企业的所有了解，企业社会责任联想是企业联想的一种。企业联想对于企业建立形象优势具有非常重要的作用②。为了更好地研究企业联想，1992 年，The Marketing Science Institute 将企业联想分为企业社会责任联想和企业能力联想③。企业社会责任联想是连接企业社会责任行为与

---

① 周延风，肖文建，黄光. 基于消费者视角的企业社会责任研究评述 [J]. 消费经济，2007，23 (4)：94～97.

② Dowling, G. R. Corporate Reputations: Should you Compete on Yours? [J]. California Management Review, 2004, (46)：19～36.

③ 奚慧. 企业社会责任活动需要"门当户对"吗? [D]. 上海：复旦大学硕士学位论文，2008.

消费者进一步反应的桥梁，具有很高的研究价值。

Brown 和 Dacin 对企业社会责任联想进行了定义，他们认为①企业社会责任联想是消费者基于感知到的企业社会责任和义务产生的一种态度和评价，这些响应反映了企业的地位和活动。他们在虚拟企业和真实企业两种情况下，证明了企业社会责任联想对新产品评价具有显著影响，并且这种影响是通过企业评价实现的。此后，众多学者从不同角度展开了对企业社会责任联想的研究。

Sen 和 Bhattacharya 也考察了企业社会责任联想与消费者对企业及其产品态度之间的关系。但他们的研究重点在于消费者对企业社会责任反映的调节变量和发生机制，并且通过在实验中操控员工歧视和廉价雇佣劳动力两方面的社会责任主题解释了消费者对企业社会责任反应的多样性②。Yoon 和 Canli 通过情景实验法证明了企业社会责任联想对于产品质量的评价有正向影响③。

Berens、VanRiel 和 VanBruggen 以金融服务领域的现场作为研究背景，将企业社会责任联想作为中间变量，研究了消费者品牌知识对产品态度之间的关系。研究表明，企业的品牌战略影响企业联想（包括企业社会责任联想和企业能力联想）与消费者产品态度之间的关系，品牌匹配度以及消费者参与程度是两个调节变量④。Mohr 和 Webb 的研究也证明积极的企业社会责任联想导致消费者对企业更加正面的评价以及更强的购买意愿⑤。Salmones、Grespo 和 Bosque 还通过手机顾客调研发现企业社会责任联想还通过消费者对企业服务的总体评价影响消费者的忠诚度⑥。

Sen、Bhattacharya 和 Korschun 通过实地研究证明了企业社会责任联想对大

① Brown, T. J. & Dacin, P. A. The Company and the Product: Corporate Associations and Consumer Product Responses [J]. Journal of Marketing, 1997, 61 (1): 68~84.

② Sen, S. & Bhattacharya, C. B. Does Doing Good Always Lead to Doing Better? Consumer Reactions to Corporate Social Responsibility [J]. Journal of Marketing Research, 2001, 38 (2): 225~243.

③ Yoon, Y. & Canli, Z. G. The Effect of Corporate Social Responsibility on Product Quaility Evaluation [J]. Advances in Consumer Research, 2004, 31: 102~103.

④ Berens, G., VanRiel, C. B. M. & VanBruggen, G. H. Corporate Association and Consumer Procuct Responses: The Moderating Role of Corporate Brand Dominance [J]. Journal of Marketing, 2005, 69 (3): 35~48.

⑤ Mohr, L. A., Webb, D. J. The Effects of Corporate Social Responsibility and Price on Consumer Responses [J]. The Journal of Consumer Affairs, 2005, 39 (1): 121~147.

⑥ Salmones, M. M. G., Grespo, A. H. & Bosque, I. R. Influence of Corporate Social Responsibility on Loyalty and Valuation of Services [J]. Journal of Business Ethics, 2005, 61: 369~385.

学生消费、从业以及投资的意愿具有正向影响①。焦玉瑾专门研究了企业社会责任联想对大学生群体购买意向的影响，结果发现，企业履行员工社会责任、环境社会责任对大学生消费者群体购买意向具有积极的促进作用，而对消费者履行社会责任对购买意向不具有显著的正向影响②。

Luo 和 Bhattacharya 从更为复杂的交互作用角度研究了企业社会责任联系对消费者的影响，证明企业社会责任联想以及它与产品质量、企业创新能力的交互作用对消费者满意度有正向影响，同时影响企业市场价值③。Marin 和 Ruiz 在金融服务行业开展拦截访问，证明积极的企业社会责任联想导致消费者—企业间更高的认同度，并能提高企业身份④。

奚慧从企业社会责任归因和企业社会责任结果意识两个方面研究了企业社会责任的匹配度对企业社会责任联想的影响，这是为数不多的关于企业社会责任联想的前续影响研究之一。研究表明⑤，企业社会责任活动匹配度通过中间变量消费者的企业责任结果意识影响企业社会责任联想，但消费者归因显著影响企业社会责任联想。

我国还有众多其他学者对企业社会责任联想进行了研究，基本上都是沿用了 Brown 和 Dacin 对企业社会责任联想定义，将其作为一个变量，定性或定量分析企业社会责任联想与企业社会责任支持和企业社会责任信任等消费者特征，与企业声誉、产品价格和产品质量等企业自身或产品特征，以及消费者购买意向、顾客满意等方面之间的关系和影响。

由上可见，国内外关于企业社会责任联想的现有研究主要集中与企业社会责任联想的后续影响（如企业评价、产品评价、购买意愿、顾客满意和忠诚等），很少有学者对企业社会责任联想的前向研究做出深入探讨。Du、Bhatta-

---

① Sen, S., Bhattacharya, C. B. & Korschun, D. The Role of Corporate Social Responsibility in Strengthening Multiple Stakeholder Relationships: A Field Expriment [J]. Journal of the Academy of Marketing Science, 2006, 34 (2): 158~166.

② 焦玉瑾. 企业社会责任对大学生消费群体购买意向影响的研究 [D]. 长春: 吉林大学硕士学位论文, 2009.

③ Luo, X. & Bhattacharya, C. B. Corporate Social Responsibility, Customer Satisfaction, and Market Value [J]. Journal of Marketing, 2006, 70 (4): 1~18.

④ Marin, L., Ruiz, I. I Need you too! Corporate Identity Attractiveness for Consumers and the Role of Social Responsibility [J]. Journal of Business Ethics, 2007, 71: 245~260.

⑤ 奚慧. 企业社会责任活动需要"门当户对"吗? [D]. 上海: 复旦大学硕士学位论文, 2008.

charya 和 Sen 也指出，目前企业社会责任的研究或者对消费者感知到的企业社会责任联想进行了控制，或者忽略了其前向变量①。而本研究中则将企业社会责任联想作为一个中介变量同时探讨其前向作用和后续影响，有利于企业进一步探索获取消费者支持的新途径。

2.4.2　企业社会责任归因

归因是根据有关的外部信息、线索判断人们所观察事件的内在原因，或依据外在行为表现推测行为原因的过程②。归因理论常常用于理解人们对他人行为的解释、说明以及反映③。对于企业承担社会责任的行为，消费者会通过自己的观察、理解以及思考来推断背后的原因，这就是企业社会责任归因。企业社会责任归因是企业社会责任与消费者关系研究中的一个重要部分。

Kruglanski 将归因行为分为内生性归因和外生性归因④：内生性归因试图推断出事物的动机，本身就是一个终点；而外生性行为是通向终点的一条路径，以便达到更深层次的目标。当消费者做出内生性归因时，认为企业承担社会责任的根本目的就是回馈社会；当消费者做出外生性归因时，认为企业承担社会责任可能是为了借此获得更高收益抑或是迫于各方面的压力而不得不这么做。

刘兆峰在研究企业社会责任与企业形象的关系时提出，在两种情况下，消费者会做出外生性归因⑤：一是行为主体具有选择某种姿态或行动的自由度，而他又有过基于其他动机的决策经历⑥；二是不确定性，当存在其他可认知的信息，使人们有理由质疑行为动机的真实性时，他们会对其他可获得的情景因

---

①　Du, S., Bhattacharya, C. B. & Sen, S. Reaping Relational Rewards from Corporate Social Responsibility: the Role of Competitive Positioning [J]. International Journal of Research in Marketing, 2007, 24: 224～241.

②　卢东, 寇燕. 基于消费者视角的企业社会责任综合解析 [J]. 软科学, 2009, 23 (3): 99～103.

③　Kaplan, S. E., McElroy, J. C., Ravenscroft, S. P. & Shrader, C. B. Moral Judgment and Causal Attributions: Consequences of Engaging in Earnings Management [J]. Journal of Business Ethics, 2007, 74: 149～164.

④　Kruglanski, A. W. The Endogenous – exogenous Partition in Attribution Theory [J]. Psychological Review, 1975, 85: 387～406.

⑤　刘兆峰. 企业社会责任与企业形象塑造 [M]. 北京: 中国财政经济出版社, 2008.

⑥　Fein, S., Hilton, J. L. & Miller, D. T. Suspicion of Ulterior Motivation and the Correspondence Bias [J]. Journal of Personality and Social Psychology, 1990, 58: 753～764.

素进行系统思考①。此外，研究表明，与知觉主体的期望不一致的行为比那些与知觉行为主体期望一致的行为能给人留下更加深刻的印象，因为知觉主体会试图挖掘产生不一致的原因，从而产生进一步寻找和加工相关信息的需要和行为②。

Kelly 提出了消费者进行归因的两种归因原则：协变原则（Covariation priciple）和折扣原则（Discounting priciple）③。协变原则认为人们在归因时会像科学家一样在所有信息中去寻求规律，即寻求决定一种效应是否发生的各种条件的规律性协变。折扣原则认为，在对日常行为的解释中，如果出现了其他似是而非的因果关系，人们会对已做出的归因大打折扣。消费者对企业社会责任的归因除了要服从协变原则和折扣原则外，还受基本归因错误的影响，即人们往往低估情境因素作用而高估个人的特质和态度造成的影响。但在强调集体主义的东方环境下，人们更多地使用情景归因。

Mohr、Webb 和 Harris 认为消费者对企业参与社会责任实践的原因分为四类④：（1）寻求企业自身利益的回报；（2）绝大部分为了企业自身利益，小部分为了社区、社会和环境的利益；（3）绝大部分为了社会利益，小部分为了企业自身利益；（4）完全是为了社会利益。对于不同的原因，消费者会有不同的反应。实际上就是企业在社会责任活动中究竟是考虑企业利益多一点，还是社会利益多一点。

Ellen、Webb 和 Mohr 认为企业社会责任行为存在四种消费者归因：价值导向、利益相关者导向、自我导向以及战略导向⑤，但 Ellen 也承认这四种维

---

① Gollwitzer, P. M. & Bradstaetterk, V. Implementation Motives and Effective Goal Pursuit [J]. Journal of Personality and Social Psycholigy, 1997, 73 (1): 186~199. Kruglanski, A. W. The Psychology of Being 'Right': The Problem of Accuracy in Social Perception and Cognition [J]. Psycholigical Bulletin, 1989, 106 (3): 395~409. Yaacov, S. & Burnstein, E. Judging the Typicality of an Instance: Schould the astegory be Accessde First? [J]. Journal of Personality and Social Psychology, 1990, 58 (6): 964~974.

② Srull, T. K. Person Menory: Some Tests of Associative Storage and Retrieval Models [J]. Journal of Experimental Psychology, 1981, 7: 440~462.

③ Kelly, H. H. Attribution in Social Interaction [M]. New York: General Learning, 1971.

④ Mohr, L. A., Webb, D. J. & Harris, K. E. Do Consumers Expect Companies to be Socially Responsible? The Impact of Corporate Social Responsibility on Buying Behavior [J]. Journal of Consumer Affairs, 2001, 35 (1): 45~72.

⑤ Ellen, P. S., Webb, D. J. & Mohr, L. A. Building Corporate Associations: Consumer Attributions for Corporate Socially Responsible Programs [J]. Journal of Academy of Marketing Science, 2006, 34 (2): 147~157.

度可以归纳为"社会导向"、"自我导向"和"双赢"导向，这与 Smith 对企业开展社会责任活动的动机归类基本相同①。Olsen、Cudmore 和 Hill 进一步提出消费者感知到的企业社会责任归因并非绝对单一，而是落在社会福利导向——自身利益导向这一轴的一点上②。

Klein 和 Dawai 认为，当企业处于产品伤害危机时，企业的社会责任形象将影响消费者对事件的归因③。如果一个企业的社会责任形象较好，消费者更可能对企业采取宽容的态度，更容易把实践的原因归结为外部的因素。反之，则更倾向于责任企业。因此，企业社会责任活动是企业的一个保险装置。这一研究为企业在社会责任危机时的策略选择提供了决策依据。

Forehand 和 Grier 通过研究指出④，当企业和社会责任活动有较高的匹配度时，消费者会更倾向于将这一活动归因于为公司谋利。当企业利益不是很显著时，消费者通常会将企业社会责任活动的动机归因为为社会服务；相对的，当消费者感受到企业会从企业社会责任活动中获利很多时，他们会认为其动机是获取企业收益。Yoon 和 Canli 的研究也得出了类似的结果⑤。

Bhattacharya 和 Sen 研究了企业社会责任归因、匹配度以及其持续性对消费者的影响。研究表明⑥，不管企业履行社会责任的动机如何，低匹配度的企业社会责任行为对消费者信任、消费者态度以及购买意向都具有消极作用；自身利益驱动的高匹配度的企业社会责任行为也具有类似影响。消费者将社会实践的持续性作为企业社会责任动机判断的一个线索，只有高匹配度、持续性好的企业社会责任活动才能对上述各方面有积极影响。

Yoon、Canli 和 Schwarz 基于归因理论和怀疑理论，通过三个实验强调了消

① Smith, N. C. Corporate Social Responsibility: Whether or How? [J]. California Management Review, 2003, 45: 52~76.

② Olsen, B. K., Cudmore, B. A. & Hill, R. P. The Impact of Perceived Corporate Social Responsibility on Consumer Behavior [J]. Journal of Business Research, 2006, 59: 46~53.

③ Klein, J. & Dawar, N. Corporate Social Responsibility and Consumers' Attributions and Brand Evaluations in a Product-Harm Crisis [J]. International Journal of Research in Marketing, 2001, 21: 203~217.

④ Forehand, M. R. Grier, S. When is Honesty the Best Policy? The Effect of Stated Company Intent on Consumer Skepticism [J]. Journal of Consumer Psychology, 2003, 13 (3): 349~356.

⑤ Yoon, Y. & Canli, Z. G. The Effect of Corporate Social Responsibility (CSR) on Product Quality Evaluation [J]. Advances in Consumer Research, 2004, 31: 102~103.

⑥ Bhattacharya, C. B. & Sen, S. Measuring the Effectiveness of Corporate Social Initiatives: a Consumer-Centric Perspective [J]. Advances in Consumer Research, 2004, 31: 101~102.

费者对企业社会责任行为归因的调节作用。他们认为①，当消费者认为企业是发自真心地从事社会责任行为时，企业社会责任活动会改善企业的形象；反之，当消费者认为企业是出于自身利益的考虑时，社会责任活动则有损于企业的形象。

刘兆峰运用归因理论，通过实验的方法，研究了企业社会责任活动与企业业务的相关性、企业声誉以及企业社会责任信息传播方式对消费者响应的影响。研究发现②，企业社会责任活动的业务相关性对企业社会责任形象有重要影响；企业声誉情况和企业社会责任信息传播方式的选择影响人们对企业社会责任行为动机的判断，因而在企业行为导致企业社会责任形象的过程中发挥着重要作用。

卢东和寇燕借助归因理论（Attribution Theory）和期望一致性模型（Disconfirmation of Expectionations Model）综合解析了消费者对企业社会责任行为的反应，并构建了消费者对企业社会责任行为的反应模型。他们分析指出消费者感知的企业社会责任受利己归因的负向影响，利他归因的正向影响；通过期望一致性，企业社会责任期望负向影响感知的企业社会责任，正向影响消费者的企业评价和产品评价③。

由此可见，企业社会责任归因是消费者对企业社会责任行为响应过程中的一个重要环节。一方面，消费者对企业社会责任的归因受企业声誉、企业社会责任活动与企业的匹配度、活动自身的持续性等因素的影响，另一方面企业社会责任的归因会对消费者对企业社会责任的感知、企业评价和产品评价产生影响。这为本书第七章中企业社会责任融入与消费者响应关系模型的构建开拓了思路。

2.4.3　企业社会责任态度

消费者对企业社会责任行为的反应分为内在响应和外在响应两部分，其中内在响应包括消费者对企业社会责任行为的感知、归因和形成态度等三个过

---

① Yoon, Y., Canli, Z. G. & Schwarz, N. The Effect of Corporate Social Responsibility（CSR）Activities on Companies With Bad Reputations, 2006, 16（4）：377～390.

② 刘兆峰. 企业社会责任与企业形象塑造［M］. 北京：中国财政经济出版社，2008.

③ 卢东，寇燕. 基于消费者视角的企业社会责任综合解析［J］. 软科学，2009, 23（3）：99～103.

程，而外在响应是消费者因为企业的社会责任活动而产生的外在行为表现①。内在响应和外在响应都会对企业产生影响，但外在响应对企业收益的影响更直接。本研究中，企业社会责任态度是指消费者基于企业的社会责任行为而形成的对企业及其产品的评价以及对企业产品的购买意向。

Brown 和 Dacin 研究发现②，企业社会责任水平对消费者对企业产品的评估特别是其感知质量以及对企业形象的影响的评价是平行的。不同的企业社会责任水平影响消费者对企业产品感知质量的评估。Yoon 和 Canli 认为③，当企业的产品信息不明确时，消费者可能试图通过企业的社会责任信息来评价新产品。当消费者对企业的社会责任活动做出积极评价时，他们对企业的产品评价也较高。

Webb 和 Mohr 发现企业社会责任活动虽然会影响消费者的购买意向，但对于部分消费者来说，这并非关键因素，他们的购买决策更多地是按照价格、质量和便利来决定的④。几年后，他们又从公益事业和环境保护两个方面研究了企业社会责任对消费意向的影响，结果证实企业履行社会责任会对消费者对企业的评价和购买意向产生积极影响，企业社会责任的缺失则会削弱消费者购买意向⑤。

Folkes 和 Kamins 认为⑥，企业不仅仅可以通过提升消费者对产品的感知来增加消费者的购买意向，也可以通过提升企业形象来达到这个目标。而当企业采用不道德的雇佣政策时，无论产品本身质量如何，消费者对企业的印象都会是负面的。而 Sen 和 Bhattacharya 的研究进一步发现⑦，消费者信任对消费者

① Bhattacharya, C. B. & Sen, S. Doing Better at Doing Good: When, Why, and How Consumers Respond to Corporate Social Initiatives [J]. Califirnia Management Review, 2004b, 47 (1): 9~24.

② Brown, T. J. & Dacin, P. A. The Company and the Product: Corporate Associations and Consumer Product Responses [J]. Journal of Marketing, 1997, 61 (1): 68~84.

③ Yoon, Y. & Canli, Z. G. The Effect of Corporate Social Responsibility on Product Quality Evaluation [J]. Advances in Consumer Research, 2004, 31: 102~103.

④ Webb, D. J. & Mohr, L. A. A Typology of Consumer Responses to Cause – Related Marketing: From Skeptics to Socially Concerned [J]. Journal of Public Policy and Marketing, 1998, 17 (2): 226~238.

⑤ Mohr, L. A. & Webb, D. J. The Effects of Corporate Social Responsibility and Price on Consumer Responses [J]. The Journal of Consumer Affairs, 2005, 39 (1): 121~147.

⑥ Folkes, V. S. & Kamins, M. A. Effects of Information about Firms' Ethical and Unetical Actions on Consumers' Attitudes [J]. Journal of Consumer Psychology, 1999, 8 (3): 243~259.

⑦ Sen, S. & Bhattacharya, C. B. Does doing good always lead to doing better? Consumer reactions to corporate social responsibility [J]. Journal of Marketing Research, 2001, 38 (2): 225~243.

产品质量感知有调节作用，但这种调节作用首先需要消费者自身对公司具有情感上的认同。

Sen 和 Bhattacharya 的上述研究表明，企业社会责任对消费者的作用主要体现在三个方面：（1）企业社会责任对消费者的常规消费行为有影响，使消费者超越经济（价格）以及其他一些"理性"（如产品属性）的考虑；（2）企业社会责任有"溢出效应"，影响非常规的消费，如会增加消费者对新产品的评价；（3）企业社会责任是公司陷入危机（如有害产品等）时的保险。

而 Barone、Miyazaki 和 Taylor 对 165 个商学院本科生所做的实验则发现[①]，如果对企业履行社会责任的动机进行操控，在质量或价格没有差异的情况下，消费者倾向于购买负责任公司的产品，但如果质量和价值有差异，则这种倾向性明显减弱，甚至当质量有差异时，企业社会责任对消费者购买意向的影响远不如质量来的明显。这说明，产品本身的质量和价格可能比企业社会责任促销更重要。

Klein 和 Dawar 研究了企业社会责任的溢出效应在企业陷入有害产品危机时的作用。结果表明[②]，企业社会责任在企业发生产品危机时是有效的"缓和剂"，能很好地影响责任源（内部责任或外部责任）、持续性和可控性这三个因子，从而减少消费者对企业谴责的程度，进一步影响消费者对品牌的评价以及他们的购买意愿。

沈泽基于消费者视角研究了企业社会责任对企业声誉的影响。他在调研中分别收集了零售行业、日用电子器具制造行业和日化行业等三个行业的相关数据。其研究结果表明[③]，选定的环境保护、社区支持以及产品和服务等三个企业社会责任实践方面，对企业声誉的情感成分和认知成分均具有显著影响，但不同行业来说，不同的企业社会责任的影响程度不同。

高勇强和马昌义提出了一个企业社会责任影响消费者行为的理论框架。框架中囊括了现有研究中提到绝大多数的企业社会责任与消费者行为的相关影响

---

① Barone, M. J., Miyazaki, A. D. & Taylor, K. A. The Influence of Cause - Related Marketing on Consumer Choice: Does one Good Turn Deserve anther? [J]. Journal of the Academy of Marketing Science, 2000, 28: 248 ~ 262.

② Klein, J. & Dawar, N. Corporate Social Responsibility and Consumers' Attributions and Brand Evaluations in a Product - harm Crisis [J]. International Journal of Research in Marketing, 2004, 21: 203 ~ 217.

③ 沈泽. 基于消费者视角的企业社会责任对企业声誉的影响研究 [D]. 杭州：浙江大学硕士学位论文，2006.

因素，企业/品牌属性包括企业声誉（过去的和现在的）、产品特征（包括产品类型、产品质量与产品价格）等，企业社会责任活动属性包括捐赠的数量和类型、企业社会责任与企业的匹配性以及企业与某项企业社会责任事业关系的持久性等，企业社会责任事业属性包括事业的类型、对消费者的重要性和被消费者所熟知的程度①。

Barone、Norman 和 Miyazaki 研究了消费者对零售企业事业关联营销的反应，通过引入企业社会责任事业与企业核心业务的匹配度拓展了以往研究。研究表明②，当消费者感知到零售企业实施事业关联营销的动机积极时，企业社会责任与企业核心业务的匹配度对事业关联营销活动的评价具有积极影响。当消费者对该项企业社会责任的热情较低时，前述匹配度对事业关联营销活动的评价有积极影响，而当消费者持积极态度时，前述匹配度对事业关联营销活动的评价没有显著影响。

周延风、罗文恩和肖文建在《企业社会责任行为与消费者响应》一文中探讨了消费者个人特征和价格信号的调节作用。研究发现③，企业社会责任行为与消费者响应之间的复杂关系，既受到消费者个人特征（如消费者是否支持企业社会责任行为）的影响，又受到产品自身特征（如价格信号）的影响，并证明了企业社会责任行为对消费者购买意向和产品质量感知均有显著影响。他们还在另一篇文章中④证明了企业社会责任行为对企业声誉具有类似影响。

田阳、王海忠和陈增祥探讨了企业能力和企业社会责任两个方面通过信任对购买意向的影响机制。研究发现⑤，公司能力和企业社会责任都能通过可信性和善意影响消费者对产品的购买意向；除间接影响外，公司能力还可以直接影响消费者购买意向，但企业社会责任对购买意向没有直接影响；公司能力偏

① 高勇强，马昌义．事业关联营销的消费者行为研究［C］．北京：中国市场学会年会论文，2006：2810～2822.

② Barone, M. J., Norman, A. T. & Miyazaki, A. D. Consumer Response to Retailer Use of Cause – Related Marketing: Is More Fit Better? [J]. Journal of Retailing, 2007, 83: 437～445.

③ 周延风，罗文恩，肖文建．企业社会责任行为与消费者响应［J］．中国工业经济，2007，3：62～69.

④ 周延风，肖文建，罗文恩．企业社会责任行为对消费者关于公司声誉评价的影响［J］．现代管理科学，2007，12：56～59.

⑤ 田阳，王海忠，陈增祥．公司形象对消费者信任和购买意向的影响机制［J］．商业经济与管理，2009，9：65～72.

重于影响信任的可信性，企业社会责任偏重于影响信任的善意。

另外，赵宝春①、薛求知②、谢佩洪③、李俊伟④、陈亮⑤等学者也对消费者对企业社会责任行为的反应展开了研究。企业社会责任与消费者关系的研究大多是围绕消费者的内在响应展开的。关于企业社会责任与消费者的购买、推荐和忠诚等外在响应之间的关系的研究少之又少。这也从侧面说明，消费者对企业社会责任的动力支持主要体现在内部响应上，尤其是消费者对企业社会责任的态度方面。这一研究发现为本研究实证部分的模型构建提供了研究思路。

2.4.4 消费者对企业社会责任响应的研究的简单评述

消费者是企业重要的利益相关者群体，企业社会责任与消费者的相关研究在企业社会责任研究中占有重要地位。至今为止，企业社会责任与消费者的相关研究取得了很多颇具价值的研究成果，细致研究了企业社会责任对消费者心理和行为的具体影响及其传递路径，有利于企业从关注顾客的角度降低企业社会责任的履行惰性、提升企业社会责任履行水平。但这种将企业社会责任承担与企业自身发展割裂开来的研究对现实实践的推动作用是极其有限的，因为企业不清楚这样做给企业带来的整体影响。

企业社会责任与消费者相关研究存在上述局限性的根源是对企业社会责任实践具体表现的不重视。经过仔细研究不难发现，当前关于企业社会责任与消费者研究的内容大多从消费者行为学领域展开，关注点在于消费者响应模式，而作为研究始点的企业社会责任相对固定，仅有好与坏、高与低、多与少之分。而且，该类研究将企业的社会责任表现作为一个稳定的变量对待，没有考虑到企业社会责任表现的动态变化和实践的不断发展。在这种研究模式下得到的结论，给很多准备参与社会责任实践的企业以一定程度的误导，企业社会责任表现好的企业会得到消费者的积极响应，企业社会责任表现差的企业很可能会面对顾客资产的流失，但这个从差到好的过程却是未知的，而履行社会责任

---

① 赵宝春，田志龙. 善因营销中的消费者感知和反应研究 [J]. 经济与管理，2007，2：70～73.

② 薛求知，侯丽敏，韩冰洁. 跨国公司环保责任行为与消费者响应 [J]. 山西财经大学学报，2008，1：68～74.

③ 谢佩洪，周祖城. 中国背景下 CSR 与消费者购买意向关系的实证研究 [J]. 南开管理评论，2009，12（1）：64～70.

④ 李俊伟. 企业社会责任的驱动力——基于消费者的解释 [J]. 江苏商论，2009，5：37～39.

⑤ 陈亮. 企业社会责任如何影响消费者的购买意愿 [J]. 北方经济，2009，4：46～47.

需要现实投入确是毋庸置疑的。这一系列的推论导致企业社会责任的履行惰性反而成为一种合理现实。"企业战略管理中企业社会责任融入"思想的提出为这一研究现状的改变提供了契机。本研究中的"企业战略管理中企业社会责任融入"从静态的阶段表现和动态的阶段发展来看待企业社会责任管理问题，既有对企业以往社会责任总体表现的度量，又有对企业社会责任实践当前发展的考虑，以此为基础展开的消费者响应研究必定会给企业社会责任实践发展以更多有益的指导。

2.5　企业社会责任研究评述及发展趋势

企业社会责任研究经过几十年的发展，取得了丰富的研究成果，这为我们进一步开展研究提供了研究基础。但企业社会责任研究还不成熟，仍然存在这样那样的问题，这一方面提醒我们在新研究中注意克服这些缺陷，另一方面又给我们提供了研究契机。此外，我们在开展研究时，还要洞悉当前研究的发展趋势，沿着众多前辈几经摸索的道路前进，这会大大提高我们的成功几率。

2.5.1　企业社会责任研究的综合评述

企业社会责任问题始于股东利益与其他社会主体利益之间的冲突，最早可以追溯到 Adam Smith "看不见的手"的思想。因为市场这只"看不见的手"可以将自我利益转化为社会利益①。但现代学者对企业社会责任的集中研究始于 20 世纪 30 年代对企业社会责任展开的大争论。之后企业社会责任研究不断发展，积累了丰富的研究成果。

总体来讲，现代企业社会责任研究经历了一个"为什么—是什么—怎么办"的发展过程，该过程逻辑严谨，既体现了内在关联，又体现了历史继承。"为什么"问题讨论的是为什么要承担企业社会责任，主要采用的是规范性研究，即从道德准则或哲学原则角度探讨企业承担社会责任的规范性依据。"是什么"问题讨论的是企业社会责任，主要采用的是描述性研究或实证性研究，即以客观现实角度探讨企业社会责任的行为表现、行为特征及行为结果。"怎么办"问题讨论的是如何进行企业社会责任管理，又称对策性研究，即从实

---

① Carroll, A. B. & Buchholtz, A. K. Business & Society: Ethics and Stakeholder Management (5th ed) [M]. Ohio: South – Western, 2003.

践角度探讨社会、政府和企业应该如何对企业社会责任进行管理，以实现不同的管理目的。

目前看来，"为什么"研究已见分晓，学术界中关于企业应该承担社会责任的论点占据了绝对优势，尽管不同学者对于企业为什么要承担社会责任的解释存在差异，但这并不影响企业社会责任研究的进一步推进。"是什么"研究在两次经典论战后获得突飞猛进的发展，主要集中在特征、内容、层次、范围、度量及相关关系等方面，而对企业社会责任规律性的探讨则相对欠缺。"是什么"研究的迅速发展和不断增长的现实要求推动了"怎么办"研究的发展，由于起步时间较短，该部分研究正处于一个由粗及细的发展过程中，对实践操作具有较高指导价值的系统性研究尚未形成。现代企业社会责任研究仍处于发展阶段，研究中还存在一些问题，主要表现在以下三个方面：

（1）研究视角问题。根据研究立场的不同，企业社会责任研究可分为企业外部视角和企业内部视角。企业外部视角是从政府或社会的层面上来探讨企业社会责任问题，而企业内部视角则是从企业自身角度来探讨企业社会责任问题。有关企业社会责任的早期研究更多地是采用单纯的企业内部视角来看待问题，导致了对企业经济利益的过度注重和股东至上主义的盛行。随着"企业是否应该承担社会责任"争论的尘埃落定，研究者更多地从社会角度来探讨问题，企业社会责任、企业社会响应和企业社会表现都是这部分研究的代表。但这又引发了新的问题，将企业视为黑箱的单纯外部视角，忽略了企业生存和发展的要求，催生了企业对社会责任的履行惰性。只有综合两种研究视角，才能更好地解决现实问题。

（2）研究方法问题。规范性研究和实证性研究是两种基本的管理研究方法。规范性研究就是从理论出发看待一个事物应该是怎么样的。而实证性研究是通过对研究对象大量的观察、实验和调查，获取客观材料，从个别到一般，归纳出事物的本质属性和发展规律的一种研究方法。在企业社会责任研究的早期，因为研究基础比较薄弱，一般采用规范性研究方法，从经济学、管理学、伦理学、社会学、政治学和公共管理学等多角度对企业社会责任问题进行了探讨。随着"是什么"研究的兴起，企业社会责任研究方法逐渐多样化，出现了案例研究、大事调查、对比研究、回归研究等多种方法，其中实证研究已经占了很大比例。但在对策性研究中，现在常采用的方法仍是规范性研究，或者是在实证研究的基础上就某方面提出粗略的发展建议，没有实现规范性研究与实证性研究的有效结合。

（3）研究体系问题。无论对于社会还是企业，企业社会责任都是一个体系性问题，体系结构的明确和构成内容的清晰是研究是否具有体系性的重要标志。企业社会责任的早期研究处于探索阶段，学者们基本上是采用点式研究法，从不同方面各个突破，是一个从无到有的建设过程。随着人们对企业社会责任的理解逐渐清晰，学者们开始尝试用较为体系性的方法来研究问题，出现了一系列企业社会责任研究框架，但利益相关者框架之前的研究框架，由于采用了过于明显的企业外部视角，操作性差，很难在实践中应用。利益相关者研究虽然在一定程度上结合企业内部视角，但至今仍未形成统一体系，在"怎么办"研究中表现尤为明显。另外，企业社会责任研究领域有大量的关于消费者、员工等利益相关者的研究，却没有一个理论框架能有效将这一系列的研究成果整合起来，限制了该类研究实践效果的发挥。

企业社会责任当前研究的上述缺陷严重制约了企业社会责任成果在实践中的应用，使得企业社会责任现实需要的不断高涨与当前理论研究的相对滞后之间的矛盾不断升级，对人们的社会生活和企业的生存发展造成众多不良影响。

2.5.2　企业社会责任研究的发展趋势

我们在对企业社会责任理论研究的发展脉络，以及当前国内外企业社会责任的相关研究特点全面了解的基础上，发现企业社会责任研究在总体上呈现出从理论纷争到注重实践的发展趋势，其研究重点从为什么要承担社会责任、企业社会责任是什么向如何承担社会责任发展，研究视角从企业外部转向更加注重企业自身，研究方法从资料分析转向实验研究，行为研究从行为效果的测度和验证转向探索行为过程。

（1）总体方向：从理论纷争向实践应用发展

企业社会责任理论研究是在不断地争论中发展进步的。企业社会责任理论发展过程中的首要争议是企业是否应当承担社会责任，并由此引发了关于企业社会责任的两次著名论战①。随着争议的不断深化，人们对什么是企业社会责任也产生了分歧，企业社会责任的理论框架也不断地变化演进。但近十几年来，随着经济全球化的进一步发展，企业社会责任实践应用研究发展迅速，企

---

① Cochran, P. L. The evolution of corporate social responsibility [J]. Business Horizons, 2007, (50): 449~454.

业如何承担社会责任、基于企业视角的社会责任研究、企业社会责任行为过程和能力建设等方面成为新的研究热点。本研究正是符合这一发展趋势的以实践应用为目的的相关研究。

（2）研究重点：从"是什么"向"怎么办"发展

在解决了企业是否应该承担社会责任的疑义之后，企业社会责任研究转入了企业社会责任是什么的问题，即认识和了解企业社会责任的有关事实和原因，对企业社会责任行为的现状、特征、发展规律等进行探索、描述、解释和预测等。企业社会责任"是什么"研究经过几十年的发展，取得了丰硕的成果，为"怎么办"研究奠定了坚实的研究基础。在"是什么"研究的推动下和实践应用的呼唤中，企业社会响应、企业社会责任战略、企业社会责任管理体系、企业社会责任标准与审计、企业社会责任与公司治理等一系列"怎么办"研究应运而生。

（3）研究视角：从企业外部向企业自身发展

由前文叙述可知，企业外部视角和企业自身视角代表了企业社会责任研究的两个基本立场。前者是站在政府或社会层面来看待企业社会责任问题，从企业外部看企业；后者是站在企业层面，从企业内部向外看。在企业外部视角下，监管与约束是提高企业社会责任水平的主要途径，在企业利益与社会利益发生冲突时，往往会牺牲企业利益来保障社会利益，引发新的矛盾。而企业内部视角则是将着力点放在企业自身，从企业的生存和发展需求方面探索能够形成社会、政府和企业三方之间良好互动的企业社会责任管理模式。本研究正是从这一矛盾需求出发，结合企业外部视角和内部视角开展的关于企业社会责任管理的相关研究。

（4）研究方法：从资料分析向实验研究发展

在早期的企业社会责任研究中，二手资料分析经常被用到，用以分析企业的社会责任水平、企业履行社会责任的效果以及企业履行社会责任的影响因素和作用力量。这种方法的研究过程可以重复、研究结论容易验证、结论具有一定可靠性，但很难剔出企业经营管理与社会责任管理的交互作用造成的影响。实验研究则通过一定的情境设计模拟企业社会责任的某种状态及相关反应，研究可以自由选择具体情境的构成要素，排除非企业社会责任因素的影响，因而受到了企业社会责任领域的越来越多研究人员的喜爱，成为企业社会责任研究发展的一大趋势。

（5）行为研究：从行为结果向行为过程发展

基于企业视角的社会责任研究，往往以社会责任行为作为切入点。Wood的"原则——过程——结果"给企业行为层面的社会责任研究提供了指导。上述三个维度中研究最为广泛的是有关企业社会责任行为结果的研究，主要包括对企业社会责任绩效的外部评价和企业社会责任绩效与企业财务绩效的关系研究，有关企业社会责任行为原则的研究也较为普遍，"过程"性研究在企业社会责任行为研究中占有重要地位却最为薄弱。Heminway①、Ramasamy②、Brammer③ 等著名学者已经开始从不同角度关注此类问题，使其成为企业社会责任行为研究新热点。

我们在洞悉企业社会责任研究上述发展趋势的前提下，经过谨慎选择和认真论证，确定了"企业战略管理中企业社会责任融入"的研究议题。它以提高企业社会责任履行水平的实践要求为研究目的，考虑了当前企业社会责任"是什么"研究的缺陷及"怎么办"研究的需要，结合了企业外部视角和内部视角，着眼于企业社会责任的行为过程，并有效结合实验研究方法，系统探讨如何将企业经营管理和企业社会责任管理进行有效融合的问题。

---

① Heminway, C. A. & Maclagan, P. W. Managers' Personal Values as Drivers of Corporate Social Responsibility [J]. Journal of Business Ethics, 2004, 50 (1)：33.

② Ramasamy, B. & Hung, W. T. A Comparative Analysis of Corporate Social Responsibility Awareness [J]. Journal of Coporate Citizenship, 2004, (13)：109～123.

③ Brammer, S. Williams, G. & Zinkin, J. Religion and Attitudes to Corporate Social Responsibility in a Large Cross–Country Sample [J]. Journal of Business Ethics, 2007, 71 (3)：229～243.

第 3 章

企业战略管理中企业社会责任融入的外在表现研究

企业社会责任的相关理论和实践证明，将企业社会责任融入企业战略管理是既有利于企业自身经营又有益于社会持续发展的科学选择。那么，"企业战略管理中企业社会责任融入"具有怎样的外在表现？何为"企业战略管理中企业社会责任融入"，其影响因素又有哪些？我们如何来度量"企业战略管理中企业社会责任融入"的程度和水平？"企业战略管理中企业社会责任融入"具有怎样的阶段性特征，企业又如何发展？以上问题构成了本章的研究内容。

3.1 企业战略管理中企业社会责任融入的基本内涵

本书的第 2 章第 3 节对战略视角下的企业社会责任管理的相关文献进行了专项综述，为本研究"企业战略管理中企业社会责任融入"进行了理论铺垫。本研究也是隶属于该研究方向下的理论探索与实践应用相结合的研究，但与以往的相关研究又有着较大的差异：本研究将企业社会责任与企业战略的关系提升到前所未有的高度——将企业社会责任融入企业战略管理，这究竟意味着什么？

3.1.1 企业战略管理的界定

战略，古称韬略。顾名思义，战略就是作战的谋略。著名的德国军事战略家冯·克劳塞维茨将军曾说过："战略是为了达到战争目的而对战斗的运用"。《三国演义》定三分隆中决策就是一个典型的战略实例。毛泽东的"持久战"和邓小平的"三步走"都是战略的具体体现。但关于战略的认识，Henry

Mintzberg 把它形象地比喻为瞎子摸象，认为人们往往不能完整地审视战略①。

Henry Mintzberg 认为②，战略至少有五种定义。①战略是组织为实现目标与使命而制定的计划；②战略是一种模式，即长期行动的一致性；③战略就是定位；④战略就是观念，即一个组织做事的基本方式；⑤战略就是策略，是为了击败反对者或竞争者而采用的特定计谋。上述定义从不同视角对战略进行了界定，但依然是瞎子摸象，无法让我们清晰地把握战略的本质。

我国学者张秀玉通过众多典型的战略实例分析得出③，战略首先是指谋划和决策，其主体是组织，具有全局性、长远性和纲领性特征。简单地说，战略就是组织对有关全局性、长远性重大问题的纲领性的谋划和决策。而企业战略就是指企业为适应未来环境的变化、对生产经营和持续与稳定发展中的重大问题进行全局性、长远性、纲领性的谋划和决策。我们认为上述定义反映了战略的本质特征，本研究中的战略就是建立在上述界定的基础上。

企业战略有六个公认的典型特征：①企业战略具有全局性，是企业发展的蓝图；②企业战略具有纲领性，是企业发展的向标；③企业战略具有竞争性，致力于在竞争中取得竞争优势；④企业战略具有长远性，谋求企业的长期发展和长远利益；⑤企业战略具有风险性，是对未来不确定性的挑战；⑥企业战略具有创新性，是反映公司所处具体情况的独特产物④。

我们认为，企业战略管理是对分析、设计、实施和控制企业战略的全部活动的总称。企业战略管理是一项综合性的管理活动，是一个无止境的管理过程，是一门决策的科学和艺术，是为了企业的生存和发展而不停运转的最高层次的管理循环。企业社会责任只有被纳入企业战略管理，才能克服其短视性，才能真正实现有效融入，才能在不断地磨合中更好地支持企业战略，实现企业利益和社会利益的双赢。

3.1.2 企业社会责任的界定

企业社会责任思想由来已久，其萌芽甚至可以追溯到企业产生之前。企业

① Mintzberg, H., Ahlstrand, B. & Lamplel, J. Strategy Safari: A Guided Tour Through the Wilds of Strategic Management [M]. New York: The Free Press, 1998.

② Mintzberg, H. Crafting Strategy [J]. Harvard Business Review, 1987, 65 (4): 66~77.

③ 张秀玉. 企业战略管理 [M]. 北京：北京大学出版社, 2002.

④ [美] 迈克尔·波特. 竞争战略 [M]. 北京：华夏出版社, 1997.

的社会责任是一个历史范畴①，它随着社会经济的发展而发展变化，在不同历史时期有着不同涵义。以往众多学者从不同视角出发对企业社会责任进行了定义，但都没有完整反映出当代企业社会责任的本质。企业社会责任在当今社会有其特殊的涵义，它与以往社会发展阶段企业社会责任的涵义既有相同点也有差异之处。

企业社会责任是社会对企业的期望和要求，其行为主体是企业而非社会，因此，站在企业的角度，从企业与社会的关系出发，我们可以将企业社会责任定义为：社会期望企业作为一个营利性的社会经济组织，对自身和整个社会的可持续发展所应该承担的义务和责任。从利益相关者角度来看，企业社会责任要求企业承担对股东、员工、消费者、社区、政府和环境的社会责任；从责任的性质来看，企业社会责任要求企业承担经济、法律、道德和慈善等方面的社会责任；从责任的内容来看，企业社会责任要求企业保证产品安全、职业健康、遵守商业道德、保护员工和消费者权益、保护环境、支持慈善事业、捐助社会公益、关注弱势群体等一系列内容。

以上我们对企业社会责任的定义包括以下四个方面的内容：

（1）企业社会责任的来源是社会。综合契约论认为，企业是社会的构成单元，无法脱离社会其他群体而单独存在，更谈不上未来发展。任何一个企业在其生存发展过程中，都依赖于社会这个背景平台获取了一定的企业利益，理应对社会发展做出应有的回报。企业社会责任是企业为了应对社会要求、公众期待而做出的对社会履责的行为②。企业无法脱离社会单独存在，也不能罔顾社会责任而我行我素。

（2）企业社会责任的行为主体是企业。企业社会责任是社会公众要求企业承担的责任和义务，因而在满足社会责任需求的过程中，企业扮演了至关重要的角色。国内外学者曾经就如何提高企业的履责水平提出了很多对策性建议，其中完善法律法规和加强外部监控备受推崇。殊不知，只要企业社会责任的行为主体——企业在承担社会责任的问题认识上没有根本性改善，一切外部措施都只能是隔衣搔痒。

---

① 郭红玲. 基于消费者需求的企业社会责任供给与财务绩效的关联性研究［D］. 成都：西南交通大学博士学位论文，2006.

② O' Connor A. & Meister, M. Corporate social responsibility attribute rankings. Public Relations Review［J］, 2008, 34：49~50.

（3）企业社会责任的本质是义务和责任。企业成长过程中的非良性发展，给自身和社会带来了一系列负面效应。本着谁制造谁负责的基本规则，社会公众对企业产生了众多责任需求。同时，企业作为社会中的营利性组织，相对于其他机构和个人具有某些优势，在社会问题的解决上被寄予了更多的期望。这种需求和期望在企业优胜劣汰的激烈竞争中上升成为一系列的义务和责任，并成为企业生存发展的砝码之一。

（4）企业社会责任的目的是实现企业自身和整个社会的可持续发展。在不恰当的宣传模式下，企业社会责任的公益性被过分地夸大，导致企业参与社会责任的实践出现重大偏差，捐助和义工成为流行模式。这种做法严重违背了企业社会责任产生的初衷。企业社会责任并非要求企业牺牲自己的利益来讨好公众，而是借助自身优势解决问题，力所能及地推进社会和谐和持续发展。

由上述分析可知：（1）企业社会责任实践不能一厢情愿的蛮干，要在深入了解社会公众的企业社会责任期望的基础上进行，否则会事倍功半；（2）要提高企业的履责水平，关键要从其行为主体入手，企业才是推进社会责任实践的主要能力源；（3）义务和责任具有不可推卸的特征，罔顾企业社会责任的企业终将受到惩罚；（4）承担社会责任可以是企业实现多赢的一种手段，愿望能否达成的关键在于如何实施。

因此，如果有一种管理实践能够从企业入手，通过企业社会责任承担与企业经营管理的有效结合，深度激发企业参与社会责任实践的主观能动性，既能不断提高企业自身的竞争能力，在获取当前利润的同时有利于自身的持续经营，又能合理满足人们的社会责任需求，在营造社会和谐的同时又有利于社会的持续发展，那么如何让企业承担社会责任将不再是个难题，因为约束和监督而产生的费用将大大减少。

3.1.3　企业战略管理中企业社会责任融入的阐释

随着企业社会责任实践的不断深入，企业社会责任效应的多样性使得学者和企业家们进行了更进一步的思考和探索。在一例例成功和失败的案例的启发下，人们逐渐认识到企业社会责任实践与企业战略管理的相关性对其实践效果起着非常重要的作用。因此，众多学者展开了战略视角下的企业社会责任管理模式研究，如第二章第四节所述，为本研究"企业战略管理中企业社会责任融入"的提出奠定了基础。

我们界定，"企业战略管理中企业社会责任融入"，就是将企业社会责融入企业战略管理，即将企业社会责任作为企业内部管理的一项重要内容纳入到企业战略管理的各个环节中，一方面通过科学严谨的战略管理思维和战略支撑策略，更好地满足社会公众对企业的社会责任期望，积极有效地承担社会责任；另一方面使企业社会责任更好地为企业的经营管理服务，成为企业创造竞争优势的重要源泉。"企业战略管理中企业社会责任融入"作为一种新的管理思想，当其上升到系统理论时，是一种新的管理模式，当其应用到现实企业时，是一种新的管理实践，将会给当代的企业管理理论和企业社会责任实践带来重大变化。

我们对"企业战略管理中企业社会责任融入"的定义包含以下三个方面的内容：

（1）"企业战略管理中企业社会责任融入"的实现途径是将企业社会责任作为企业战略管理的重要内容进行管理。长期以来，企业社会责任一直在企业管理中处于非常尴尬的地位，大多数企业承担社会责任是迫于各界的压力，心不甘情不愿。要提升管理者对企业社会责任的重视，首先要改善企业社会责任的地位。企业战略是影响企业未来发展的重要纲领性设计，将企业社会责任作为企业战略管理的重要内容进行管理，使得管理者不得不从战略层面上对其进行规划、设计、执行和控制。

（2）"企业战略管理中企业社会责任融入"的基本前提是准确把握社会公众的社会责任期望。以往的企业社会责任研究主要集中在企业是否应该承担社会责任、应该承担哪些社会责任和如何促使企业更好地承担社会责任等问题上，而如何准确把握公众的社会责任期望并未得到足够的关注。企业社会责任实践与企业社会责任期望的脱节，使得现实中很多企业为之困惑，甚至怀疑企业社会责任是否对企业发展具有正面影响。因此，准确把握社会责任期望是企业社会责任融入的必要环节。

（3）"企业战略管理中企业社会责任融入"的主要目的是通过与自身业务关联把企业社会责任从额外负担变成价值来源。当企业社会责任实践与企业经营管理互不相干时，企业社会责任实践更多地表现为捐助和义工，是对企业人力、物力和财力的简单索取，是企业名副其实的包袱。而"企业战略管理中企业社会责任融入"则强调从自身优势出发，通过创造更多的企业与社会共享的价值来承担社会责任，不但丰富了企业价值和顾客价值的内容，也使得企业社会责任成为企业价值创新的一种重要途径。

正如 David Rockefeller 所说："关键是企业社会责任要变成企业行为的有机部分，而不是外加的慈善行为"，企业对承担社会责任的抵触才可能降低甚至消除①。"企业战略管理中企业社会责任融入"通过将社会责任承担与企业经营管理有效结合，致力于创造企业和社会的共享价值，消除了社会利益和企业利益"鱼与熊掌不可兼得"的矛盾坚冰，可以有效地促进现实企业从个人本位向社会本位转化。

3.2　企业战略管理中企业社会责任融入的影响因素

以往有众多学者对企业社会责任履行情况的影响因素进行了研究，这与"企业战略管理中企业社会责任融入"的影响因素既有相似点，又有差异性。我们在对当前研究中的企业社会责任影响因素进行总结归纳的基础上，就"企业战略管理中企业社会责任融入"的影响因素组织四名管理学教授和五名企业高管进行了两次焦点小组访谈，期间反复强调"企业战略管理中企业社会责任融入"的内涵，让与会者针对现有因素进行讨论并据理补充，最后得到四组影响因素，见下文论述。

3.2.1　社会环境背景

企业是社会的存在，在其生存发展过程中不可避免地受到人类社会的经济、文化、政治和技术等方面的影响，这些背景性因素一方面刺激企业的各利益相关群体产生要求企业承担社会责任的期望，另一方面又构成宏观层面上企业承担社会责任的压力和动力，使得"企业战略管理中企业社会责任融入"推行的难易程度有较大差异，进而影响最终的融入水平和企业社会责任效应。

"企业战略管理中企业社会责任融入"程度与社会经济的发展水平有关系，经济越发达，融入程度越高。人类社会的经济发展水平比较低时，人们对企业的社会责任观持消极态度②，企业与其利益相关者之间非经济性利益要求被赤裸裸的市场竞争关系所掩盖，即使有所考虑，也是出自于企业主的怜悯之心。如同 Adam Smith 所说，经济人追求个人利益的行为和动机有利于生产发

---

① 王敏. 企业社会责任对企业竞争力的影响研究［D］. 长春：吉林大学硕士学位论文，2006.
② 刘长喜. 利益相关者、社会契约与企业社会责任——一个新的分析框架及其应用［D］. 上海：复旦大学博士学位论文，2005.

展和雇佣者积极性的发挥，而社会效益会在每一个社会成员利己心的驱动下，通过市场这只"看不见的手"自然实现，因此不必刻意地去限制人的经济动机，这导致企业社会责任行为与企业经营管理的敌对和脱节①，使得企业社会责任融入程度在经济发展水平较低时受到限制。

"企业战略管理中企业社会责任融入"程度与社会文化的文明导向有关系，社会越文明，融入程度越高。社会文化通过影响企业伦理②、企业文化和企业管理者的价值观③对企业社会责任融入发挥作用。Velasquez 认为④，企业伦理是关于道德方面对与错的研究，注重把道德运用于企业政策、制度和行为等方面。Lawrence Miller 认为⑤，企业文化就同人类灵魂一样，是企业长期坚守的一套固定的信念及追求的崇高目标。文明的社会文化倡导诚信交往、尊重生命⑥、尊重环境⑦，这都有利于企业形成健康的企业伦理和企业文化，使得企业管理者对企业社会责任持积极态度。

"企业战略管理中企业社会责任融入"程度与所在国家和地区的政治环境有关系，政治越稳定，融入程度越高。当一个国家或地区的政局动荡不安时，企业难以做出较长时间的规划，而企业社会责任实践给企业带来的正面效应难以在短期内显现，"企业战略管理中企业社会责任融入"很难被看好。而企业在作为经济人追求企业利润的驱动下，更倾向于选择浑水摸鱼，漠视企业的社会责任，甚至以身犯险，通过不法手段获取利益，借不安的时局躲避应有的惩罚。只有当所处环境和平稳定时，企业才会考虑更多地承担社会责任，进而将其与企业经营管理相结合，以谋求长期利益。

----

① 郑晓霞.企业社会责任对中国企业战略管理的意义分析 [D].太原：山西大学硕士学位论文，2008.

② Norcia, V. D. & Tigner, J. Mixed motives and ethical decisions in business [J]. Journal of Business Ethics, 2000, 25 (1): 1 ~ 13.

③ Williamson, O. E. Manageral Disceretion and business behavior [J]. American Economic Review, 1963, 53 (5): 1032 ~ 1058. Rashid, M. Z. A. & Ibrahim, S. Executive and management attitudes towards corporate social responsibility in Malaysia [J]. Corporate Governance: The International Journal of Effective Board Performance, 2002, 2 (4): 10 ~ 16.

④ Velasquez, M. G. & Rostankowski, C. Ethics: Theory and Practice [M]. NJ: Prentice – Hall, 1985.

⑤ 刘兆峰.企业社会责任与企业形象塑造 [M].北京：中国财政经济出版社，2008.

⑥ Hemingway, C. A. &Maclagan, P. W. Managers Personal Values as Drivers of Corporate Social Responsibility [J]. Journal of Business Ethics, 2004, 50 (1): 33.

⑦ Kropotkin, P. Mutual Aid [M]. New York: Blom, 1968. Sen, A. On ethics and economics [M]. Oxford: Blackwell, 1988.

"企业战略管理中企业社会责任融入"程度与所在国家和地区的技术水平有关系，技术越发达，融入程度越高。企业社会责任内容中很多项目是以技术实现为支撑的，尤其在保证人类生活安全和生命健康、减少环境污染和履行节能减耗等方面。当同一社会中存在技术水平分布不均匀时，很容易借助企业社会责任限制形成技术贸易壁垒。知识无善恶，关键在于人利用它去实现什么。有利于社会和谐和人类可持续发展的技术创新，既能有效提升企业的社会责任形象，又能显著提高企业的市场竞争能力，是"企业战略管理中企业社会责任融入"的一种较好体现。

3.2.2　所属行业特征

企业所处的社会环境构成了企业生存的大背景，而其所处行业的竞争状况、发展程度、能耗要求以及生产要素对企业生存和发展模式具有非常重要的影响，更进一步影响到企业将社会责任融入到企业战略管理中的客观必要性。当一个企业所处的行业必须承担某些社会责任才能继续存在和发展时，将企业社会责任融入企业战略管理便成了这些行业中的企业避免淘汰的必然选择。

"企业战略管理中企业社会责任融入"程度与企业所属行业的竞争状况有关系，竞争越激烈，融入程度越高。当行业内的企业竞争比较激烈时，很难有企业在竞争中长期处于绝对优势的地位，企业经营管理和对外交涉中的任何疏忽和失误，都有可能瞬间削弱企业的竞争优势。而历史上著名的企业社会责任危机，令众多企业谈之色变。企业为防范不期而遇的社会责任危机，不得不将企业社会责任作为一项日常工作内容纳入到企业的经营管理中。另一方面，当传统的竞争策略逐渐失效时，企业社会责任形象作为一种新的差异化战略应运而生[①]。

"企业战略管理中企业社会责任融入"程度与企业所属行业的发展程度有关系，行业越成熟，融入程度越高。在需求和竞争这两股力量共同作用下，行业发展一般都要经历初创、增长、成熟和衰退的过程。行业在发展的初期和增长期，竞争不激烈，消费者需求处于上升阶段，企业的主要精力放在完善产品和开拓市场，对社会责任需求的满足则被放在不太重要的位置。而处于成熟阶段的行业表现已经很难实现业绩的快速增长，行业内的产品、服务以及市场需

---

① Dean, D. H. Consumer reaction to negative publicity: effects of corporate reputation, response and responsibility for a crisis envent [J]. Journal of Business Communication, 2004, 41 (2): 192～211. 刘兆峰. 企业社会责任与企业形象塑造 [M]. 北京：中国财政经济出版社, 2008.

求都趋于稳定，激烈的竞争使得企业寻求各种可能的方式维持生存，包括将企业社会责任融入企业战略管理的实践模式。而在行业的衰落期，微薄的利润使得企业不敢轻易尝试。

"企业战略管理中企业社会责任融入"程度与企业所属行业的能耗要求有关系，能源消耗越严重，融入程度越高。保护环境、节能减耗是企业社会责任中的重要内容。能源消耗严重的企业常常被社会公众认为是造成资源过度开发和生态环境破坏的罪魁祸首，更容易在企业社会责任运动中被牵累。高能耗的企业要摆脱这种被动挨打的地位，一方面要积极探寻降低能耗、减少污染的新途径，一方面要积极参与各种企业社会责任活动，以树立良好的企业社会责任形象。上述两个方面的企业实践都有利于"企业战略管理中企业社会责任融入"程度的提高。

"企业战略管理中企业社会责任融入"程度与企业所属行业的主要生产要素有关系，主要生产要素越稀有，融入程度越高。企业的生产要素包括资金、劳动和技术。当企业的主要生产要素在当前社会发展阶段越稀有时，企业必须付出额外的努力以获取充足的生产要素以保证企业的正常经营运作。当这种稀有的生产要素是资金时，企业会最大程度上满足投资者的社会责任需求；当它是劳动时，企业会将以人为本的理念渗透到企业管理各个方面；当它是技术时，企业会更加注重新技术的开发和高端人才的引进，这些都是企业社会责任与企业经营管理相结合的具体表现。

3.2.3 企业自身属性

以往学者发现，企业的某些属性会影响企业社会责任的表现，这些因素包括企业绩效[①]、企业规模[②]、企业的成长阶段[③]、企业性质和预期心理[④]等。

---

① Ullmann, A. A. Data in search of a theory: a critical examination of the relationships among social performance, social disclosure, and economic performance of U. S. Firms [J]. Academy of Management Review, 1985, 10 (3): 540~557. Robert, R. W. Determinants of Corporate Social Responsibility Disclosure: an Application of Stakeholder Theory [J]. Accounting, Organizations & Society, 1992, 17 (6): 595~612.

② 李立清. 企业社会责任评价理论与实证研究: 以湖南省为例 [J]. 南方经济, 2006, (01): 105~117. 李正. 企业社会责任与企业价值的相关性研究——来自沪市上市公司的经验证据 [J]. 中国工业经济, 2006 (02): 77~83.

③ 郑海东. 企业社会责任行为表现_ 测量维度_ 影响因素及对企业绩效的影响 [D]. 杭州: 浙江大学博士学位论文, 2007.

④ 李双龙. 试析企业社会责任的影响因素 [J]. 经济体制改革, 2005, (04): 67~70.

然而，具有良好社会责任表现的企业，"企业战略管理中企业社会责任融入"程度不一定好，低融入状态也可以给人以社会责任表现良好的印象（例如我国以往的"企业办社会"），只不过这种状态不利于企业社会责任的长期承担，而是蕴含了巨大的企业风险。

"企业战略管理中企业社会责任融入"程度与企业自身的经营绩效有关系，经营绩效越好，融入程度越高。如果抛弃企业社会责任不赚钱的狭隘观点，企业承担社会责任并不要求企业利润要达到某个"最低水平"，但良好的企业绩效有利于企业将社会责任融入企业战略管理。当企业绩效不良时，社会责任目标会因为资源有限而让位于更为重要的企业目标。"企业战略管理中企业社会责任融入"是企业实施企业社会责任长期投资的一种措施，良好的绩效增加了这个过程中的风险承担能力。此外，良好的企业绩效本身就代表了股东利益，增加了政府税收，增强了商业伙伴对企业的信心。

"企业战略管理中企业社会责任融入"程度与企业自身的规模大小有关系，企业规模越大，融入程度越高。企业规模对企业社会责任表现的影响机理与对企业社会责任融入程度的影响机理完全不同。对企业社会责任表现的影响，主要是因为不同规模企业的社会责任承诺、政府关注程度、与利益相关者的合作水平以及承担社会责任的能力不同[1]。而对企业社会责任融入程度的影响，主要是因为不同规模的企业对复杂管理模式采用的可能性及驾驭的能力不同。将企业社会责任融入企业战略管理要求企业管理者具有较强的组织、协调和控制能力。

"企业战略管理中企业社会责任融入"程度与企业自身的暴露程度有关系，企业暴露程度越高，融入程度越高。企业暴露度（Business Exposure）是Miles在研究社会环境时引入的一个变量，用来表示企业的开放程度以及易受社会环境影响的程度[2]。企业提供的产品越多，种类越丰富，企业承担的社会责任就越多；企业的利益相关者是施压社会压力的主体，其种类越多数量越多，企业的社会责任压力也越大；企业跨越的地域范围越广，企业承担社会责任的适应能力也越强。这三个方面都会影响企业战略管理中企业社会责任融入

---

① 郑海东．企业社会责任行为表现_ 测量维度_ 影响因素及对企业绩效的影响［D］．杭州：浙江大学博士学位论文，2007.

② Miles, R. Managing the corporate social environment: a grounded thory［M］. Englewood Cliffs: Prentice - Hall, 1987.

的程度。

"企业战略管理中企业社会责任融入"程度与企业自身的政治卷入度有关系，企业的政治卷入度越高，融入程度越高。有不少学者指出企业性质影响企业社会责任表现，这是因为企业性质直接影响到企业的政治卷入度。公司公民（Corporate Citizenship）思想认为，在某些情况下，公司可能在一定程度上取代政府来管理公民权，因为政府有时难以独自承担保障公民权的全部重任。现实企业参与政治的目的非常复杂，但政治卷入度高的企业会积极响应政府的要求而主动承担社会责任，成为政府各类社会责任导向的未出台政策的践行者。

3.2.4　社会责任期望

企业社会责任是社会公众对企业行为模式的一种期望，希望他们以有益于自身和社会长期发展的方式进行经营。这种期望实际上就是企业社会责任这种特殊产品的市场需求，是企业社会责任实践的关键影响因素之一。以往很多学者将该方面影响归类为消费者因素或利益相关者影响。而我们认为，这种思想并没有抓住问题实质，尤其当研究对象变为"企业战略管理中企业社会责任融入"这种特殊实践模式时。

社会责任期望来源于社会公众，由社会公众决定，不随企业的意志转移，任何无视其客观存在的企业必将受到惩罚。Allen White 曾将企业社会责任比喻为企业经营运作的社会许可证[①]，一语中的地点明了社会责任期望存在的客观合理性，强调了企业要想获得长期生存发展，就必须要承担相应的社会责任。社会责任期望给企业发展施以无形的负向力量[②]，企业必须通过积极参与社会责任实践产生的正向力量来抵消这种负作用，才能保证企业发展不受其影响，这使得企业在社会责任的实践中犹如逆水行舟，没有放弃的余地。

"企业战略管理中企业社会责任融入"程度与企业社会责任期望有关系，期望的项目种类越多、程度越深，融入程度越高。由企业社会责任的发展历程可以看出，社会公众期望的总体趋势为范围越来越广、程度越来越深，企业社会责任活动也相应地越来越丰富、效果越来越好，基本上顺应了企业社会责任

---

①　White, A. Sustainability and the Accountable Corporation: Society's Rising Expectations of Business [J]. Environment, 1999, 41 (8): 30~43.

②　许正良，刘娜. 企业社会责任弹簧模型及其作用机理研究 [J]. 中国工业经济，2009，(11): 120~130.

需求的发展趋势。但上述情况仅仅是就整个社会责任实践发展而言。与需求不同的是，企业社会责任期望还具有明显的个体差异，即社会公众对不同的企业具有不同的期望，可能表现为种类的差异，也可能是程度的深浅，或者两者皆有，这导致企业社会责任融入实践的个体差异。

万科遭遇的"捐款门"事件是企业社会责任期望具有个体差异性的较好例证。2008 年 5 月 12 日，我国的四川省汶川县发生里氏 8 级强烈地震。突如其来的灾难，激发了我国人民"团结一致、众志成城"的民族热情。有钱的出钱，有力的出力，一个个感人的场面让国人一次次泪流满面。地震后，位于全国地产界龙头地位的万科，捐出了 200 万元善款，这一捐款数字却遭到了公众的质疑。而当王石以不侵犯中小股东利益而确定捐款数额来回复时，立即引起了公众排山倒海的非议和指责。尽管万科继而宣布拿一个亿参与灾后重建，却始终得不到公众谅解。对企业社会责任期望的错误解读，使万科深陷泥潭，难以自拔。

3.3 企业战略管理中企业社会责任融入的度量标准

"企业战略管理中企业社会责任融入"管理模式有利于企业创造企业和社会的共享价值，对企业自身和人类社会的发展都有好处，也体现了近年来颇为受宠的双赢理念。受前述各因素的影响，不同企业的企业社会责任融入程度有所不同，但并非不能改变。积极有效的措施可以提高"企业战略管理中企业社会责任融入"程度，进而增强企业创造共享价值的能力，但这要求我们首先对其具体表现以及如何度量进行研究。

3.3.1 企业社会责任融入度

"企业战略管理中企业社会责任融入"思想是在企业社会责任思想的产生、发展和成熟过程中逐渐形成的，是众多企业履行社会责任过程中不断探索和实践得出的有利于企业自身和人类社会可持续发展的科学管理模式。在深入理解"企业战略管理中企业社会责任融入"内涵的基础上，探索有效的度量体系和度量指标，对于现实企业提高"企业战略管理中企业社会责任融入"水平具有非常重要的作用。

社会责任的履行者，可以是政府，可以是企业，可以是其他非盈利性组织，也可以是个人。履行者不同，社会责任的内容和形式也不同。如同不同身份的人针对同一问题所写文章一样，官员偏重政府管理，记者偏重群众生活，学者偏重学术研究，各司其职，各有其道。在社会责任承担方面亦是如此，如果我们要求企业采用和政府或者非盈利性组织相同的模式，就是逼着记者和学者都来写政府报告，不但造成角色混乱，更会导致资源浪费。类似的，与企业经营毫不相干的企业社会责任实践，充其量只是一种低层次的资源转移。另一方面，消费者是企业的衣食父母，他们的好恶会对企业生存发展产生重要影响，企业行为必须在其可接受范围内。因此，较高水平的企业社会责任实践，要在体现社会公众期望的基础上实现与企业经营管理的深度结合，致力于创造企业和社会的共享价值。

前文中提到，"企业战略管理中企业社会责任融入"包括三个方面的内容：一是实现途径是将企业社会责任作为企业战略管理的重要内容进行管理；二是基本前提是准确把握社会公众的社会责任期望；三是主要目的是通过与自身业务关联把社会责任从额外负担变成价值来源。其中，后两个方面既保证了企业社会责任实践照顾到社会公众的社会责任期望，按需供应，又保证了企业社会责任实践中企业自身优势的发挥，扬长避短。此外，"企业战略管理中企业社会责任融入"还通过将企业社会责任纳入企业战略管理，使得企业社会责任实践与企业经营运作管理具有了整合效应，进一步放大了企业对整个人类发展所做的贡献。

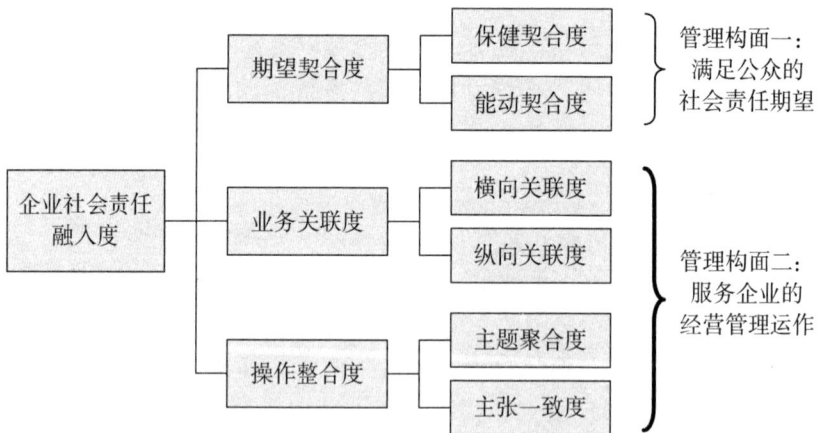

图3.1　企业社会责任融入度的构成

我们提出"企业社会责任融入度"作为"企业战略管理中企业社会责

融入"的度量指标，用以表示"企业战略管理中企业社会责任融入"的程度和水平。依据上文的分析可知，企业社会责任融入度表现为三个方面：一是对社会责任期望的体现程度，二是与企业自身业务的关联程度，三是对社会责任活动的整合程度，并将其分别命名为期望契合度、业务关联度和操作整合度。因此，企业社会责任融入度是一个由期望契合度、业务关联度和操作整合度构成的三维变量（如图 3.1 所示），可以表示为：

$$ID_{CSR} = \{ECD, ORD, SID\} \qquad\qquad 公式（3.1）$$

其中，ID_{CSR} 为企业社会责任融入度，ECD 为期望契合度，ORD 为业务关联度，SID 为操作整合度。

下面我们对企业社会责任融入度的三个构成向量分别予以说明。

所谓企业社会责任实践的期望契合度，是指从整体和长期来看，企业实施的各项企业社会责任活动在多大程度上体现了社会公众在当前社会背景下对目标企业的社会责任期望。期望契合度越高，企业社会责任实践越容易博得社会公众的好评；相反，期望契合度越低，企业社会责任实践越容易为公众误解而事与愿违。随着企业社会责任实践期望契合度的不断增强，各项企业社会责任活动的社会矢量效应不断增强。

所谓企业社会责任实践的业务关联度，是指从整体来看，企业实施的各项企业社会责任活动与企业提供的产品或服务及其相关管理活动具有多大程度的相关性。业务关联度越高，企业社会责任实践的工具特性越强；相反，业务关联度越低，企业社会责任实践的"施舍"色彩越浓。随着企业社会责任实践业务关联度的不断增强，各项企业社会责任活动对企业未来发展的矢量作用大小呈放大趋势。

所谓企业社会责任的操作整合度，是指从长期来看，企业实施的各项企业社会责任活动在活动主题以及所持态度方面的和谐程度。企业社会责任实践是否进行了长期规划，直接影响操作整合度的高低。操作整合度越高，企业社会责任实践的目的性越强；相反，操作整合度越低，企业社会责任实践的随意性越强。随着企业社会责任实践的操作整合度的不断增强，各项企业社会责任活动对企业未来发展的矢量作用方向呈聚合趋势。

企业社会责任融入度通过期望契合度、业务关联度和操作整合度体现了企业的社会责任实践是否符合社会公众的社会责任期望，是否与企业价值的创造机制相结合，是否具有系统整合效应，成为"企业战略管理中企业社会责任融入"程度和水平的度量指标。企业推行"企业战略管理中企业社会责任融入"的管理模式的过程，实际就是提升企业社会责任融入度的过程。

"企业战略管理中企业社会责任融入"是一个双目标的实现过程，其一是人类社会的和谐和可持续发展，要求企业社会责任实践具有较高的期望契合度，满足公众的社会责任期望；其二是企业自身的当前效益和未来发展，要求企业社会责任实践具有较高的业务关联度和操作整合度，服务于企业的经营运作。这两者也成为"企业战略管理中企业社会责任融入"管理模式的两个管理构面。

3.3.2　期望契合度

"企业战略管理中企业社会责任融入"的基本前提是准确把握社会公众的社会责任期望。如同要提供令人满意的产品或服务首先要了解消费需求一样，企业社会责任实践要获得社会公众的好评，首先要准确把握社会公众对目标企业的社会责任期望。对于不同企业来说，社会公众对不同项目的期望程度有所不同。如果单纯地倡导企业多承担社会责任，那么我们就会回归到"企业办社会"的年代，这显然不是我们的初衷。以往很多学者在研究企业社会责任实践时，过多地把精力放在如何促进企业更好地承担社会责任、改善企业的社会责任表现上，而忽略了企业如此做的背后原因——社会公众对企业存在社会责任期望，忘了"以此为始以此为终"的道理。

企业社会责任实践的期望契合度，实际上是社会公众对目标企业的社会责任表现所持态度的综合表现量。Herzberg 认为[1]，人类有两种不同的类型的需要，它们之间彼此独立，但能够以不同的方式影响人们的行为，并将其归类为保健因素和激励因素。满意的对立面是没有满意，而不是不满意；同样，不满意的对立面是没有不满意，而不是满意。社会公众对于企业的社会责任表现所持态度亦是如此。采用类似于 Herzberg 双因素理论的思维模式，我们将影响社会公众态度的企业社会责任项目分为保健项目和能动项目。保健项目是指企业社会责任中那些与人们的不满情绪有关的项目，这些项目处理不好会引发社会公众不满情绪的产生，处理的好可预防和消除这种不满。能动项目是指企业社会责任中能够促使人们对目标企业的社会责任表现产生满意感的项目。企业社

---

① Schermerhorn, J. R., Hunt J. G. & Osborn, R. N. Managing Organizational Behavior (fifth edition) [M]. New York: John Wiley & Sons, 2006.

会责任的保健项目和能动项目并非固定不变，它与企业所处的社会环境、行业特征和企业属性密切相关。相对于能动项目来说，因保健项目引发的企业社会责任危机对企业的负面影响更大。

依据企业社会责任项目的不同，我们将期望契合度分为保健契合度和能动契合度，取值范围分别为［-1，0］和［0，1］，企业社会责任实践的期望契合度在数值上等于两者的算术平均值，可表示为：

$$ECD = \phi \sum_{i=1}^{m} \alpha_i H_{ECDi} + \varphi \sum_{j=1}^{n} \beta_j M_{ECDj} \qquad 公式（3.2）$$

其中，ECD 为企业社会责任实践的期望契合度，H_{ECDi} 为第 i 个保健契合度，M_{ECDi} 为第 j 个能动契合度，α_i、β_i、ϕ 和 φ 是调整系数，$\sum \alpha_i = 1$，$\sum \beta_i = 1$，$\phi + \varphi = 1$，m 和 n 分别是保健项目和能动项目的数量。期望契合度的取值范围为［-1，1］，并且我们认定，当 $-1 \leq ECD \leq 0$ 时，期望契合度处于低水平，当 $0 < ECD \leq 1$ 时，期望契合度处于高水平。

较高的期望契合度可以有效降低企业社会责任实践的风险。当企业社会责任实践的期望契合度处于高水平时，说明社会公众对于目标企业的社会责任总体表现的态度介于"没有满意"和"满意"之间。而对于不同社会责任表现的企业，人们对企业社会责任危机的归因有所不同：对于社会责任表现良好的企业，人们倾向于把危机原因归于外界因素，容易得到公众的谅解；而对于社会责任表现较差的企业，人们倾向于把危机原因归于企业自身，认为企业万死难逃其咎。一旦企业社会责任实践的期望契合度下滑到低水平时，很容易陷入企业社会责任危机中，导致期望契合度再度下滑，进入恶性循环。

3.3.3 业务关联度

在 20 世纪 90 年代以前，对于应该选择支持哪些社会问题，企业决策的基础往往反映了必须"为了脸面好看而做好事"的压力，更倾向于避开可能与自身的核心商业产品联系起来的主题，很少与战略性经营目标的需求挂钩，信奉"尽可能简单地做好事"①，这种实践模式使得社会责任成为企业名副其实的经济负担，在众多外部措施的作用下依旧毫无起色。要从根本上改变这种状

① ［美］菲利普·科特勒，南希·李.（姜文波译）企业的社会责任［M］.北京：机械工业出版社，2006.

态、提高企业承担社会责任的积极性，就要寻找企业社会责任实践与企业经营管理的结合点，实现社会责任从"负担"到"价值"转变。而"企业战略管理中企业社会责任融入"的主要目的就是把企业社会责任从额外负担变成价值来源。

企业社会责任实践的业务关联度，实际上是对企业在社会责任实践中所选项目与企业的产品或服务及其相关管理活动的相关性测度，可以客观反映出企业社会责任实践对企业当前及未来发展的影响。任何企业社会责任活动对企业的产品或服务及其相关管理活动的影响均表现为两个方面：横向影响和纵向影响。企业社会责任实践的横向影响是指企业社会责任活动对企业有多大范围的影响，这基本上与活动组织单位的级别相对应，职能部门组织的企业社会责任活动主要针对某产品（或服务）或某个管理环节，事业部门组织的企业社会责任活动可以影响系列产品（或服务）或多个管理环节，而企业总部组织的企业社会责任活动则会对整个企业的产品（或服务）及其管理活动产生影响。企业社会责任实践的纵向影响是指企业社会责任活动对企业的未来发展具有何种程度的影响（包括影响方向和影响深度），即对企业核心竞争要素的优势提升具有多大作用，如产品优势、服务优势、人才优势和技术优势等。

依据企业社会责任实践影响角度的不同，我们将业务关联度分为横向关联度和纵向关联度，取值范围分别为（0，1]和 [-1，1]。一项企业社会责任活动的业务关联度方向与纵向关联度相同，在数值上等于两者的几何平均数，可表示为：

$$ORD = \sum_{p=1}^{s} \gamma_p ORD_p, \quad |ORD_p| = \sqrt{L_{ORDp} * |P_{ORDp}|}, \quad \gamma_p = \alpha_i \phi \overline{\alpha} \beta_j \varphi \quad \text{公式 (3.3)}$$

其中，ORD 为企业社会责任的总业务关联度，P_{ORDp}、L_{ORDp} 和 P_oRDp 分别为第 p 个项目的业务关联度、横向关联度和纵向关联度，γ 为调整系数，α_i、β_i、ϕ 和 φ 均为公式（3.2）中的调整系数，$s = m + n$。业务关联度的取值范围为 [-1，1]，并且我们认定，当 $-1 \leq ORD \leq 0$ 时，业务关联度处于低水平，当 $0 < ORD \leq 1$ 时，业务关联度处于高水平。

较高的业务关联度有利于增加企业社会责任实践的收益。当企业社会责任实践的业务关联度处于较高水平时，说明企业社会责任与企业经营管理结合较密切，价值共享性高，企业在服务大众的同时自身也获益匪浅。从企业发展的角度来说，社会公众对企业的社会责任期望是客观存在的，不随任何人的意志而转移，但企业满足社会责任期望的途径却是可以选择的，企业社会责任可以是包袱也可以是助力器，关键在于企业社会责任实践是否能创造企业和社会的共享价值；从社会发展角度来说，社会责任的承担主体是多元的，只有当各主体以最大程度结合自身特点和优势来参与社会责任实践时，整个社会的价值增加才是最大的。

3.3.4　操作整合度

整合的英文对应词汇是 Integrate，具有"综合、合并、一体化"的解释，本研究中整合想表达的是：通过动态地综合使之完整与和谐。企业的社会责任承担不是靠参加一次慈善活动、捐助一项公益事业就能完成的，而是一个涉及方面广、持续时间长的大工程。短期分散的社会责任活动，不但会影响企业社会责任实践的整体效应，也会让社会公众怀疑企业承担社会责任的诚意而增加企业自身的运营风险，赔了夫人又折兵。同企业的生存发展问题一样，企业社会责任问题需要企业给予持续的关注，进行整体的规划和设计。"企业战略管理中企业社会责任融入"的管理模式同时将企业社会责任作为企业战略管理的重要内容进行管理实现了对众多企业社会责任活动的整合。

企业社会责任实践的操作整合度，实际上是对企业在社会责任实践长期整体规划程度的测度，反映了企业承担社会责任的真实态度和管理能力。企业如果对于履行社会责任的态度不积极，势必造成其散乱无序的社会责任表现，否则只能说明企业缺乏整体规划能力。前文中我们将企业社会责任项目分为保健项目和能动项目，保健项目涉及的社会责任实际上就是很多学者所说的基本社会责任，是企业保持一定期望契合度的基础，而企业在能动项目上则有很大的自由发挥的空间，如果缺乏合理规划，主题之间的相关性太小，前后主张的一致性不高，有些甚至是负相关的，这就很容易给消费者造成朝秦暮楚的感觉，甚至怀疑企业承担社会责任只是为了提高知名度，大大降低企业社会责任实践的整体效果。因此，要真正使得企业社会责任实践利己利民，企业一方面在能动项目的选择上要做到"有所为有所不为"，要有明确的主题，即提高企业社会责任活动的主题聚合程度；另一方面，企业社会责任主题要有明确的态度倾向，企业主推主题下系列企业社会责任活动的主张要具有较高一致性。

我们将企业社会责任实践的上述管理要点定义为主题聚合度和主张一致度，取值范围分别为 [0，1] 和 [-1，1]。某段时间内企业履行社会责任实践的操作整合度的方向与主张一致度的方向相同，在数值上等于两者的几何平均数，可表示为：

$$SID = \sum_{q=1}^{s} \gamma_q SID_q, \quad \left| SID_q \right| = \sqrt{P_{SIDq} * \left| C_{SIDq} \right|}, \quad \gamma_p = \alpha_i \phi 或 \beta_j \varphi \qquad 公式（3.4）$$

其中，SID 为企业社会责任实践的总操作整合度，SID_q、P_{SIDq} 和 C_{SIDq} 分别为第 q 个项目的操作整合度、主题聚合度和主张一致度，α_i、β_i、ϕ 和 φ 与公式（3.3）中的相同。操作整合度的取值范围为 [−1，1]，并且我们认定，当 $-1 \leq SID \leq 0$ 时，操作整合度处于低水平，当 $0 < SID \leq 1$ 时，操作整合度处于高水平。

较高的操作整合度有利于增强企业社会责任实践的综合效应。当企业履行社会责任的操作整合度处于较高水平时，鲜明的主题和一致的主张在企业的持续宣传下，更容易在社会公众心目中树立良好的企业社会责任形象，通过晕轮效应①影响企业经营运作的风险和收益，甚至成为企业竞争的有力武器。与此同时，众多社会责任问题的解决也并不是一朝一夕的事情，需要持续而稳定的投入。企业参与社会责任实践就如同经营果林一样，种类太多就没有特色，习性相差太远则难以共存，只有因地制宜地精选精管，才能喜获丰收，硕果累累。

3.4 企业战略管理中企业社会责任融入的阶段表现

企业社会责任融入度给我们提供了度量"企业战略管理中企业社会融入"程度和水平的指标体系。"企业战略管理中企业社会责任融入"包含"满足公众的社会责任期望"和"服务企业的经营运作"两个管理构面，在众多因素的共同作用下，现实企业在两个管理构面上具有不同状态，使得"企业战略管理中企业社会责任融入"具有阶段性特征。对其进行合理地分类分级，有利于我们更加全面地了解其外在表现。

---

① Nakayama, M. & Sutcliffe, N. G.. Exploratory analysis on the halo effect of strategic goals on IOS effectiveness evaluation. Information & Management ［J］, 2005, 42（2）: 275~288.

3.4.1 企业社会责任实践的类型

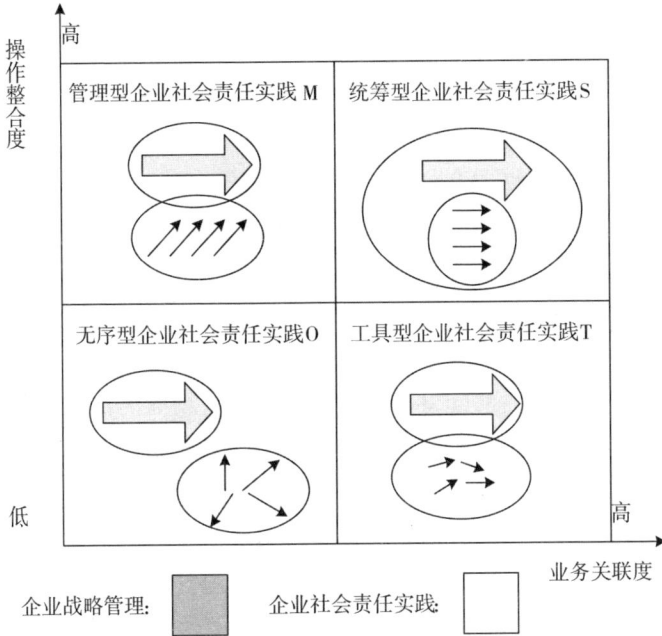

图 3.2 企业社会责任实践的类型

仔细分析不难发现，期望契合度是判断企业社会责任实践与社会公众联系紧密程度的标准，业务关联度是判断企业社会责任实践与企业经营业务联系紧密程度的标准，操作整合度是判断企业社会责任实践与企业管理联系紧密程度的标准。后两者属于同一管理构面，依照业务关联度和操作整合度的高低，我们将企业社会责任实践进行简单分类，即无序型社会责任实践、工具型社会责任实践、管理型社会责任实践和统筹型社会责任实践，如图 3.2 所示，下面我们分别予以说明。

（1）无序型企业社会责任实践（O）。该类型的企业社会责任实践无论是操作整合度还是业务关联度都处于较低水平，相关企业社会责任活动缺乏统一规划，活动具有较强的随意性，与企业的产品或服务及其相关管理活动的关联性不强，具有较强的社会公益性，往往是企业在外部压力胁迫下的无奈之举，企业社会责任实践与企业战略管理的交集为空集，是企业参与社会责任实践的最低层次。实施此类型社会责任实践的企业通常认为承担社会责任给企业带来了沉重的负担，不愿意做，却不得不做，抱有"走一步、算一步"的心态。我们经常提到的"企业办社会"模式便是该种类型企业社会责任实践的代表。

由于相关企业社会责任活动缺乏统一规划，与企业的产品或服务及其相关管理活动的关联性也不强，对企业未来发展产生的正向推动作用很弱。相反，企业社会责任活动本身耗费了大量的企业资源，如果得以通过各种途径为广大社会公众知晓，还可以博得几句好评，如若不然，很容易成为企业名副其实的包袱。总体来说，该种类型的企业社会责任实践对企业未来发展的负向作用大于正向影响。

（2）工具型企业社会责任实践（T）。该类型的企业社会责任实践的操作整合度较低但业务关联度较高，企业实施的各项企业社会责任活动都与产品或服务及其相关管理活动有非常密切的关系，但缺乏整体的规划性，往往是作为某阶段某部门某管理目的的实现手段，具有较强的依附性和短期性目的，工具性特征明显，企业社会责任实践与企业战略管理有一定交集，但该交集并不是因企业社会责任实践产生的，而是因为它所服务的某阶段某部门的某管理目的与企业战略管理具有相关性才产生的。实施此类型社会责任实践的企业的最终目的是获取企业利益，如果能顺便获取些公众掌声自然更好。企业社会责任营销便是该类型企业社会责任实践的代表。

该种类型企业责任实践的最明显的特征便是具有极强的短期目的性，企业社会活动选取的主要依据就是该类活动在多大程度上有利于某管理目标的实现，某些在特定环境下效果良好的企业社会责任活动会更为企业青睐，因而被频繁的使用。该种类型的企业社会责任实践对短期目标的实现具有积极的正向影响，但整体规划性的缺失使得它对企业战略管理的作用非常有限。

（3）管理型企业社会责任实践（M）。该类型的企业社会责任实践的业务关联度较低但操作整合度较高，企业实施的各项企业社会责任活动与产品或服务及其相关管理活动可能没有短期直接联系，但因为所有活动的实施在同一规划指导下进行，从整体和长期来看，对企业战略管理有明确的影响。企业社会责任实践与企业战略管理通常有一定交集，并且交集的大小与企业社会责任实践战略目标与企业经营战略目标的归属程度有直接关系，即后者对前者有正向作用。实施该类型企业社会责任实践的企业的最终目的是在最大程度上预防和避免企业社会责任实践对企业正常经营管理活动的负面冲击，即用有计划、有步骤的付出来换取稳定的发展环境。

相对于上述两种企业社会责任实践模式，管理型企业社会责任实践模式在对企业经营战略目标的实现的影响方面有了质的飞跃。该种类型的企业社会责任实践具有较强的整体规划性，以最大程度上发挥对企业经营战略目标实现的正向作用。因此，不管企业采取何种类型的企业社会责任战略，或者降低成本，或者提高声誉以获取利益，其最终目的都是推动企业的未来发展。

（4）统筹型企业社会责任实践（S）。该类型的企业社会责任实践无论是操作整合度还是业务关联度都处于较高水平，相关企业社会责任活动不但在同一规划下进行，与产品或服务及其相关管理活动也有着有非常密切的关系，不管是短期还是长期，都对企业战略管理有重要的影响。企业战略管理与企业社会责任实践之间是包涵与被包涵的关系，企业社会责任实践成为企业战略管理中不可或缺的重要组成部分，并对企业经营战略目标的最终实现发挥着不可替代的重要作用。实施该类型企业社会责任实践的企业试图将企业社会责任有效融入到企业战略管理的方方面面，致力于消除承担社会责任与追求企业利益之间的矛盾，不断探索服务社会与实现自我的最佳状态。

统筹型企业社会责任实践模式是企业参与社会责任实践的最高层次。较高的业务关联度，使得企业社会责任实践摆脱了"包袱"的恶名；较高的操作整合度，使得企业社会责任实践对企业发展的作用方向无限收敛。以上特性使得企业社会责任实践与企业的经营战略管理关系密不可分，成为企业战略管理中不可或缺的重要组成部分，对企业的未来发展具有很强的正向推动作用。

无序型企业社会责任实践完全是企业正常经营活动之外的"善举"，是企业承担社会责任的原始状态，属于较低层次；工具型企业社会责任实践和统筹型企业社会责任实践使得承担社会责任不再只是一种负担，而是可以在一定程度上服务于企业，属于中级层次；统筹型企业社会责任实践中企业将社会责任承担和战略目标实现完美结合，致力于创造企业和社会的共享价值，属于高级层次。

3.4.2　企业社会责任融入的分阶

依据企业在履行社会责任的过程与企业经营管理关系的疏密，我们将企业社会责任实践分为无序型、工具型、管理型和统筹型社会责任实践。然而，企业社会责任实践的最终效果不仅与企业如何承担社会责任有关，还与企业社会责任的根本来源——社会公众有关，两者共同决定了企业社会责任融入的水平。只有兼顾了社会公众和企业自身的企业社会责任实践，才可能给企业和社会创造更多的价值。

在前述四种企业社会责任实践类型的基础上，加入企业社会责任实践对社会公众的期望契合程度的考虑，我们得到企业承担社会责任的八种状态，如图3.3所示，即低契合无序状态、低契合工具状态、低契合管理状态、低契合统筹状态、高契合无序状态、高契合工具状态、高契合管理状态以及高契合统筹状态。由前文中我们对企业社会责任融入度的定义可知，图中每一种状态都是一个企业社会责任融入度的集合。

我们界定的企业社会责任融入度实际上显示了目标企业处理社会责任实践与社会公众以及企业管理两者关系的成熟程度，前者主要体现在期望契合度上，后者主要体现在业务关联度和操作整合度上：当两个方面都不太成熟时，企业处于融入准备阶段；当其中一个方面成熟或趋于成熟时，企业处于融入摸索阶段；当两个方面均趋于成熟时，企业处于发展阶段；当两个方面已经完全成熟时，企业处于融入成熟阶段。由此，我们将"企业战略管理中企业社会责任融入"实践分为融入准备阶段、融入摸索阶段、融入发展阶段和融入成熟阶段四个发展阶段。

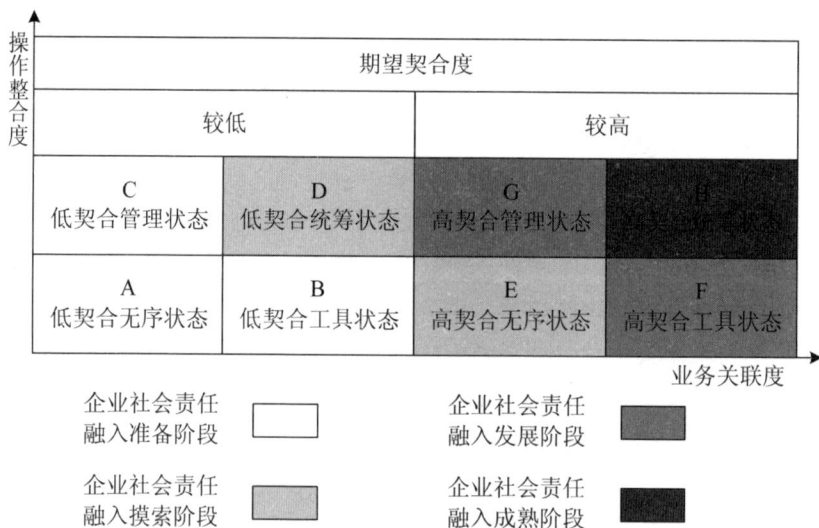

操作整合度	期望契合度			
	较低		较高	
	C 低契合管理状态	D 低契合统筹状态	G 高契合管理状态	H 高契合统筹状态
	A 低契合无序状态	B 低契合工具状态	E 高契合无序状态	F 高契合工具状态

业务关联度

企业社会责任融入准备阶段 □　　企业社会责任融入发展阶段 ▨

企业社会责任融入摸索阶段 ▤　　企业社会责任融入成熟阶段 ■

图3.3　企业社会责任融入的分级

（1）融入准备阶段。企业社会责任融入准备阶段包括低契合无序状态、低契合工具状态和低契合管理状态。处于该阶段的企业无论在处理企业社会责任与社会公众的关系，还是在处理企业社会责任与企业管理的关系上，都没有达到良好状态。我们认为，造成这种结果的原因有两个：一是企业承担的社会责任在项目和程度上与公众的社会责任期望具有较大差异，造成社会公众对企业社会责任总体表现不甚满意；二是企业没有实现对社会责任实践的高水平管理，要么是只将其作为管理目标实现的一种工具或手段而没有从战略高度进行管理，要么是虽有战略规划却没有形成与自身业务的深度关联。处于融入准备阶段的企业社会责任实践，企业社会责任融入度的三个维度至少有两个处于较低水平，企业社会责任实践的投入产出率较低。

（2）融入摸索阶段。企业社会责任融入摸索阶段包括低契合统筹状态和高契合无序状态。处于该阶段的企业逐渐对"企业战略管理中企业社会责任融入"的构成方面有所理解，并在企业社会责任实践中对其中某些方面进行改善。有些企业偏重于从企业社会责任实践对社会公众期望的满足，有些企业偏重于从企业社会责任实践对企业自身经营的有益影响。有的企业在平时的社会责任实践中默默无闻，却能在敏感时刻给大家留下深刻印象；而有的企业虽然一直高举社会责任大旗，却也会忽略了重要的社会责任期望。路虽有不同，但都是企业战略管理中企业社会责任融入过程中的重要探索。处于融入摸索阶段的企业社会责任实践，企业社会责任融入度所涉及的两个方面中有一方面已达到较高水平，企业社会责任实践的整体效应已经明显体现出来。

（3）融入发展阶段。企业社会责任融入摸索阶段包括高契合工具状态和高契合管理状态。处于该阶段的企业已经认识到，要使企业社会责任实践获得较好的整体效应，企业一方面要关注广大人民的社会责任期望，另一方面还要使企业社会责任实践与自身的经营管理相结合。但由于选择的发展路径不同，在较好地满足社会责任期望的前提下，呈现出工具型企业社会责任实践或管理型社会责任实践的特征。处于融入发展阶段的企业社会责任实践，企业社会责任融入度的三个维度至少有两个处于较高水平，企业社会责任实践的投入产出率较高。这种高效的产出可能来自于短期目的性极强的企业社会责任活动，也可能来自于服务于企业总体目标的企业社会责任长期战略规划，并且都以不引起社会公众的逆反情绪为基本前提。

（4）融入成熟阶段。企业社会责任融入成熟阶段即高契合统筹阶段。处于该阶段的企业深刻理解了"企业战略管理中企业社会责任融入"的内涵要义，一方面在企业社会责任实践的目标确定过程中以社会公众期望为标尺，做到有的放矢；一方面在企业社会责任实践的目标实现过程中以企业经营运作为载体，实现一石多鸟。处于融入成熟阶段的企业社会责任实践，企业社会责任融入度的三个维度均处于较高水平，企业社会责任实践的投入产出达到最优状态。企业的社会责任投入一方面较好地满足了公众的社会责任期望，有利于社会和谐和人类可持续发展，另一方面成为企业经营管理目标的战略支撑力量，利用并提升了企业的经营优势，有利于企业实现可持续经营。融入成熟阶段是企业将社会责任融入战略管理的理想状态。

上述四个阶段虽然蕴含着量的变化，但分阶的根本依据是质的飞跃，即企业社会责任融入的较高阶段相对于较低阶段来说，企业社会责任融入度不一定更大，但一定包含了更多的管理构面，即企业对"企业战略管理中企业社会责任融入"精髓的理解更加深刻。随着企业社会责任融入度的提高，企业社会责任实践的投入产出率不断增大；随着企业社会责任融入的升级，企业社会责任实践的投入产出率的实际数值不一定增大，但其增长潜力是逐渐变大的。

3.5　企业战略管理中企业社会责任融入的发展策略

现实中"企业战略管理中企业社会融入"情况是客观发展和主观推动综合作用的结果，任何一个企业当前的社会责任实践都可以用图 3.3 中所示的八种状态和四个阶段来表示。既然"企业战略管理中企业社会责任融入"能给企业和社会发展带来如此多的益处，如何全面改善企业在这方面的客观表现，推动企业社会责任融入向更高阶段发展，就成为本课题研究的必不可少的构成部分。

3.5.1　企业社会责任融入的路径

"企业战略管理中企业社会责任融入"的过程就是企业社会责任融入度不断提高的过程。我们界定的企业社会责任融入度是一个三维变量，由此可归纳出引起企业社会责任融入度的提升的七种变化，如表 3.1 所示。我们发现，当企业社会责任融入的所处状态和企业社会责任实践的阶段目标不同时，企业社会责任融入呈现出三种不同的路径，即横向融入、纵向融入和螺旋融入，下面我们分别予以说明。

表 3.1 企业社会责任融入度提升的种类

企业社会责任融入度的变化	"企业战略管理中企业社会责任融入"管理模式的管理构面		
	满足公众的社会责任期望	服务企业的经营管理运作	
	期望契合度	业务关联度	操作整合度
变化一	↑		
变化二		↑	
变化三			↑
变化四		↑	↑
变化五	↑	↑	
变化六	↑		↑
变化七	↑	↑	↑

（1）横向融入。在期望契合度一定的情况下，不同的业务关联度和操作整合度形成的平面即企业从运作管理角度出发提升企业社会责任融入度的路径集合，我们称之为横向融入，包括二、三、四三种变化，如图 3.4 所示。当社会公众对企业的社会责任表现的敏感性较低时，企业社会责任实践与公众的社会责任期望的偏离较不易被发现，现实企业更乐意以提高业务关联度和操作整合度的形式来提高自身承担社会责任的水平，因为这往往能带来更好的短期效益或者为企业树立鲜明的企业社会责任形象。横向融入可以有效地提高企业社会责任投入所创造价值的共享性。但由于企业对社会责任的包袱印象根深蒂固，横向融入并未在以往社会责任实践中得到应有的重视。

（2）纵向融入。从图 3.4 可以看出，除了从企业运作管理角度不断提升"企业战略管理中企业社会责任融入"的程度和水平外，另外一个行之有效的途径就是提高企业社会责任实践的期望契合度，我们称之为纵向融入，即变化一。当企业社会责任实践中某个或某些项目的履责水平使得社会公众对企业表现开始出现不满倾向时，如何更好地满足公众的社会责任期望成为企业社会责任实践的当务之急，否则就会陷入企业社会责任危机，使得企业的经营运作遭受极大负面影响。纵向融入是企业预防在企业社会责任实践中陷入被动状态的一种举措。但由于纵向融入缺少与企业运作管理的深度结合，企业社会责任投入所产生的整体效益并不理想。

（3）螺旋融入。当企业社会责任实践既涉及对社会责任期望的更好满足，又涉及从企业运作管理方面的更好完善时，企业社会责任融入度的变化轨迹既包括平面内的变化，又包括竖直方向上的变化，我们称之为螺旋融入，包括五、六、七三种变化。企业社会责任的螺旋融入对实施企业有较高的要求，企业社会责任实践的阶段性目标既包括更好地满足公众的社会责任期望，又包括更好地服务企业的经营管理运作，这要求企业对社会责任融入的推行模式具有较为成熟的认知和管理能力。螺旋融入是一种系统的提高"企业战略管理中企业社会责任融入"程度和水平的途径，对企业社会责任实践整体效益的影响非常显著。

3.5.2 企业社会责任融入的策略

依据企业社会责任融入度移动路径的不同，我们将"企业战略管理中企业社会责任融入"分为横向融入、纵向融入和螺旋融入，对应地，我们将企业实现这些变化的一系列举措分别称为修身性提升策略、迎合性提升策略和综合性提升策略。企业社会责任实践适宜采用哪种策略，取决于企业社会责任融入的当前状态以及企业社会责任实践的阶段目标，企业应该谨慎选择。

（1）修身性提升策略。通过横向融入来实现"企业战略管理中企业社会责任融入"程度和水平的一系列举措，主要是基于企业管理视角的企业社会责任实践提升，因而称为修身性提升策略。修身性提升策略的实施要点是企业对供应、生产、运输、销售和服务等基本活动，以及企业基础设施、人力资源开发、技术开发和采购等辅助活动进行详细审查，识别企业承担社会责任的结合点，并结合外部环境发展、企业所处行业以及企业自身的特征属性，在相关结合点中进行谨慎选择，确定企业社会责任实施环节和履责水平，并制定服务于企业总体战略的企业社会责任实施规划和计划方案。修身性提升策略实施的主要目的之一是使企业社会责任实践建立起与企业的产品或服务及其相关管理活动的有效关联，增强企业社会责任活动对企业效益的影响；目的之二是使企业社会责任实践有目的、有步骤、分阶段进行，给企业树立鲜明的社会责任形象，更好地服务于企业的长短期目标。

修身性提升策略在企业中的具体表现形式多种多样，我们在以往研究中经常提到的关联营销、社会营销和善因营销等都属于修身性提升策略。2002 年，麦当劳公司曾经组织了一项涉及 100 多个国家和地区的世界范围内的募捐活动，为麦当劳之家慈善基金会和其他儿童事业筹款，以唤起公众关心儿童的意识。参与此项活动的麦当劳餐馆以特定产品的销售额为基础向儿童慈善机构捐款。例如美国麦当劳在该项活动中，餐馆每卖出一个巨无霸、满福堡、快乐餐或神奇儿童，就向儿童慈善机构捐款一美元。这使得该项活动不再是普通的捐助，与餐馆核心业务的密切关联使得在活动开展 24 小时内就募集到了 1200 多美元，也实现了各地 5% ~ 300% 的销售额增长，是一项非常成功的基于公益事业而展开的关联营销。

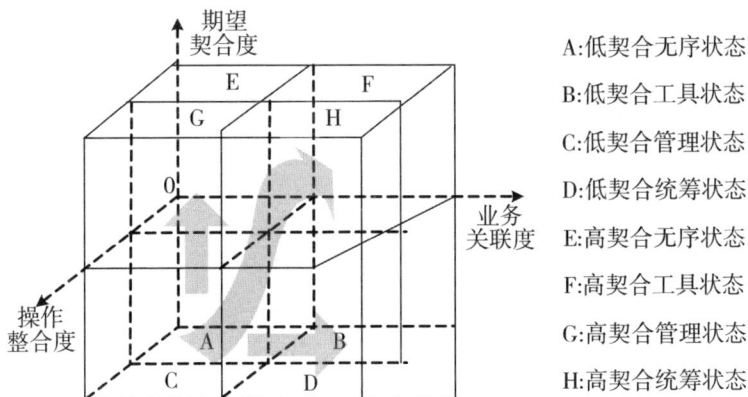

图 3.4　企业社会责任融入的路径

（2）迎合性提升策略。通过纵向融入来实现"企业战略管理中企业社会责任融入"程度和水平的一系列举措，主要是基于社会公众视角的企业社会责任实践提升，因而称为迎合性提升策略。迎合性提升策略的实施要点是企业对社会公众的社会责任期望进行全面调研，并详细分析行业特征和自身属性对公众社会责任期望的影响，仔细甄别保健项目和能动项目，以及社会公众对上述项目的企业社会责任表现的满意程度，选择保健项目中低于零分的项目以及能动项目中低于同行业企业平均水平的项目，组织并实施相关的企业社会责任活动，促使社会公众对企业社会责任表现的态度从"不满意"或者"没有满意"向"没有不满意"和"满意"转变。迎合性提升策略实施的主要目的是帮助企业高层管理人员发现社会公众对企业社会责任表现不甚满意或者低于行业平均满意水平的环节，进行预警并解决问题，化危机于无形，或者进一步强化企业的社会责任定位，树立鲜明的企业社会责任形象。

迎合性提升策略所对应的企业社会责任活动往往简单而直接，慈善活动、公益事业宣传、社区志愿活动等都是迎合性提升策略的典型表现。2002 年，强生公司曾经在美国全国范围内发起了一场"为了护理业的未来"的活动。

活动通过全国性的电视、印刷和互动广告宣传、公共关系要素（可以被全国数百家媒体渠道获得的新闻稿、新闻通报录和卫星广播漫游）、招募材料（小册子、小徽章、海报和录像）、募捐活动和庆祝活动等形式，致力于改善护理职业的形象，招募新的护理人员，留住系统中现有的护理工作者。活动取得了显著效果，护理学校的申请和注册人数有明显增长，护理专业在大学专业排名中也提升到第四位。而强生公司也收到了数千封来自护理人员的感谢信，进一步强化了强生公司的企业社会责任定位。

（3）综合性提升策略。通过螺旋融入来实现"企业战略管理中企业社会责任融入"程度和水平的一系列举措，主要是基于综合效益视角的企业社会责任实践提升，因而称为综合性提升策略。综合性提升策略的实施要点是在全面了解社会公众的企业社会责任期望以及自身企业社会责任表现强弱项目的基础上，仔细斟酌各个有待改善项目的轻重缓急，认真选择对应的改善途径，一方面考虑如何能简单快速地消除企业社会责任表现的弱势点，一方面考虑如何能将履行社会责任和企业价值创造更好结合，并将其统一在具有同一服务对象的战略规划下，使其产生正向的交互影响。综合性提升策略实施的主要目的是通过对基于社会责任期望的企业社会责任实践的统筹规划，努力寻找创造社会和企业共享价值的机会，以对人类和社会负责的模式进行企业的经营运作，在不断提升企业社会责任形象的同时，为企业自身和人类社会创造更多的价值，实现企业社会责任投入获得最优的整体效益。

综合性提升策略实际上是修身性提升策略和迎合性提升策略进行交叉影响的衍生品种，比较有代表性的表现形式是支持公益事业的自主商业实践和投资。星巴克一直坚信，有利于社会、环境和经济可持续发展的长期投资非常有价值，活动之一就是奖励为星巴克生产咖啡豆的农民的环保行为，并为其创造更多的经济机会。1998年，星巴克和一家非营利环保组织建立了伙伴关系，鼓励农民用可以保护生物多样性且为他们提供经济机会的栽培方法来生产咖啡豆，使得参与其中的众多农民得到了实惠，对环境保护也做出了巨大的贡献。该项活动不仅为星巴克提供了一个长期、稳定的优质咖啡豆来源，也为对环保特性感兴趣的消费者提供了一种优质产品，使星巴克通过重要资源的长期投入来体现承诺的证明，也使星巴克对社会负责的形象得以强化。

前文中我们提到的修身性提升策略、迎合性提升策略和综合性提升策略各自的适用情境，是指在对应情境下实施相应策略，其实践效果最为显著。但这并不否认其他情境下某种提升策略的可行性，现实企业在企业社会责任融入过程中，很少采取单一的提升策略，而是两种或三种提升策略的综合。企业在社会责任实践中，一定要结合企业内外部的环境特征，合理选择某一策略或策略组合。

第4章

企业战略管理中企业社会责任融入的作用机制研究

20世纪以来，随着企业对社会发展和人类生活影响能力的增强，人们要求企业承担社会责任的呼声不断高涨，企业想置身事外绝无可能，将企业社会责任融入企业战略管理成为既有利于企业可持续经营又有利于社会可持续发展的管理模式。本章是关于"企业战略管理中企业社会责任融入"作用机制的研究，根本目的是解释为什么要将企业社会责任融入企业战略管理，这会带来哪些有益影响。

4.1 企业战略管理中企业社会责任融入的作用模型

本书第三章对企业社会责任实践进行了分类和阶段划分，并且提出了"企业战略管理中企业社会责任融入"的路径和策略。那么企业为什么要将企业社会责任融入企业战略管理，这是否是符合经济和社会发展要求的正确选择，而这样做又会给企业和社会发展带来怎么样的影响。我们构建了"企业战略管理中企业社会责任融入"的作用模型，从驱动力量发挥和实践效应形成两个方面来研究其作用机制，如图4.1所示。

4.1.1 模型解释

"企业战略管理中企业社会责任融入"的管理思想和实践模式，是经济和社会可持续发展的必然选择。我们认为这种必然性表现在两个方面：一是企业所处的微观、中观和宏观环境的变化趋势提高了人们对企业社会责任融入的关注，直接表现为企业社会责任投入的增加，即"企业战略管理中企业社会责任融入"驱动力量（图4.1中的IDD）的作用；二是企业社会责任效应形成的内部机制要求企业社会责任融入水平的提升，以提高企业社会责任投入的产出比率，即图4.1中企业社会责任融入度｛ECD，ORD，SID｝的作用。两部分共同作用，使得企业社会责任实践给人类社会带来的整体效应不断增加。

　　Etzioni 认为企业决策绝非仅仅由利润最大化动机所驱动①。企业参与社会责任实践决策的制定受到多方面因素的影响，从企业所处的微观环境、中观环境和宏观环境三个层面可将其分为自身因素、市场因素和环境因素。这些因素综合作用于企业，使得企业在致力于核心业务经营的同时，还要关注企业对社会产生的作用和影响，并对其行为负责，以获取企业经营运作的社会许可证②。促进人类和谐和推动社会持续发展是所有社会责任活动的根本目标。而企业社会责任的行为主体是企业，企业的营利性和资源的有限性使得企业社会责任活动成为一项多目标任务，要求企业在履行社会责任时要关注来自不同层次不同角度的多种要求，做出对企业自身和人类社会均有利的复杂性决策。

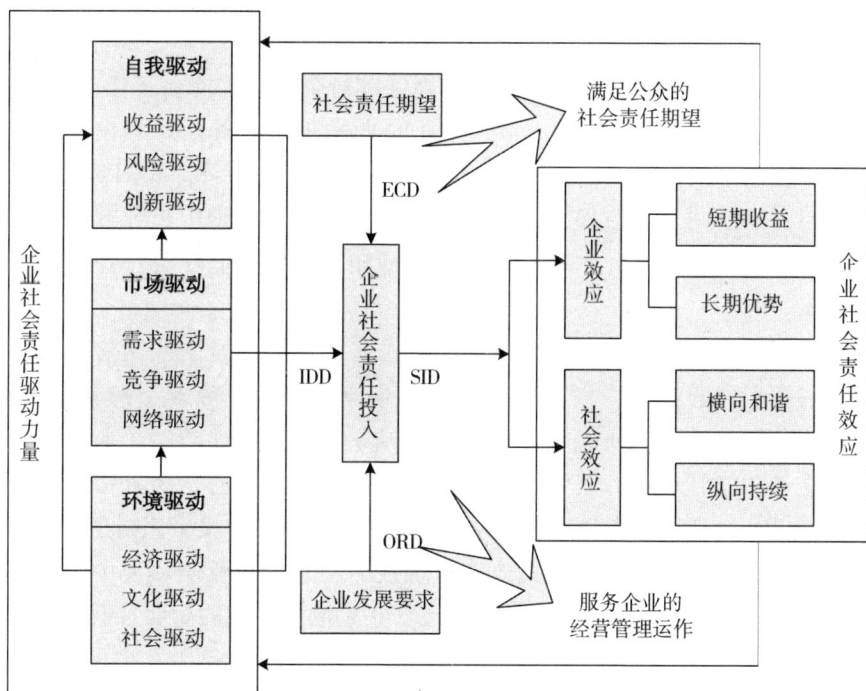

图 4.1　企业战略管理中企业社会责任融入的作用模型

---

① Etzioni, A. The Moral Dimension [M]. New York: Free Press, 1988.

② White, A. Sustainability and the Accountable Corporation: Society's Rising Expectations of Business [J]. Environment, 1999, 41 (8): 30~43.

存在的并非就是合理的。在众多履行社会责任的实践模式中，"企业战略管理中企业社会责任融入"发展模式经过长期的实践检验最终留存并日趋明朗化，这也是企业社会责任效应内部作用机制优胜劣汰的结果。前文中我们提到，企业社会责任是经济和社会发展的必然产物，源于企业的社会性和外部性。然而，承担社会责任的主体可以是政府，可以是非政府组织，可以是企业，可以是事业单位，也可以是个人。社会责任活动的行为主体不同，其社会责任效应的内部作用机制也不同。政府理想中的履责模式不见得适合企业，它可能会打破企业经营与奉献社会的均衡，导致企业社会责任实践整体效率的降低。只有符合企业社会责任效应内部作用机制的实践模式，才可能不断优化企业社会责任整体效应，实现企业和社会的共赢。

4.1.2 驱动力量

以往学者有关驱动力量的研究，主要是针对企业承担社会责任而提出的。"企业战略管理中企业社会责任融入"是企业承担社会责任众多模式中的一种，由于提出时间较晚，相关的驱动因素的研究还没有展开。我们对以往相关文献进行了广泛阅览和梳理总结，并结合"企业战略管理中企业社会责任融入"实践模式的不同之处，提出了"企业战略管理中企业社会责任融入"的驱动因素。

在"企业战略管理中企业社会责任融入"的影响因素的两次焦点小组会议上，另一个议题就是"企业战略管理中企业社会责任融入"的驱动力量。综合国内外相关学者的研究和小组讨论的结果，我们将推动"企业将社会责任融入企业战略管理的力量"归纳为三个方面：企业自身、所处市场和外部环境。外部环境和所处市场的变化给企业发展既带来威胁又带来机遇，企业只有采取符合发展趋势的实践模式才能在现代的动态复杂竞争环境中生存并发展，"企业战略管理中企业社会责任融入"正是顺应变化的企业社会责任的实践选择。企业自身的发展需求是企业社会责任实践的根本动力，也是企业主观能动性能否充分发挥的决定性因素，是否符合企业自身发展需求决定了企业在社会责任实践中能否获得更多的企业收益。

企业自身、所处市场及外部环境等不同层面对"企业战略管理中企业社会责任融入"实践模式产生的推动作用具有显著差异性。外部环境的变化对企业发展的影响较为模糊，作用过程比较缓慢，当企业沉浸在以往的辉煌难以自拔时，很容易导致温水煮青蛙的后果，通用汽车的破产就是一个典型。市场变化是环境变化累积效果的具体表现，它比环境变化更容易识别，影响也更直接，它构成企业生存发展的小环境，因而在企业决策中更受重视。企业自身的发展要求是企业决策的关键依据，也是推动企业创新和变革的根本力量。"企业战略管理中企业社会责任融入"实践模式将三种驱动力量有效结合，以环境变化和市场导向作为战略方向，以自身要求作为根本推动和催化剂，使得企业社会责任实践成为既能获得短期效益又能构建长期优势的必然选择，推动企业不断加大社会责任投入，积极主动地参与到社会责任实践中来。

4.1.3 实践效应

我们在第三章有关企业社会责任的概念中强调，企业社会责任实践是由企业实施的、以企业和社会的可持续发展为目的的企业活动。企业社会责任实践效应的产生机制有别于其他行为主体开展的社会责任活动，其实践效应的构成也更为复杂。探讨企业社会责任效用产生的内部机制，以及企业社会责任效应的详细构成，是企业不断优化社会责任实践模式的基本前提。

我们认为，在环境驱动、市场驱动和自我驱动的共同作用下，企业做出参与社会责任实践的决策，即进行社会责任投入。显然，驱动力量越大，企业社会责任投入越多。不同企业社会责任实践模式会对自身驱动力量产生影响，"企业战略管理中企业社会责任融入"模式能显著增强企业参与社会责任实践的自身驱动力量。企业参与社会责任实践的一个主要目的就是满足来自社会公众的社会责任需求，尽量提高期望契合度 ECD。另一方面，也要关注企业这种特殊行为主体的发展要求，通过提高业务关联度 ORD 更好地服务于自身的经营管理运作。最后，企业社会责任效应的大小还与企业对社会责任实践的系统整合程度 SID 有关。ECD、ORD 和 SID 的提高有利于企业社会责任效应的提升，也是"企业战略管理中企业社会责任融入"提升的基本途径。

我们认为，企业社会责任实践的效应包括企业效应和社会效应两个方面。企业社会责任实践的社会效应是对社会公众企业社会责任期望的满足，也是不同行为主体社会责任活动的共同特征。企业社会责任实践的社会效应表现在两个方面：一方面是从横向存在来看，促进人类社会与自然环境和谐，以及人类社会内部的和谐；另一方面是纵向发展来看，促进经济、生态和社会的可持续发展和协调统一。企业社会责任实践的企业效应是对企业自身发展要求的满足，是企业作为行为主体的社会责任实践效应的特殊构成。社会责任实践的企业效应也表现在两个方面：一方面是从短期生存来看，赖以生存的现实收益；

另一方面是从长期发展来看,增强企业不断发展的竞争优势。优秀的企业社会责任实践模式应该以提高企业社会责任的整体效应为目标,而不是其中某个方面。

为了更好地理解"企业战略管理中企业社会责任融入"的作用机制,我们还要对其驱动力量和实践效应进行深入分析:"企业战略管理中企业社会责任融入"的驱动力量包括自我驱动、市场驱动和环境驱动,其驱动原理是我们深入理解"企业战略管理中企业社会责任融入"作用机制的基础;"企业战略管理中企业社会责任融入"的实践效应包括企业效应和社会效应,其变化规律是我们深入理解"企业战略管理中企业社会责任融入"作用机制的关键。

4.2 企业战略管理中企业社会责任融入的自我驱动

哈佛大学教授 M. Dodd 认为[1]企业管理层承担社会责任(主要指重视利益相关者的利益),主要是受迫于外界压力,而不是来自于企业内部性的力量。这种说法否定了一些先进企业将企业社会责任与企业经营战略相结合而做出的努力,过度强化了承担社会责任给企业带来的成本负担,忽略了企业社会责任实践会给企业带来商业收益、有利于企业控制风险、能增加企业创新机会的事实。

4.2.1 收益驱动

长期以来,企业社会责任与企业经营管理的严重脱节,使得企业管理者认为承担社会责任就要牺牲一部分利润[2],会给企业带来成本负担,不利于企业生存发展。在这种偏激思想作祟下,众多企业放弃了寻找既能履行社会责任又能获取企业利益的发展途径。近几十年来随着国内外企业社会责任理论和实践的不断深入,履行社会责任能给企业带来现实收益,并逐渐成为推动企业社会责任实践的重要力量。

企业承担社会责任有利于企业经营管理在一个更高的水平上运作,这是企

---

① 郭红玲. 基于消费者需求的企业社会责任供给与财务绩效的关联性研究 [D]. 成都:西南交通大学博士学位论文, 2006.

② Burke, L. & Logsdon, J. M. How Corporate Social Responsibility Pays Off [J]. Long Range Planning, 1996, 29 (4): 495~502.

业收益的内部来源。有些企业社会责任活动是通过提供对社会负责的产品和服务来实现的，为企业拓展了市场，增加了收益来源①；有些企业社会责任活动通过精心策划可以与企业产品或服务宣传形成良好互动，增加其市场份额和销售额，这些都会增加企业的年收益。另一方面，员工责任是企业社会责任内容的重要组成部分，工作环境的改善和个人发展的规划对员工的吸引、激励和保持具有积极影响②，有利于增强员工的归属感、自豪感和工作积极性，提高工作效率，提升企业市场应变能力。这两个方面的实现都标志着企业管理运作水平的提升。

企业承担社会责任可以提高企业对社会的服务水平，从而提升形象，改善关系，这是企业收益的外部来源。企业参与社会责任活动，会对消费者头脑中形成的公司印象产生正向影响，从而影响企业形象和企业声誉③，并进一步作用于消费者对企业产品或服务感知、消费意向和消费者忠诚，这些因素都是影响企业效益的重要因素。另一方面，对利益相关者的责任是企业承担社会责任的主要方面，这会对改善企业与各利益相关群体之间的关系起到积极的推动作用④，消除障碍，降低沟通和调研成本，从控制运营成本角度⑤来促进企业收益的增加。不同社会责任活动所产生的影响可参见我们的《基于社会和谐和企业持续经营的双赢管控模式研究》一文⑥。

企业社会责任实践对企业收益的影响只有一小部分是表现在对企业短期收

① Weber, M. The Business Case for Corporate Social Responsibility: A Company – level Measurement Approach for CSR [J]. European Management Journal (2008), doi: 10. 1016/j. emj. 2008. 01. 006.

② Heal, G.. Corporate social responsibility: An economic and financial framework [J]. The Geneva Papers on Risk and Insurance Issues and Practice, 2005, 30 (3): 387 ~ 409. [美] 菲利普·科特勒，南希·李．（姜文波译）企业的社会责任 [M]. 北京：机械工业出版社，2006.

③ Epstein, M. J. & Roy, M. J. Sustainability in action: Identifying and measuring the key performance drivers [J]. Long Range Planning, 2001, 34 (5): 585 ~ 604. Gray, E. R. & Balmer, J. M. T. Managing corporate image and corporate reputation [J]. Long Range Planning, 1998, 31 (5): 695 ~ 702.

④ Wood, D. J. & Jones, R. E. Stakeholder Mismatching: A Theoretical Problem in Emporical Research on Corporate Social Performance [J]. International Journal of Organization Analysis, 1995, 3 (3): 229 ~ 367.

⑤ Kong, N., Salzmann, O., Steger, U. & Ionescu – Somers, A. Moving business/industry towards sustainable consumption: The role of NGOs [J]. European Management Journal, 2002, (20): 109 ~ 127.

⑥ Xu Zheng – liang, LIU Na. Research on Win – Win Management Control Mode of CSR Based on Society Harmony and Corporate Sustainable Development [C]. Jiaozuo: 2008 International Conference on Management Science and Engineering, 2008.

入的影响上，更多的则是通过对企业形象、企业声誉、利益相关者关系等的作用对企业的长期收入产生影响。因此，当企业计算一个企业社会责任项目的投资收益时，既要考虑当前收益，又要考虑未来收益，可以采用我们提出的KPIs法（关键业绩指标法）进行计算，见公式（5.1）。

$$P = \sum_{j=1}^{n}\left[\sum_{i=1}^{m}\alpha_{ij}\left(I_{ij}-I_{ij-1}\right)*v_i-C_j\right]*\frac{1}{\left(1+r\right)^{j-1}} \qquad 公式（5.1）$$

其中，P 为企业社会责任项目的投资收益，m 为KPIs表中指标的数量，n 为企业社会责任项目的效用年限，I_{ij} 为企业社会责任项目第 i 个KPI第 j 年的指标值，I_{ij-1} 为企业社会责任项目第 i 个KPI第 $j-1$ 年的指标值，v_i 为根据企业历史数据得出的第 I 个KPI增加一个单位造成的总收入增加值，α_{ij} 为企业社会责任对第 i 个KPI第 j 年的指标值变化的贡献系数，C_j 为企业社会责任项目第 n 年的投入成本，r 为投资报酬率。

由上述论述可知，企业社会责任项目对企业收益的影响具有长期性和复杂性，其作用的发挥无法脱离企业的正常经营管理活动而单独存在。因此，脱离企业的经营管理而实施的企业社会责任活动，其效用势必大打折扣。企业社会责任对企业利益驱动力的有效发挥，呼唤着企业社会责任与经营管理的深入融合，"企业战略管理中企业社会责任融入"正是这一管理思想的现实实践模式。

4.2.2　风险驱动

风险管理对企业的长期市场价值具有深远的影响。越来越多的投资者相信，社会责任风险管理对企业的长期市场价值具有积极的作用。然而，很多社会责任事件中，核心企业最初选择了消极应对，他们认为，社会责任是外部强加的包袱，是使之身处风险中心的罪魁祸首。显然，这是一种自欺欺人的观点，企业社会责任的风险作用机制可以为其作出合理解释。

我们通过对企业社会责任相关的文献资料和现实案例的深入研究发现，企业社会责任活动不仅可以影响企业利润，也会对企业风险产生影响，并表现为两个方面。一方面，企业社会责任作为投资工具会对企业风险造成影响。企业在实施企业社会责任活动过程中，会引起利益相关者的一系列反应，如果反应是积极的，则可以给公司带来相关利益，相反，则可能导致公司的利益损失，这种不确定性就构成了企业社会责任风险调节的第一类表现。企业社会责任的这种风险调节作用的存在，是企业社会责任得以成为一种新的投资工具的重要原因。

另一方面，企业主动参与社会责任实践可以对不确定环境带来的风险造成影响。不确定性是世界的普遍特征，遍及社会生活的各个方面，它会给企业的经营管理活动造成不可预测的冲击，即企业风险。现代竞争环境的不确定性是企业风险的重要来源。积极履行社会责任可以在一定程度上降低这种不确定性。研究表明①，企业的社会责任水平可以影响消费者的社会责任归因：当一个社会责任形象好的企业遭遇产品上伤害危机时，消费者更容易将其归结于外部因素，反之，更倾向于指责企业。因此，有学者认为企业社会责任是公司陷入危机时的保险②。

我们之所以将企业社会责任给企业风险造成的影响称之为风险驱动，一方面是因为企业经营不同于股市博金，管理者们希望将风险限制在可控范围内，而企业社会责任实践的风险调节性有利于他们实现这一目的；另一方面，风险并非是洪水猛兽，它与收益是对应的，高风险就意味着高收益。企业在承担企业社会责任项目投资风险的同时，也将获得相应的风险收益。明智的企业家往往在自己的风险承受限度内选择投资项目，往往在选择项目时进行风险测算。对收益的追求和对风险的控制，都使得企业社会责任成为企业发展的一种良好选择。

企业社会责任第一类风险调节作用的实现，要求企业将社会责任作为一种投资工具纳入到企业经营管理中来；企业社会责任第二类风险调节作用的实现则依赖于企业长期一致的社会责任表现，临时突击式的松散管理很难产生积极效果。上述方面都要求企业将社会责任作为一个重要内容，纳入到企业战略管理中来，实现企业社会责任与企业经营管理的深度融合，塑造企业社会责任的鲜明形象。

4.2.3 创新驱动

现代竞争环境复杂多变，企业依靠以往长期积累形成的单一优势很难在竞

---

① Klein, J. & Dawar, N. Corporate Social Responsibility and Consumers' Attributions and Brand Evaluations in a Product – Harm Crisis [J]. International Journal of Research in Marketing, 2001, 21: 203~217.

② Sen, S. & Bhattacharya, C. B. Does Doing Good Always Lead to Doing Better? Consumer Reactions to Corporate Social Responsibility [J]. Journal of Marketing Research, 2001, 38 (2): 225~243.

争中持续保持优胜地位。因此,企业需要不断地创新以发现新的市场机会,进而建立有效的企业运营,以此获得源源不断的前进动力。"企业战略管理中企业社会责任融入"的管理实践有利于管理者把环境约束和社会压力转变成有效的市场机遇,使企业在寻找社会和环境问题解决方案的同时,逐渐形成自己独特的竞争优势。

企业社会责任实践有利于企业的技术创新和产品创新。社会责任本身对于企业来说蕴含了巨大的商机,与其说社会责任是企业需要付出的成本,不如说是给企业提供了潜在的发展机遇。随着人类生存环境的日益恶化,广大社会公众对保持人类社会可持续发展的要求越来越强烈。企业社会责任的一个重要方面就是持续关注并竭力满足这些需求,通过努力开发新技术并创造新产品,从根本上降低人类社会对生态环境的破坏,这对企业来说是一个双赢的选择。丰田公司在汽车行业中率先认识到节能环保趋势带来的商机,及时开发了 Prius 混合燃料的环保型汽车,抢先于竞争对手获得了盈利,同时又因积极寻求环境问题的解决方案获得了巨大的社会效应。

企业社会责任实践有利于企业的组织创新和管理创新。目前,企业目标多元化的理念已经被广大企业管理者接受,企业除了追求利润最大化之外,还应保障和提升社会绩效,实现企业非股东利益相关者利益的最大化。企业致力于各利益相关者群体的努力有利于企业利益相关者关系的改善,进而推动企业绩效的提升。为了实现这一目标,很多关注企业社会责任的学者投身于企业社会责任与公司治理的相关研究。要保证各利益相关者群体的利益,就要实现他们对公司经营管理的参与和监控,这与传统意义上的企业管理模式大不相同。企业需要在组织机构和管理方法上进行修改和增补,这本身就是一种创新。

企业社会责任实践有利于企业的文化创新和价值创新。企业文化①是特定社会经济条件下,企业在自身的生存发展过程中形成的以价值为核心的独特的管理模式。它不是埋藏于一本本的企业文件的文字表述,而是伴随着企业的诞生、成长和成熟逐渐积累并沉淀形成的,内化于企业经营管理方方面面的行为习惯,是企业实践的产物。而企业社会责任的实质就是一种企业价值观念的实践。企业社会责任实践,一方面有利于企业渗透和强化为人类服务的核心理念,形成更具引导力、凝聚力、教化力和辐射力的企业文化,使得企业获得可

---

① 李雄诒,李新杰. 浅议企业社会责任型文化的构建 [J]. 经济论坛,2009,(5): 96~98.

持续发展的内部驱动力；另一方面有利于企业向消费者和投资者展现更为丰富的顾客价值和企业价值，得到社会的认同并赢得美誉，使企业获得可持续发展的外部推动力。

不断创新是企业在复杂动态环境中保持竞争优势的根本原因。企业社会责任实践给企业提供了一个实现持续创新的新途径，有利于企业实现技术、产品、组织、管理、文化和价值等方面的多维创新。创新对企业发展的影响非同寻常，是企业战略管理的重要目标，而社会责任又是实现这一目标的重要媒介，因而，将企业社会责任融入企业战略管理、对企业社会责任实践进行长期规划并统一部署成为必然趋势。

4.3 企业战略管理中企业社会责任融入的市场驱动

市场对企业的重要性不言而喻。企业首先从市场中发现发展的契机，在了解顾客现有的或潜在的价值需求的前提下，从供应商那里获得原材料，设计生产出能满足目标顾客需求的产品或服务，并通过自身营销渠道或外部经销商传递给消费者，获取利润，从而获得自身的生存和发展。这就是企业赖以生存的价值链。为了这个价值链的高效和稳定运转，企业需要做出很多决策。那么企业面临什么样的市场压力才会促使企业做出将企业社会责任融入企业战略管理中的决策呢？

4.3.1 需求驱动

随着经济社会的不断进步，营销理论不断发展和完善，"顾客"逐渐成为现代营销的核心。相关研究表明①，如果企业的顾客流失率降低5%，利润就可以增加25%~85%。拥有高质量的顾客资产，已经成为现代企业竞争制胜的法宝。然而，企业的行为过程开始于消费者的需求②，企业只有在准确把握目标市场消费者现有需求及其发展趋势的前提下，才可能提供能有效满足顾客需求的产品或服务，进而获取庞大的顾客资产，形成独特的竞争优势。那么，

① 张庚森、陈媛媛．基于客户价值的企业市场营销策略研究［J］．当代经济科学，2004（9）：89~91.

② Chun-Hsien, C. & Pheng, K. L. Wei, A Strategy for Acquiring Customer Requirement Pattens Using Laddering Teachnique and ART2 Neural Network［J］．Advanced Engineering Informatics, 2002,（16）：229~240.

现代消费者的需求具有什么特点呢?

20世纪以来,社会经济的快速发展,极大地改善了各国人们的生活水平。与此同时,也带来非常显著的负面效应,资源的过度开发,环境污染严重,生物种类锐减,人类赖以生存的外部环境不断恶化。为了人类共同的未来,各界人士提出人与自然的协调发展模式——可持续发展,并逐渐获得世界大多数国家的认同,成为世界人民共同追求的目标。如今,可持续发展观念已经深入人心,渗透到人类生活的方方面面,使得消费者需求的发展趋势特征明显。珍惜生物、节能减排、保护环境已经从以往的内心愿望升华为切切实实的消费需求,企业在进行未来发展规划时必须以此为重要指导,任何无视该发展趋势的企业都将付出惨痛的代价。

2009年的通用破产保护案给众多依旧无视当今全新生产消费观的企业敲响了警钟。《华尔街日报》说,通用汽车是一路低头迈着碎步走进死胡同的。1971年的石油危机明确地给众多汽车生产企业以未来发展的警示,通用也一度想向小型车进军,却在上个世纪90年代的美国经济高速增长期中又迷失了方向,并没有沿着符合人类可持续发展需求的道路上坚定地走下去,最终在经济危机的触发下走向生命的终结。在这场危机中,先于通用倒下的还有贝尔斯登、雷曼兄弟、克莱斯勒等公司。它们都是传统美国梦的牺牲品,盲目地大量生产,而无视对市场和社会造成的后果。相反,日本企业由于在环保汽车和新能源汽车的开发上一直领先,开创了前所未有的辉煌局面。

另一方面,在经济和技术迅速发展的今天,顾客消费的内容也在不断丰富,已经由传统意义上的产品或服务向具有更加丰富内涵的顾客价值转变,企业社会责任已经作为顾客价值的一项重要内容逐渐为广大消费者接受,逐渐成为顾客选择产品或服务的一个重要依据。并且随着收入和素质的提高,消费者对产品或服务的社会责任因素的要求越来越高,尤其对消费权利、消费健康以及广泛的伦理问题等。企业社会责任作为当代顾客价值的新元素,比传统的意义上的产品、服务、人员、形象和成本具有更高的敏感性。正所谓"好事不出门、坏事传千里",不能满足消费者期望的企业,其负面效应很容易被急剧放大,给企业带来意想不到的损失。

证据表明,越来越多的消费者开始重视产品的企业社会责任价值特征。美国曾经有一项调查,通过"我们是否有道德义务来确保我们所使用的来自其他国家的产品不是在'血汗工厂'里生产的"问题,来了解美国消费者在产品选择过程中企业社会责任所起的影响，结果表明①：74.1%的被调查者认为有义务，22.7%的被调查者认为没有义务，3.2%的被调查者不清楚。对于"如果你购买意见标明不是在'血汗工厂'生产的服装价格是 25 美元，另一件服装的价格是 20 美元，但不知道是如何生产出来的，你会如何选择"的问题，75.7%的被调查者选择购买前者，20.3%的被调查者选择购买后者，4.1%的人不清楚。而《中国企业社会责任公众调查》提供的数字显示②，我国公民中对企业社会责任表示"关注"和"非常关注"的比例高达 81.13%。

顾客是企业的上帝，是否有效满足需求是上帝是否愿意庇佑企业生存的主要依据。然而，不管是顺从消费者对可持续发展的需求趋势，还是向顾客提供更完美的顾客价值，以往与企业战略管理毫无联系的企业社会责任实践模式都已经难以满足现实需求。只有将企业社会责任融入企业战略管理中，将企业社会责任元素通过血液传输到企业的各个角落，企业才能真正做到服务于人类，服务于社会。

4.3.2 竞争驱动

21 世纪是竞争的时代。激烈的竞争在人类社会无处不在，企业面临的竞争则更为激烈，以往独善其身式的发展模式只能自取灭亡。现代企业要生存发展，必须面临来自三个市场的竞争：产品市场竞争、资本市场竞争和人力市场竞争。企业要时刻关注三个竞争市场的发展趋势以及竞争对手的市场策略，积极采取行之有效的应对措施才能在当今复杂的动态竞争环境中克敌制胜。

顾客经济时代的到来使得产品市场的竞争较以往更为复杂和激烈。与上个世纪相比，21 世纪的产品市场竞争由最初的简单需求变成更加复杂和周全的考虑，企业必须为顾客价值代言。前文中我们提到，近年来，人类生存环境的迅速恶化使得可持续发展观念深入人心，人们要求企业以诚信负责的形象参与竞争，消费需求和顾客价值呈现明显企业社会责任特征。当竞争产品或替代产品更具社会责任特色时，丰富的顾客选择无疑会将传统意义上的产品置于劣势地位。在"人无我有，人有我优"的竞争理念指导下，积极的企业社会责任实践成为必然，并将进一步成为企业在产品市场竞争的一种高级形式。

20 世纪中期以来，企业的经营环境发生的重大变化改变了企业的生存规

---

① 姜启军，顾庆良. 企业社会责任和企业战略选择 ［M］. 上海：上海人民出版社，2008.
② 金碚，李钢. 企业社会责任公众调查的初步报告 ［J］. 经济管理，2006，（3）：13~16.

则，资本市场日益成为企业在产品市场之外的另一个竞争战场。企业无视股东的要求和利益的行为很容易给自己招来资金难题。近年来股票市场的不断成熟，给中小投资者提供了一个自由选择投资对象的新途径，他们可以根据自己的意愿将手中的货币选票投向某一家或几家被看好的企业，以博取预期企业的未来收益。在呼吁企业承担社会责任的呼声日益高涨的今天，社会责任表现良好的企业更容易为投资者看好，从而获得稳定的资本支持。在 2008 年掀起的金融危机中，奥巴马政府曾经提议贷款救援遭受重创的克莱斯勒公司，但美国银行抵住政府压力拒绝提供资金贷款，克莱斯勒庭外重组计划遭遇资金障碍而胎死腹中，最终选择申请破产保护进行重组。

产品市场和资本市场的优势地位并非一定能促成企业的成功。法国家乐福进入中国以后，经过几年的经营拥有了庞大的顾客资源，然而却因为其管理人员在北京 2008 年奥运火炬传递后的不恭言辞，使得国内众多连锁店一度萧条。类似的，资金雄厚的企业也会因为运营不善而走向衰败。一家企业能否在激烈的市场竞争中屹立不倒，取决于它能否吸引进而拥有出类拔萃的人才为其服务。现代企业之间的竞争，归根结底是人才的竞争。然而，优秀的人才是稀缺资源，只有对员工诚实守信、能给员工提供良好的工作环境和发展规划的企业才能获得他们的青睐。只有拥有了对企业信赖、忠诚、愿意为企业发展奋力拼搏的管理团队，企业才能在市场竞争中无坚不摧。

企业要想在产品市场、资金市场和人力市场上克敌制胜，就要深入了解现代社会消费者、投资者及工作者的需求，并通过培育良好的管理理念、制定相应的规章制度、组织有效的社会责任活动将企业对他们的社会责任落到实处，树立诚信负责的良好形象。"企业战略管理中企业社会责任融入"为上述目的的实现提供了一条有效途径，成为现代企业培育并提升竞争优势的必经之路。

4.3.3 网络驱动

随着市场竞争的深入，企业之间的竞争逐渐演化为不同网络之间的竞争。网络成员包括主体企业及其供应商、采购商和战略合作伙伴，它们具有共同的利益追求。同一网络内的成员承担社会责任，都具有正的外部性。同时，某一网络成员企业社会责任实践效果的发挥也会依赖于其他成员企业社会责任管理模式的有效对接，因此，企业进行社会责任管理要努力争取所有网络成员积极参与和配合。

企业的供应商负责提供原材料和初级产品，对企业的产品竞争力能产生重要的影响。然而，我国目前有很多企业，依仗自己在网络中的强势地位对供应商百般欺压，压低价格、货款延付、提出非交易要求等情况时有发生，使得供应商不愿意为了企业最终产品竞争的整体提升做出额外的努力。企业社会责任认同不同于顾客满意，它面对的是广大的社会公众。一个在供应商口中恶名昭著的企业，无形中给自己埋下了一颗定时炸弹。它在消费者面前塑造社会责任形象越是明亮光鲜，当与供销商的不平等交易被揭露出来时，就越让人觉得面目可憎。有选择性的急功近利地讨好消费者的慈善行为，不是真正的承担社会责任。

企业的采购商是指企业产品的采购企业或者销售企业，也可以称为企业的顾客。与我们真正意义上所谈的顾客（也就是最终消费者）相比，采购商并非总能被当作上帝来对待。质量与承诺不符、供货不及时及其他霸王条款在当今供销交易商普遍存在。然而，采购商更接近最终消费者，他们对企业的评价会通过各种渠道传达到消费者。我们经常看到在同时销售不同厂家产品的商场里，销售人员倾向于推荐某一品牌，而对某些品牌的产品的介绍却敷衍了事，甚至轻而易举将消费者的注意力转到其他品牌产品上。除非是公平合理的合作使采购商高度忠诚，否则也能对消费者造成上述影响。企业对采购商不负责任的行为，无疑是自毁长城。

商业上所谓的战略合作伙伴，是指通过合资、合作或其他方式，给企业带来资金、先进技术和管理经验，推动企业技术进步和产业升级的国内外先进企业。由于存在特殊的关联，企业与其战略合作伙伴的企业社会责任形象会对彼此产生影响。一家企业的社会责任危机会沿着其战略合作伙伴关系而蔓延到另外一家企业。国内外先进企业在选择战略合作伙伴时，企业的社会责任表现是一项重要考核内容。2010 年 3 月，IBM 和金碟软件在北京联合宣布将开展战略合作，双方联手耕耘公立医院资源管理市场。双方将整合各自领域的整体优势为医院提供一站式的资源管理解决方案。IBM 和金蝶的联合是对双方的考验，只有双方共同努力才能实现共赢。

现代企业的竞争力实际是所在网络的竞争力。网络上任何一个成员的失误都会给其他企业带来社会责任风险。目前，很多欧美企业都对其全球供应商和采购商实施社会责任评估和审核，只有通过者才能与其建立合作伙伴关系。目前，对中国企业社会责任实践影响较大的是跨国公司验厂和产业链认证活动①。这正体现了企业对其他网络成员的企业社会责任要求，也应成为企业战略管理的重要内容。

4.4 企业战略管理中企业社会责任融入的环境驱动

企业社会责任有别于以企业利益为目的的企业经营活动。作为理性经济人的企业②，其本质是追求自身利益最大化，这决定了它一般不会自觉自愿地承担社会责任，除非这种行动能给企业带来自身利益。这意味着企业社会责任的承担必须有外部力量的推动，而且这种外部力量只有与企业追求自身的内在动力形成良好的配合，才能形成推动企业承担社会责任的良好动力机制。

4.4.1 经济驱动

社会经济的发展是推动人类社会进步的根本力量。21 世纪，经济全球化进一步向纵深发展，区域经济一体化进程加速，金融自由化和知识经济发展迅速。上述发展趋势使得企业的外部环境急剧变化，面临更多的机会与风险。越来越大的生存压力，要求企业积极探寻能将外部压力转化为自身动力的有效途径。"企业战略管理中企业社会责任融入"正是上述目标指导下的一种管理实践。

经济全球化是当今世界的一个基本特征，是社会生产力发展的客观要求和必然结果。随着经济全球化的不断加速，作为经济全球化一个阶段的区域经济一体化趋势迅猛发展。20 世纪 90 年代以来，区域经济一体化的发展表现出一些新特征：各区域经济集团采取更加开放的政策，区域组织间出现相互交叉"重叠"趋势，区域集团的合作内容由低层次到高层次不断发展。区域经济一体化的发展大大促进了自由贸易的发展，产品的生产和供给的扩大化，要求企业以更加负责的态度和方式，接受更大范围的约束和监督。企业如果不能进行有效管理、进而将其转变为发展动力，条目繁多、内容复杂的企业社会责任就会干扰企业的正常经营管理活动，成为企业发展的包袱。

随着经济全球化的发展，国际金融市场的性质和功能发生了很大变化，它

---

① 张彦宁，陈兰通. 2007 中国企业社会责任发展报告 [M]. 北京：中国电力出版社，2008.
② 刘德吉. 从"捐款门事件"看企业社会责任的动力机制 [J]. 商场现代化，2009，(2)：388～389.

已不局限于为国际贸易和国际投资活动提供服务，而是呈现出日趋独立发展的势头。国际金融活动已经成为国际贸易和国际直接投资以外推动世界经济发展的重要动力。股票市场是国际金融市场的一个重要组成部分，近年来世界各地股票市场的蓬勃发展正在迅速改变着各国企业的生存规则。活跃的股票市场给企业提供了大量的资金，但也使得企业的经营运作活动受到更大范围的制约。人们在股票市场上可以通过简单操作实现对某个企业的投资和撤资，不符合社会公众期望的企业很容易导致企业股票的动荡，给企业带来资金障碍。因而，投其所好才是经营之道，而这个"所好"，便是主动承担企业社会责任。

上个世纪90年代以来，随着信息技术、计算机技术飞速发展，世界经济开始了由传统经济向知识经济的转型，许多发达国家纷纷建立了面向知识经济的国家创新体系，加强了知识创新和技术创新，加大了科技与知识的投入。知识经济的快速发展给企业社会责任实践带来重大影响。一方面，知识技术的双面性更加突显了企业承担社会责任的重要性。知识是无所谓善恶的，越来越发达的现代技术在给人类发展做出巨大贡献的同时，也越来越具有潜在的破坏性，甚至有时候善与恶只在一念之间。企业作为经济发展的重要参与者，在把知识和技术转化为现实应用时，要以有益于人类社会未来发展为导向，而不能只关注自身利益。另一方面，知识经济的发展使得某些以技术改进为基础的企业社会责任的承担成为现实，有力推动了企业社会责任实践的发展。

前文曾经提到，企业社会责任是一个历史范畴，其内容也随着经济和社会的发展不断变化。近几十年来社会经济快速发展，企业社会责任的内容不断丰富，社会公众对企业承担社会责任的期望也更加强烈，单纯的企业经营之外的履责行为已经不能满足人们的需要，人们迫切要求企业将社会责任融入到企业经营的方方面面，以企业社会责任作为企业未来发展的总体导向，以诚信负责的模式进行企业的经营和运作。

4.4.2 文化驱动

文化是人类社会发展过程中，最为广大社会公众接受和推崇的思想的集中体现。一个人、一个组织乃至一个社会看待问题的角度和处理问题的方式不仅受经济因素影响，文化因素也起着重要作用，它在潜移默化中影响了人们认识和处理问题的角度和方式。由于历史的差异性，世界各国的文化各有特色，但也异中存同，倡导社会中的组织和个人以发展的眼光对待人类和社会，以负责的方式求得自己的生存和发展。

现代社会文化强调以人为本的发展观。济南大学中国经济研究中心主任俞宪忠教授指出①：现代可持续性和谐发展社会以人为本的发展观是通过人类保护和善待自然，以求得人类本身更加自由充分的全面发展，使得人类由单纯生物性飞跃至社会性主导。以人为本的社会文化认为人的发展是所有发展的根本解释力量，是实现组织创新和提升竞争能力的根本途径，是企业发展所需资源序列中的第一资源。科学发展的终极目的在于人的发展，并且不仅是局限于少数人的发展，而是社会大多数人的发展。发展的根本前提是安全，当生命安全和财产安全之间发生冲突时，要求和激励人们以放弃财产安全为代价而保障生命安全，生命安全优先，兼顾财产安全。

现代社会文化坚持全面、协调、可持续的发展观，以建立和谐社会作为社会发展的长远战略目标。可持续发展要求不仅要满足我们这代绝大多数人的发展需求，而且还要满足后若干代多数人的发展需求，在满足我们这代人发展需求的同时，不能对后代发展需求的满足构成威胁。只有如此，才能从纵向代际的长期视角满足若干代绝大多数人的需求，从而保证人类的可持续发展。横向发展的和谐协调是可持续发展的关键支撑。各国人民的发展需求随着社会进步日益多元化，不断升级的发展需求要求人与自然之间、各区域各产业之间以及社会各阶层之间进行良性互动，使得绝大多数社会公众获得自由充分的全面发展，进而实现人类纵向的可持续发展。

此外，世界各国传统文化中有许多优良的传统为国人接受并流传至今，发扬光大，成为民族文化的核心理念。我国儒家文化中的"仁义礼智信"对我国经济社会发展发挥着非常重要的作用。"仁"者，爱人也，即要关爱别人，强调对他人的责任感和为他人考虑；"义"者，急人也，即要急人所急，解人所困，要求人们不能只看眼前利益，要追求利益之外的善；"礼"者，恭人也，即要知道礼道法，懂得伦理，要求建立一种社会等级关系，并维护等级制的管理秩序；"智"者，识人也，即要能了解别人，知人善任，要求人们抛弃歧视和偏见，平等待人；"信"者，诺人也，即为人要诚实守信，言行一致，要求人们做到"利从诚中来，誉从信中来"。上述文化理念经过几千年的传承，已经在我国人民心中根深蒂固，极大地推动了我国企业社会责任实践的发展。

---

① 俞宪忠. 现代科学发展观的十大核心要义［C］. WTO 与中国经济，北京：中国商务出版社，2007.

企业是社会的重要组成部分，社会文化环境对企业的现实生存与未来发展起着非常重要的作用。企业一方面要深挖现存社会文化的核心要义，将其作为企业现有竞争的生存法则，另一方面要明辨未来社会文化的发展趋势，以其作为企业未来发展的胜利航标。现代社会文化要求企业积极承担社会责任，将以人为本、持续发展、和谐协调的核心理念深入贯彻到企业生存发展中。

4.4.3　社会驱动

前文中我们提到，企业社会责任的本质是社会对企业的期望和要求。这里的社会既包括有行为能力的个体，又包括这些个体所形成的组织。从个体层面来讲，企业社会责任表现为对他们现有需求和潜在需求的满足，前文中已有论述；从组织层面来讲，企业社会责任表现为以人为本、持续发展、和谐协调等现代理念的实现。政府、媒体以及非政府组织对现代企业的社会责任实践发挥了重要的推动作用。

企业在从事经济活动追求利润的过程中，导致资源开发过度、环境污染严重、社会福利受损等社会问题，出现诸多"外部不经济"（即企业边际净产值大于社会边际净产值，企业边际成本小于社会边际成本）的现象。而市场在克服外部性方面又呈现失灵状态，使得企业干预和管制成为必然。政府对企业社会责任实践的干预方法主要有以下几种[①]：一是制定并完善企业社会责任的法律法规，实现企业社会责任管理的法制化和规范化；二是建立符合国情的企业社会责任标准和企业社会责任信息披露机制，为开展政府监管提供依据；三是制定企业社会责任先进企业的表彰制度，以减免、补贴、优惠和优先等方式鼓励企业承担社会责任；四是采取强有力的措施加强对企业社会责任的监督，加大对企业违背社会责任行为的惩处力度。

积极有效的信息披露机制是企业履行社会责任的必要前提，在这方面，媒体发挥了关键性的作用。现代通讯技术的迅速发展，使得媒体的时效性显著增强，地域性限制降低。现代社会发达的媒体使得企业事件能够在极短的时间内传遍世界的任意角落，这对企业亦喜亦忧。对于积极的企业社会责任实践，媒体会给予正面的报道，有利于企业树立良好形象，提升企业声誉，会给企业带来潜在收益。相反，对于怠于承担社会责任的企业行为，媒体能在第一时间予

---

① 罗重谱. 企业社会责任动力机制的多为探视 [J]. 广西经济管理干部学院学报，2008，（4）：17～21.

以曝光，给企业造成巨大的社会压力，并对其他企业形成警示作用。现代媒体的繁荣，使得企业的经营越来越趋于透明，任何不负责任的企业行为终会遭到社会的惩罚。

除了政府和媒体外，社会中还存在一系列的非政府组织，包括工会、消费者组织、劳工组织、环保组织、行业协会、中介机构等众多的非营利性社会团体，他们的参与也对企业社会责任实践形成了有效的外在助推力。非政府组织具有引导、监督、服务、协调等多种功能，他们对企业带来的负的外部性给予了高度的关注，并通过各种各样的自主活动促使相关企业作出回应，给企业造成了强大的舆论压力，迫使企业不得不重视社会责任并付诸行动。而一些非政府组织往往则因自身良好的社会形象、扁平的组织结构，以及灵活的反应机制，成为企业履行社会责任的直接载体和主要合作对象，有利于企业更好地承担社会责任。

社会公众、政府、媒体及众多的非政府组织根据企业履行社会责任情况，通过"货币选票"、国家干预、事件宣传、监管服务等多种方式，对企业"奖励"或"惩罚"，给企业形成一股强大的外在压力。然而，当压力大到远远超过内部动力时，企业就会选择消极地应付，企业社会责任实践的效果会大打折扣。因而，如何将企业社会责任实践的外部压力转化为企业的内部动力变得异常重要，"企业战略管理中企业社会责任融入"正是在这一需求下产生的。

4.5 企业战略管理中企业社会责任融入的实践效应

企业是社会的存在，在其谋求自身生存发展的过程中，势必对社会造成影响，即外部性。有利于社会和谐和持续发展的影响称为正的外部性，相反则称为负的外部性。企业社会责任正是社会公众基于企业自身和人类社会的持续发展而产生的期望和要求，其根本目的是降低企业的负的外部性，增强企业的正的外部性，促使企业采取措施将自身产生的负的外部性向正的外部性转化。

4.5.1 企业社会责任效应的内涵

国内外学者从不同角度对企业社会责任理论进行了广泛研究，但对于企业社会责任效应的研究还欠深入，既没有形成较为统一的定义，也没有形成一个统一的企业社会责任效应分析框架。纵览以往国内外企业社会责任的相关研究，对企业社会责任效应的表达方式多种多样，具体研究也具有零散性、局限性和非系统性①。

本研究中所提的企业社会责任效应是指企业的社会责任实践给企业自身和人类社会的当前和未来发展带来的作用和影响。国内外对此含义的表达方式具有较大差异。企业社会责任效应是我国学者较为普遍接受的词语，而国际学者则喜欢以企业社会责任效应的具体内容来代替。以往国内外企业社会责任效应的相关研究主要集中在以下几个方面：一是企业社会责任与企业财务绩效的关系研究；二是企业社会责任与企业竞争力的相关研究；三是企业社会责任与利益相关者的相关研究。下面我们对以上三个角度的相关研究及研究结论进行简单介绍。

企业社会责任与企业财务绩效的相关研究旨在回答"谁从企业社会责任中得益"的问题，这里的"益"是指短期的财务收益。相关研究分为规范研究和实证研究两类，而实证研究又分为定性研究和定量研究两类。定性研究一般采用案例研究的形式来探讨企业社会责任实践对企业的影响。定量研究主要采用投资对比研究、大事调查研究和多元回归研究等方法②。众多研究并未对企业社会责任与企业财务绩效的关系达成一致结论③。Wagner④ 和 Salzmann⑤ 等学者均发现两者之间并不存在确定关系。Margolis 和 Walsh 将 1972 年至 2002 年之间所做的 127 项采用多元回归分析对企业社会责任与企业财务绩效关系的研究进行了元分析，结论认为正影响更具优势⑥。

企业社会责任与企业竞争力的相关研究旨在回答企业社会责任实践对企业长期发展的影响如何的问题。Michael E. Porter 在《竞争论》中明确提出将企业社会责任问题与企业竞争力联系在一起进行系统研究。相关研究主要通过企

---

① 田虹. 企业社会责任效应研究［D］. 长春：吉林大学博士学位论文，2007.

② Argenti, P. A. Collaborating with activists: How Starbucks works with NGOs［J］. California Management Review, 2004, 47（1）：91～116.

③ Moskowitz, M. R. Chosing socially responsible stocks［J］. Business and Society Review, 1971,（1）：71～75. Vance, S. C. Are socially responsible corporate good investment risks［J］. Management Review, 1975,（64）：19～24.

④ Wagner, M. & Schaltegger, S. and Welrmeyer, W. The relationship between the environmental economic performance of firms［J］. Greener Management International, 2001, 34（Sumer）：95～108.

⑤ Salzmann, O., Ionescu－Somers, A. & Steger, U. The business case for corporate sustainability: Literature review and research options［J］. European Management Journal, 2005, 23（1）：27～36.

⑥ Margolis, J. D. & Walsh, J. P. Misery loves companies: Rethinking social initiatives by business［J］. Administrative Science Quarterly, 2003, 48（2）：268～305.

业社会责任对企业竞争力的关键决定要素的影响来探讨两者的关系，例如在人力资源方面是否能更有效地吸引和激励人才，在企业形象方面是否能获得良好的广告效应，在企业关系网络方面是否能有助于企业与消费者、供应商、经销商、媒体、政府及社区营造良好关系。也有学者通过对企业社会责任与企业长期绩效关系的角度来探讨企业社会责任与企业竞争力的关系。但不管哪个角度研究，其结论都倾向于两者间具有正相关关系。

企业社会责任与利益相关者的相关研究旨在回答企业社会责任实践如何影响各利益相关群体的问题。相关研究主要集中在对企业经营管理领域影响较大的消费者群体。在此方面的相关研究中，学者们发现①企业社会责任活动与企业的社会形象相联系，并通过影响消费者对企业形象的联想而影响消费者对企业产品或服务的评价，进而影响其消费行为。在此过程中，产品属性、产品价格、消费者的素质水平、消费目标以及对社会责任产品的偏好程度、企业社会责任信息的显性化等方面都会对企业社会责任效应产生影响。绝大多数研究认为企业社会责任活动具有溢出效应或者光环效应②，在消费者行为中起着积极作用。

综上所述，企业社会责任效应的以往相关研究存在以下缺陷：一是研究主要集中在企业社会责任实践对企业自身的当前和未来发展产生的作用和影响，而有关企业社会实践的社会效应的研究非常少；二是鲜有研究将企业社会责任实践对企业自身和人类社会的作用和影响结合起来，并对其相互关系及作用结果进行深入探讨。本部分针对企业社会责任效应现有研究的上述缺陷，从企业社会责任在宏观、中观和微观三个层面的驱动力量着手，探讨不同层面的驱动力量对企业社会责任实践的影响，以及企业社会责任效应的形成机制及其作用规律，借此来探讨能有效提高企业社会责任整体效应进而调动企业参与社会责任实践的积极性的有效途径。

4.5.2 企业社会责任的效应分析

我们发现，如果不考虑实施主体的差异性，社会责任实践的根本目的就是

---

① Sen, S. & Bhattacharya, C. B. Does Doing Good Always Lead to Doing Better? Consumer Reactions to Corporate Social Responsibility ［J］. Journal of Marketing Research, 2001, 38 (2): 225~243.

② LIU Na, Xu Zheng – liang. An Assessment Model of CSR Based on SD from a Company Perstive ［C］. 2008 International Conference on Management of Technology, 2008.

实现人类和谐和社会可持续发展，这也是我们前文中提到的社会效应。社会效应是任何类型的社会责任实践效应的共同构成部分。而对于企业社会责任来说，其实践效应除了社会效应外，还有满足企业经营管理运作而产生的企业效应，我们也可以称其为企业社会责任实践创造的社会价值和企业价值。

（1）企业社会责任实践的社会效应

我们认为，企业社会责任实践的社会效应是企业履行社会责任的过程创造的社会价值，可以从横向和纵向两个方面来分析。从横向社会存在来说，企业社会责任有利于和谐社会的构建；从纵向发展来看，企业社会责任有利于人类的可持续发展。党的十六届四中全会提出了构建社会主义和谐社会的基本思路，即民主法制、公平正义、诚信友爱、充满活力、安定有序、人与自然和谐相处的社会。广义的社会和谐包括人与人之间的和谐、地区与地区之间的和谐、人与自然环境的和谐。企业社会责任是构建和谐社会的最重要的途径和方法，也是和谐社会建设的最重要的内容之一①。可持续发展是指社会经济的发展既能满足当代人的需要，又不削弱子孙后代满足需要的能力。人类可持续发展系统涉及可持续经济、可持续生态和可持续社会三方面的协调统一，要求人类在发展中讲究经济效率、关注生态安全和追求社会公平②。经济可持续发展要求实施清洁生产和文明消费，生态可持续发展要求经济建设和社会发展要与自然承载能力相协调，社会可持续发展强调社会公平是发展的内在要素和环境保护得以实现的机制和目标。显然，上述各项内容正是社会公众对企业发展模式转变所提出的要求，也是企业参与企业社会责任实践所期望达到的目标。积极主动地承担社会责任，是企业融入新的生存方式的具体表现，也是企业对可持续发展做出的贡献③。企业社会责任实践的社会效应表现在以下几个方面：

①有利于实现诚信经营，维护市场秩序。诚实守信是企业履行社会责任的基本原则和价值观，是企业最基本的社会责任④。在我国，还有相当一部分企业法制观念淡漠，缺乏诚信，存在着恶意逃避债务、偷税漏税、制假售假、违法用工、侵犯知识产权等现象，对市场环境和社会风气产生了极为不良的影

---

① 李健. 构建和谐社会与企业社会责任体系建设 [J]. 经济体制改革, 2008, (01): 100～102.

② 吴家正, 尤建新. 可持续发展导论 [M]. 上海: 同济大学出版社, 1998.

③ Bansal, P. Evolving Sustainability: A Longitudinal Study of Corporate Sustainable Development. Strategic Management Journal [J]. 2005, 26 (3): 197～218.

④ 张彦宁, 陈兰通. 2007中国企业社会责任发展报告 [M]. 北京: 中国电力出版社, 2008.

响。企业社会责任倡导企业遵守法律法规、重合同、守信用、公平竞争、拒绝商业贿赂，这都有利于良好市场经济秩序和纯正社会风气的形成。

②有利于维护合法权益，保障公平正义。劳动者权益保护和消费者权益保护是企业社会责任中的重要内容。我国有些企业存在签订霸王合同、克扣拖欠工资、不执行最低工资制度、非法延长劳动时间、降低社会保障标准、漠视员工安全健康、进行就业和职业歧视等现象，甚至存在着雇佣童工、强制劳动等严重违法行为。在消费者权益方面，假冒伪劣产品屡禁不绝，价格欺诈现象时有发生，虚假广告泛滥成灾，不平等条款难以遏制。这些都是有违公平正义的行为，亟待在社会责任实践中予以改善。

③有利于保障员工安全，实现以人为本。在诸多生产要素中，人是最具活力、最有创造性的生产要素。以人为本既是企业管理的基本原理之一，又是企业社会责任应有之义。因此，有学者提出以人为本是企业社会责任实践的出发点和落脚点。企业社会责任中关于安全生产和职业健康的内容是以人为本理念的重要体现，要求企业对安全生产问题提高认识，采取各种行之有效的措施，降低事故发生率，保护职工的身心健康，促进社会的和谐发展。

④有利于发展公益慈善，促进均衡发展。联合国开发署2005年《人类发展报告》中对中国的地区不均衡、贫富不均衡和社会阶层不均衡做出了惊人心魄的描述，促进社会均衡发展是我国构建和谐社会和实现可持续发展的重要任务。企业作为有着重大影响力的社会力量，有责任为全社会做出道德表率，为国为民分忧，参与社会公益和慈善事业，对经济欠发达地区和社会弱势群体给予更多的关心和帮助，改善他们的文化教育、医疗卫生和社会保障水平，为社会和谐和人类进步做出贡献。

⑤有利于加强环境保护，降低资源消耗。我国人口众多，土地、淡水、能源和矿产等资源相对不足和生态环境恶化严重制约了国民经济的发展。我们认为，加强环保意识，为生态平衡做出努力；降低资源消耗，提高资源利用效率；减少各种污染物排放，积极投身以绿色节能环保为主题的商业探索，是我国建设资源节约型、环境友好型社会的要求。企业可以通过各种类型的社会责任活动来缓解城市经济发展与环境污染严重、资源过度开发之间的矛盾，促进生态系统的可持续发展。

（2）企业社会责任实践的企业效应

我们认为，企业社会责任实践的企业效应是企业在履行社会责任的过程创造的企业价值，可以从当前和未来两个方面来分析。前文在分析企业社会责任实践的自身驱动时提到，企业参与社会责任实践会给企业带来一系列的商业利益，既包括企业赖以生存的短期收益，又包括有利于企业长期经营的竞争优势要素。企业社会责任活动对企业收益的影响并非只能在较长时间后才能显现，以往有些学者对企业社会责任与财务绩效的实证研究中，也有不少样本企业的社会责任活动增加了企业的短期收益。但更多的企业社会责任活动则是通过对企业的关键业绩指标的影响对企业的竞争优势和未来收益产生影响。以往的国内外学者对此进行了广泛地研究，既有规范研究又有实证研究，既有定性研究又有定量研究，既有一手数据研究又有元分析研究。我们在其基础上对企业社会责任实践的企业效应进行了整理归纳，将其归类为对企业效益、企业形象、人员管理、企业创新、风险管理以及企业文化等方面的积极影响。

①对企业收益的积极影响。Hansen 提出①，企业社会责任活动有利于提高企业的年终总收益。这是通过三种途径实现的：有些企业社会责任活动本身能给企业带来经济收益，如在企业社会责任驱动下开发的新产品或者富有社会责任色彩的市场开发；也有一些企业社会责任活动，对企业的经营管理运作影响较为直接，可以在短期内影响企业的市场份额和销售业绩，使得企业总收益有所增长。

②对企业形象/声誉的积极影响。企业形象是指社会公众所拥有的对某个企业的信念、态度和印象②。企业声誉是人们对企业以往表现认知之后而赋予企业的一系列属性③，是基于企业行动的企业形象的结晶。现代营销理论认为，良好的企业形象或声誉可以为企业带来竞争优势④。Fombrun⑤、Man-

①　Hansen, U. & Schrader, U. Corporate Social Responsibility als aktuelles Thema der Betriebswirtschaftslehre ［J］. Die Betriebswirtschaft, 2005, 65（4）: 373～395.

②　Dichter, E. What is an Image? ［J］. Journal of Consumer Research, 1985, 13: 455～472.

③　Weigelt, K. & Camerer, C. Reputation and Corporate Strategy: a Review of Recent Theory and Applications ［J］. Strategic Management Journal, 1988, 19（5）: 443～454.

④　刘兆峰. 企业社会责任与企业形象塑造 ［M］. 北京: 中国财政经济出版社, 2008.

⑤　Fombrun, C. J. Reputation: Realizing Value from the Corporate Image ［M］. Boston: Harvard Business School Press, 1966.

fred①、Dowling②、Schwaige③等学者都认为企业社会责任是企业形象/声誉的重要影响因素。

③对人员管理的积极影响。企业社会责任活动对员工招募、激励和保留具有积极影响,这主要源于两个方面:一方面,企业承担社会责任有利于企业形成良好的企业形象,提高企业声誉,增强员工的自豪感;另一方面,企业社会责任内容中关于工作环境的改善会增强员工为企业服务的意愿,员工也会在参与企业社会责任活动过程中得到激励。同样的,这些也会在企业招募过程提升企业对优秀人才的吸引力。

④对企业创新的积极影响。创新对企业长期发展非常重要。企业社会责任有利于企业领导者将创新作为一种工具,把社会压力和环境约束变成有效的市场机遇,并构建自己独特的竞争优势。企业社会责任内容中关于安全生产、三废处理、节能减排等方面的要求给技术和产品创新提供了新的契机。企业社会责任管理本身也有利于企业在组织、管理、文化和价值等方面实现更大范围的创新。

⑤对风险管理的积极影响。风险管理对企业长期生存发展具有深远的影响。企业社会责任使得企业把风险或机遇与可持续发展结合,运用于战略实施过程或内部风险评估,这既能有效地管理企业的风险,又有助于企业发现新的发展机会。前文中我们提到,企业社会责任对风险具有调节作用,这使其在企业资本利用中受到越来越多的重视,企业社会责任投资逐渐成为一种新的投资模式。

⑥对企业文化的积极影响。企业文化对企业能否实现可持续经营发挥了非常重要的作用。在许正良等提出的企业核心竞争力的结构模型中,企业文化占据了核心位置④。企业履行社会责任有利于培育员工共同的企业价值观,树立遵纪守法、诚信经营的行为规范,强化以人为本的管理理念,形成对社会和企业及其利益相关者负责的企业社会责任文化,更好地发挥企业文化的引导、凝

① Manfred, S. Components and Parameters of Corporate Reputation: An Emporical Study [J]. Schmalenbach Business Review, 2004, 56 (1): 46~72.

② Dowling, G. R. Corporate Reputations: Should you Compete on Yours? [J]. California Management Review, 2004, (46): 19~36.

③ Schwaiger, M. Componts and Parameters of Corporate Reputation – an Empirical Study [J]. Schmaenbach Business Review, 2004, 56 (1): 46~71.

④ 许正良,徐颖,王利政. 企业核心竞争力的结构解析 [J]. 中国软科学, 2004, (05): 83~88.

聚、教化和辐射的作用。

4.5.3　企业社会责任的效应变化

由本章论述可知，"企业战略管理中企业社会责任融入"是经济和社会发展的历史必然，并且来自企业自身、市场和环境的变化趋势和发展要求不断推动了"企业战略管理中企业社会责任融入"的发展进程，使其逐渐从企业社会责任融入的低级阶段向高级阶段发展。那么，"企业战略管理中企业社会责任融入"程度和水平的不断提高会对企业社会责任实践效应产生怎样的影响呢？

事实上，对于任何现实企业来说，其企业社会责任实践表现都可以用企业社会责任融入度，即期望契合度、业务关联度和操作整合度的指标组合来体现，这三个度量指标的数值不仅可以明确显示"企业战略管理中企业社会责任融入"的程度和水平，其数值变化还可以通过各种中介因素影响企业社会责任实践的实践效应，这些都对企业做出优秀的企业社会责任战略决策具有重要作用。下述分析中，我们分别从期望契合度、业务关联度和操作整合度等三个不同角度证明当企业社会责任融入度取值为 $\{0, 0, 0\}$ 时，社会公众的社会责任期望、企业的经营管理运作以及综合管理作用对企业社会责任效应没有影响，即处于企业参与社会责任实践的原始状态，这对我们分析企业社会责任融入度的不同指标对企业社会责任效应的影响提供了便利。下面，我们深入分析企业社会责任融入度的三个不同维度——期望契合度、业务关联度和操作整合度，对企业社会责任实践效应的影响。

（1）期望契合度对企业社会责任效应的影响。期望契合度是指企业实施的各项企业社会责任活动在多大程度上体现了社会公众在当前社会背景下对目标企业的社会责任期望，体现了社会公众对目标企业的社会责任表现的总体态度。企业社会责任项目包括保健项目和能动项目，对于保健项目来说，公众评价介于"不满意"到"没有不满意"之间，取值范围为 $[-1, 0]$，属于扣分项目；对于能动项目来说，公众评价介于"没有满意"到"满意"之间，取值范围为 $[0, 1]$，属于加分项目。由公式 3.2 可知，期望契合度取决于两者的综合水平，取值范围为 $[-1, 1]$，公众对企业社会责任实践的总体评价是介于"不满意"到"满意"之间的某种状态，"没有不满意"和"没有满意"（即当期望契合度为 0 时）说明企业社会责任活动对公众的态度、情感和行为没有产生任何影响，属于中立状态（即"无所谓"），对企业社会责任效应没有影响。当企业社会责任实践的业务关联度和操作整合度均为 0 时，其社会效应和企业效应的变化反映了期望契合度对企业社会责任实践效应的作用。

期望契合度对企业社会责任实践的社会效应的影响见图 4.2 中 a 图。当期望契合度 [-1, 0) 时，社会公众对企业社会责任实践的总体表现介于"不满意"到"无所谓"之间的某种状态，企业实施的社会责任活动因受到人们消极态度的影响而使得其作用的发挥受到限制，企业社会责任实践的投入产出率为小于 1，此种情况下的社会责任实践会造成社会资源的浪费，见图 4.2 中 a 图的曲线 A11。当期望契合度等于 0 时，社会公众对企业社会责任表现持中立态度，社会责任实践的社会效应等于企业在社会责任方面的投入成本，企业社会责任实践的投入产出率等于 0，企业社会责任实践只是完成了社会资源不同形态不同地域的转变，见图 4.2 中 b 图的曲线 A12（即曲线 Y = X 在第四象限的部分）。当期望契合度 (0, 1] 时，社会公众对企业社会责任实践的总体表现介于"无所谓"到"满意"之间的某种状态，企业实施的社会责任活动在人们积极态度的影响下发挥了更好的作用，企业社会责任实践的投入产出率大于 1，此种情况下的社会责任实践因企业的参与而实现了增值，见图 4.2 中 a 图的曲线 A13。当期望契合度由 -1 向 1 逐渐增大时，企业社会责任实践的社会效应曲线在第一象限内逆时针转动，即 A11→A12→A13。可见，随着期望契合度的增大，一定水平的企业社会责任投入所产生的社会效应是不断增大的。

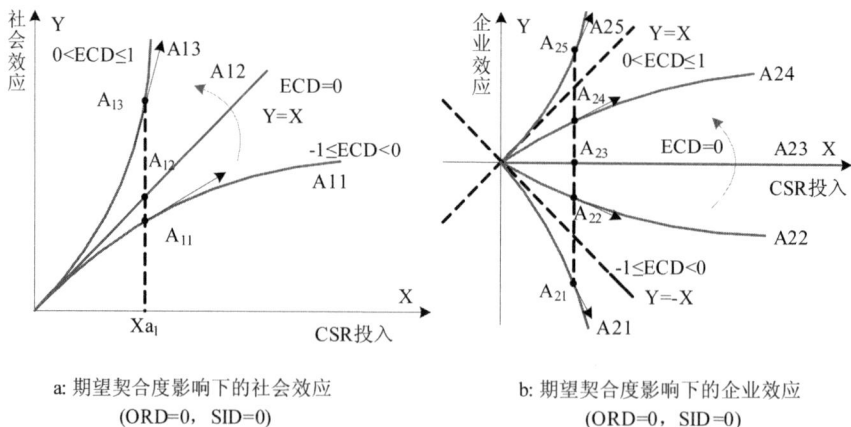

a: 期望契合度影响下的社会效应
(ORD=0, SID=0)

b: 期望契合度影响下的企业效应
(ORD=0, SID=0)

图 4.2　期望契合度对企业社会责任效应的影响

期望契合度对企业社会责任实践的企业效应的影响见图 4.2 中图 b。当期望契合度 ϵ [-1, 0) 时，人们对企业社会责任表现的消极态度对企业的经营管理运作活动产生负面影响，企业社会责任实践在企业视角的产出为负值，此种情况下企业社会责任实践会给企业带来沉重的负担，见图 4.2 中 b 图的曲线 A21 和 A22；当期望契合度等于 0 时，人们对企业社会责任表现的中立态度对企业的经营管理运作活动产生影响，企业社会责任实践在企业视角的产出为 0，此种情况下的企业社会责任实践就像是企业无声无息地开出了几张支票，见图 4.2 中 b 图的曲线 A23（即曲线 Y = 0 中 X > 0 部分）。当期望契合度 ϵ (0, 1] 时，人们对企业社会责任表现的积极态度对企业的经营管理运作活动产生正面影响，企业社会责任实践在企业视角的产出为正值，此种情况下企业社会责任实践给企业创造了额外收益，见图 4.2 中 b 图的曲线 A24 和 A25。当期望契合度由 -1 向 1 逐渐增大时，企业社会责任实践的企业效应曲线在第一和第二象限内逆时针转动，即 A21→A22→A23→A24→A25。可见，随着期望契合度的增大，一定水平的企业社会责任投入所产生的企业效应也是不断增大的。

（2）业务关联度对企业社会责任效应的影响。业务关联度是指企业实施的各项企业社会责任活动与企业提供的产品或服务及其相关管理活动具有多大程度的相关性，可以客观地反映企业社会责任实践对企业当前及未来发展的影响。企业社会责任活动对企业的产品或服务及其相关管理活动的影响包括横向影响和纵向影响，横向影响是指活动在企业内的影响范围，对应的横向关联度的取值范围为 (0, 1]；纵向影响是指企业社会责任活动对产品或服务及其相关管理活动的影响方向和影响深度，对应的纵向关联度的取值范围为 [-1, 1]，当产生正向影响时，取值为正，反之，取值为负。当纵向关联度为 0 时，说明企业社会责任活动对企业的经营管理运作活动不产生影响。由公式 3.3 可知，业务关联度的取值范围为 [-1, 1]，其方向取决于纵向关联度的方向，当业务关联度在 ϵ [-1, 0) 时，企业社会责任实践对企业经营管理运作产生负向影响，当业务关联度在 ϵ (0, 1] 时，对其产生正向影响，当业务关联度为 0 时，对其没有影响，对企业社会责任效应的影响也可以忽略。当企业社会责任实践的期望契合度和操作整合度均为零时，其社会效应和企业效应的变化反映了业务关联度对企业社会责任实践效应的作用。

业务关联度对企业社会责任实践的社会效应的影响见图 4.3 中图 a。当业

务关联度 ϵ [−1，0）时，企业社会责任实践与企业的经营管理运作的关系介于"正好相反"和"没有联系"之间的某种状态，企业内部人员会因抵制企业社会责任活动而表现出消极态度，使得其作用的发挥受到限制，企业社会责任实践的投入产出率小于1，造成社会资源的浪费，见图4.3中a图的曲线 B11。当业务关联度等于0时，企业社会责任实践与企业的经营管理运作没有关系，社会责任实践的社会效应等于企业在社会责任方面的投入成本，企业社会责任实践的投入产出率等于0，企业社会责任实践只是完成了社会资源不同形态不同地域的转变，见图4.3中a图的曲线 B12（即曲线 Y＝X 在第四象限的部分）。当业务关联度（0，1]时，企业社会责任实践与企业的经营管理运作的关系介于"没有影响"和"完全相同"之间的某种状态，企业内部人员会因拥护企业社会责任活动而表现出积极态度，使得其作用得以更好的发挥，企业社会责任实践的投入产出率大于1，社会责任实践因企业的参与而产生增值，见图4.3中a图的曲线 B13。当业务关联度由 −1 向 1 逐渐增大时，企业社会责任实践的社会效应曲线在第一象限内逆时针转动，即 B11→B12→B13。可见，随着业务关联的增大，一定水平的企业社会责任投入所产生的社会效应是不断增大的。

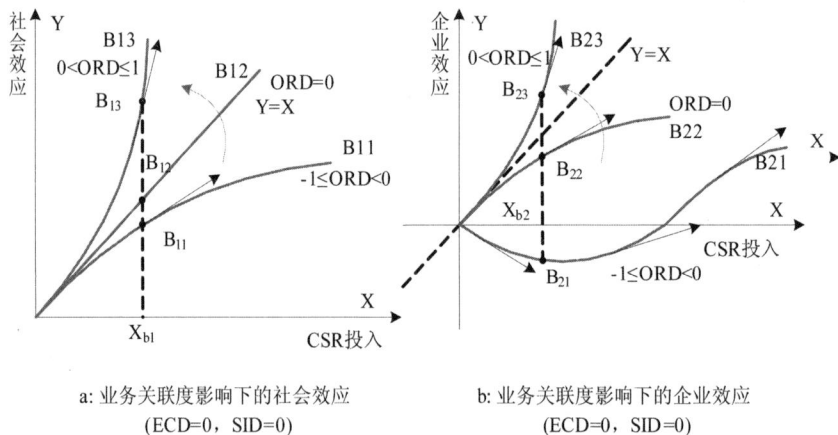

a：业务关联度影响下的社会效应
(ECD＝0，SID＝0)

b：业务关联度影响下的企业效应
(ECD＝0，SID＝0)

图4.3　业务关联度对企业社会责任效应的影响

业务关联度对企业社会责任实践的企业效应的影响见图4.3中图b。当期望契合度 ϵ [−1，0）时，企业社会责任实践与企业的经营管理运作的关系介于"正好相反"和"没有联系"之间的某种状态，社会公众会对企业实施社会责任活动的态度和动机产生怀疑，使得企业的经营管理运作受到负面影响，企业社会责任实践在企业视角的产出为负值，当企业在社会责任领域投入的不断增大会削弱公众质疑和对企业的不利影响，使得企业效应逐渐从负值向正值转化，见图 4.3 中 b 图的曲线 B21。当业务关联度 ϵ [0，1] 时，企业社会责任实践与企业的经营管理运作的关系介于"没有联系"和"方向相同"之间的某种状态，企业拥有大量的内部资源（如知识、人员和技术）可以在企业社会责任实践中发挥作用，这无疑提高了资源的使用效率，此种情况下企业社会责任实践在企业视角的产出为正值，创造了企业和社会的共享价值，见图 4.3 中 b 图的曲线 B22 和 B23。当业务关联度由 -1 向 1 逐渐增大时，企业社会责任实践的企业效应曲线在第一和第二象限内逆时针转动，即 B21→B22→B23。可见，随着业务关联度的增大，一定水平的企业社会责任投入所产生的企业效应也是不断增大的。

（3）操作整合度对企业社会责任效应的影响。操作整合度是指企业实施的各项企业社会责任活动在活动主题以及所持主张方面的和谐程度，反映了企业承担社会责任的认真程度和管理能力。企业对其组织实施的社会责任活动的整合内容包括两个方面，一是各企业社会责任活动主题之间的相关性程度，即主题聚合度，取值范围为 [0，1]，当主题聚合度为 0 时，说明各企业社会责任活动主题各不相关；二是各企业社会责任活动主题内部主张之间的一致性程度，即主张一致度，取值范围为 [-1，1]，当主张一致度为 0 时，说明企业主推主题的各主张之间没有任何影响。由公式 3.4 可知，操作整合度的取值范围为 [-1，1]，其方向取决于主张一致度，当操作整合度为 [-1，0) 时，企业管理对社会责任活动的效果具有缩小作用；当操作整合度为 (0，1] 时，企业管理对社会责任活动的效果具有放大作用；当操作整合度为 0 时，企业管理对社会责任活动的效果影响可以忽略不计。当企业社会责任实践的期望契合度和业务关联度均为 0 时，其社会效应和企业效应的变化反映了操作整合度对企业社会责任实践效应的作用。

操作整合度对企业社会责任实践的社会效应的影响见图 4.4 中图 a。当业务关联度 ϵ [-1，0) 时，企业社会责任实践各活动之间的状态介于"完全冲突"和"没有关系"之间的某种状态，这种杂乱无章的状态使社会公众对企业的社会责任态度和实施能力产生怀疑，使得其作用的发挥受到限制，企业社会责任实践的投入产出率小于 1，资源利用率低下，见图 4.4 中 a 图的曲线

C11。当操作整合度等于 0 时，企业社会责任各活动之间虽然散乱但并无冲突，企业社会责任实践的投入产出率等于 0，企业社会责任实践只是完成了社会资源不同形态不同地域的转变，见图 4.4 中 a 图的曲线 C12（即曲线 Y = X 在第四象限的部分）。当操作整合度 ∈（0，1］时，企业社会责任实践各活动之间的状态介于"没有关系"和"完全统一"之间的某种状态，这种有序的状态使得企业的社会责任实践产生规模效应，其作用得到更好的发挥，企业社会责任实践的投入产出率大于 1，社会责任实践因企业的参与而产生增值，见图 4.4 中 a 图的曲线 C13。当实践关联度由 - 1 向 1 逐渐增大时，企业社会责任实践的社会效应曲线在第一象限内逆时针转动，即 C11→C12→C13。可见，随着操作整合度的增大，一定水平的企业社会责任投入所产生的社会效应是不断增大的。

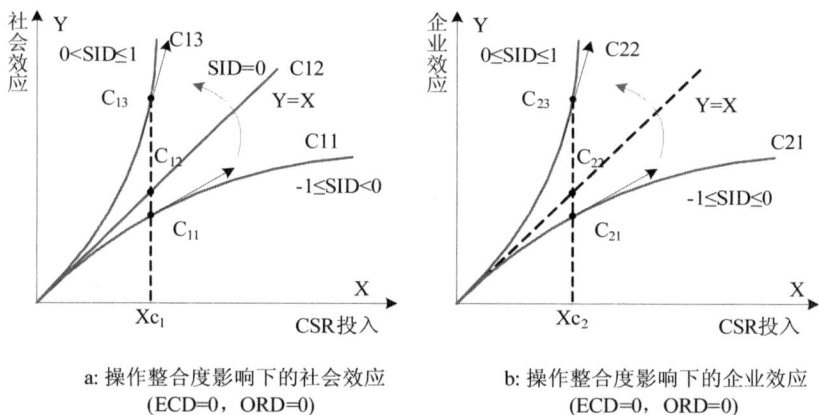

a: 操作整合度影响下的社会效应
(ECD=0，ORD=0)

b: 操作整合度影响下的企业效应
(ECD=0，ORD=0)

图 4.4　操作整合度对企业社会责任效应的影响

操作整合度对企业社会责任实践的企业效应的影响见图 4.4 中图 b。当操作整合度 ∈［- 1，0］时，企业社会责任实践内部活动的杂乱无章的状态使得社会公众会对企业对社会责任的实施能力产生怀疑，对企业社会责任活动的反应消极无力，企业承担社会责任对企业关键业绩指标的正面影响有限，企业社会责任实践在企业视角的产出虽然为正值，但很可能小于 1，是赔本买卖，如图 4.4b 图曲线 C21。当操作整合度［0，1］时，企业社会责任实践内部活动的有序状态使得其履责态度和实施能力得到认可，并赢得公众好感，对企业的经营管理运作活动产生有利影响，企业社会责任实践的投入产出率逐渐提高，如图 4.4b 图曲线 C22。当操作整合度由 - 1 向 1 逐渐增大时，企业社会责任实践的企业效应曲线在第一象限内逆时针转动，即 C21→C22。可见，随着操作整合度的增大，一定水平的企业社会责任投入所产生的企业效应也是不断增大的。

综上所述，期望契合度、业务关联度和操作整合度与企业社会责任实践的社会效应和企业效应均具有正相关关系，"企业战略管理中企业社会责任融入"程度和水平的提高有利于企业社会责任实践获得更好的整体效应。这一结论有利地证明了"企业战略管理中企业社会责任融入"既符合经济和社会的发展要求，又有利于企业自身和人类社会的可持续发展，是经过实践检验的科学发展模式。

第 5 章

企业战略管理中企业社会责任融入的导入模式研究

2001 年 8 月，新的 FTSE4Good 指数，也就是道德指数在伦敦开始使用。FTSE4Good 要求企业明示其经营对社会的影响，声明其发展战略和策略是否注重可持续发展等。从而有助于企业确立商业道德，将社会责任融入到日常商业行为中。将企业社会责任融入企业战略管理是适应当代管理潮流的先进实践模式，探索和研究"企业战略管理中企业社会责任融入"的导入模式有利于企业和社会的可持续发展。

5.1　企业战略管理中企业社会责任融入的导入框架

由上一章的论述，我们得出以下结论：一是将企业社会责任融入企业战略管理是符合经济和社会发展要求的管理实践；二是"企业战略管理中企业社会责任融入"的管理实践有利于企业持续经营和社会持续发展。因此，有关"企业战略管理中企业社会责任融入"问题的深入研究是必要和有益的。我们构建了"企业战略管理中企业社会责任融入"的导入框架，如图 5.1 所示，并依照由粗及细的研究思路进行说明。

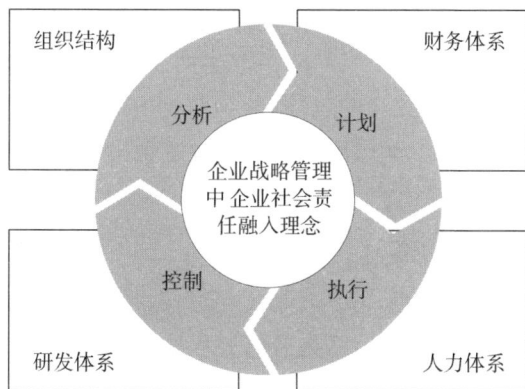

图 5.1　企业战略管理中企业社会责任融入的导入框架

5.1.1　导入框架的层次

我们探讨"企业战略管理中企业社会责任融入"导入模式的目的，是为现实中的企业提供一个切实可行的操作方案。我们认为，一个先进的管理模式的实施离不开企业在下述三个层面的努力（如图 5.1 所示）：一是理念的持续提升，二是过程的严格执行，三是保障的坚实有力。上述三个层面中任意层面的缺失都会导致企业的努力大打折扣，使得新引进的管理模式流于形式，在习惯的作用下逐渐被颠覆。

先进的管理理念是先进管理模式导入框架的核心。新的管理模式往往来源于新的管理理念，要导入新模式首先要让人们从心理上接受它。"企业战略管理中企业社会责任融入"理念虽然来源于企业实践，有利于人类和企业的可持续发展，是人类社会经济发展的必然选择，但其核心思想却与绝大多数企业管理者心目中的企业社会责任理念具有较大差异，这是阻碍该企业社会责任管理模式导入的最大障碍。

理念的初步接受和不断提升只能为管理模式的导入打开习惯的大门，新的管理模式的导入还要依靠严格有序的行为导入，这是新的管理模式是否能够成功引进的关键。"企业战略管理中企业社会责任融入"是一种全新的企业社会责任管理模式，当前众多的企业社会责任实践的成功和失败的案例为我们提供了研究基础，如何将这些实践经验在现有研究的基础上转化为企业的实践指导是该层次研究的主要内容。

新管理模式的实行涉及企业管理的方方面面，需要企业不同层面众多环节的协调配合，为新管理模式的彻底推行提供坚实有力的保障。"企业战略管理中企业社会责任融入"是基于企业社会责任理念的企业战略管理的创新，是对以往将企业社会责任管理与企业战略管理分裂开来的陈旧管理模式的挑战，对于这场需要公司从上至下共同努力的组织变革来说，组织内部各方面的保障强度直接影响变革效果。

5.1.2 导入框架的内容

由上可知，"企业战略管理中企业社会责任融入"的导入框架包括理念、过程和保障三个层面。理念的持续提升的过程实际上也是以对应理念为典型特征的企业文化的培育过程。营销大师 Philip Kolter 提出的"分析—计划—执行—控制……"的管理循环是众多管理实践必须遵循的推行过程。新管理模式的导入需要组织各方面提供坚实有力的保障，尤其是组织机构的相应调整和企业各支持活动的保障。

我们认为，"企业战略管理中企业社会责任融入"管理模式的导入，首先要树立"企业战略管理中企业社会责任融入"理念，培育以该理念为典型特征的企业文化。以"企业战略管理中企业社会责任融入"为典型特征的企业文化，既关注人类社会发展过程出现的众多重大问题，又照顾到企业自身的当前生存及未来发展，尽可能地采取合理的方式从最大程度上推动整个人类社会的可持续发展，提高社会资源的利用效率，改善人类的生存状态，是多赢理念的最佳体现。

我们认为，"企业战略管理中企业社会责任融入"管理模式的行为导入是 Kolter 的 APDC 管理循环的具体应用，包括分析当前的企业社会责任问题集合，计划企业将社会责任融入企业战略管理的实践方案，执行不同层面不同环节的企业社会责任融入任务，控制企业现实实践真正体现了上述管理模式的精髓。这一过程与战略管理中的"战略分析—战略设计—战略执行—战略控制……"有一定程度的交叉，但又不相同，战略管理过程更多的是管理模式导入的执行层面的体现。

我们认为，"企业战略管理中企业社会责任融入"管理模式的导入需要企业不同方面的保障，主要体现在组织、财务、研发和人力资源等方面。先进管理模式的导入需要组织机构的设置和调整。财务管理的筹资、投资和分配贯穿企业运营全过程，融入了企业社会责任思考的新管理模式要求其做出重要调整。研发管理对企业创新至关重要，也是新管理模式的重要体现方面。人力资源管理中人才的引进、激励和发展原则对此管理模式能否成功导入影响巨大。

5.1.3 导入框架的关系

如图 5.1 所示，"企业战略管理中企业社会责任融入"理念是整个导入框架的核心，该管理模式导入的过程层面和保障层面要以此为基本原则。在该管理模式实施过程中，不可避免地会出现各种问题和偏差，需要不断的纠错和调整，这就给旧观念、旧习惯创造了重新抬头的机会。因此，坚定信念，凡事以"企业战略管理中企业社会责任融入"理念为准则对此新管理模式的成功导入至关重要。下面我们对三层关系进行分析。

"企业战略管理中企业社会责任融入"行为导入是该管理模式导入的核心环节，也是"企业战略管理中企业社会责任融入"理念不断提升及企业内部各方面的保障措施不断完善的过程。"企业战略管理中企业社会责任融入"是一个漫长复杂的过程，企业要秉承着认真严肃的探索精神，不断地总结成功的经验，吸取失败的教训，在"企业战略管理中企业社会责任融入"理念指导下对行为导入进行动态调整。

"企业战略管理中企业社会责任融入"保障是该管理模式得以成功导入的有力支撑，也是该理念在企业的具体表现。不管是"企业战略管理中企业社会责任融入"理念的提升还是过程的推进，都需要组织各相关层面的有力保障，这往往造成新管理模式与旧管理习惯的激烈冲击。企业管理人员如果在这些方面妥协，会使得新的管理模式失去赖以存活的保障，新管理模式导入最终必然归于失败。

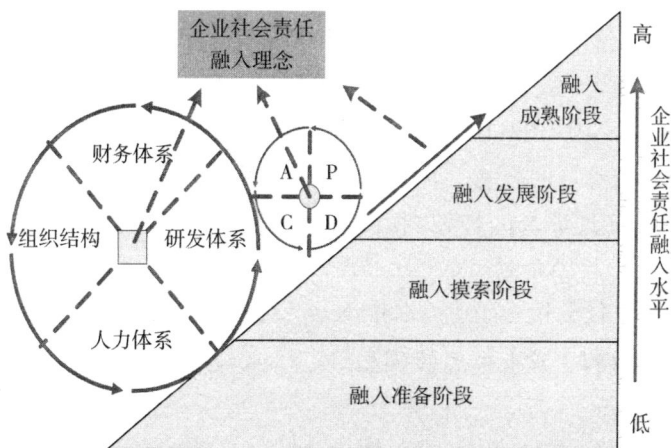

图 5.2 企业战略管理中企业社会责任融入导入框架的内部关系

图 5.2 明确表达了"企业战略管理中企业社会责任融入"导入框架三个层次的内部关系。"企业战略管理中企业社会责任融入"理念是整个管理模式推进的拉动力量，APDC 行为导入在该理念的指导下不断循环使得企业的社会责任融入水平不断提升，而财务、生产、人力和组织等保障体系则是推动 AP-DC 循环不断前进的内部力量，在三个层次的共同作用下，企业社会责任融入阶段由低向高不断发展。

5.2 企业战略管理中企业社会责任融入的理念提升

"企业战略管理中企业社会责任融入"理念是整个导入框架的核心，是该管理模式导入的最高指导，是企业在此场组织变革中以不变应万变的科学依据。我们认为，要实现"企业战略管理中企业社会责任融入"理念的提升，就要从思维上实现从局部视角到系统视角的转变，从企业精神、企业制度和企业形象等方面建设以上述理念为典型特征的企业文化，实现企业经营管理理念和企业社会责任理念的有效融合。

5.2.1 理念提升的基础

传统保守的管理理念是"企业战略管理中企业社会责任融入"管理实践的巨大障碍，企业要想实现企业社会责任与经营管理的有效融合，就要转化管理理念。由此，我们提出了"企业战略管理中企业社会责任融入"理念提升的基础①：从思维上实现从局部视角到系统视角的转变，变内部视角为外部视角，变静态视角为动态视角，变绝对视角到相对视角。

（1）从"不识庐山真面目"到"会当凌绝顶"：由内部视角到外部视角。内部视角受到视野域的限制，使传统的企业只看到承担社会责任给企业带来的沉重负担，而对其带来的种种利益视而不见，因而将履行社会责任等同于"做好事"。而一旦当企业站在一定高度、从外部视角去审视企业社会责任时，就会发现社会责任的履行不但可以推动社会和谐发展，也会给企业带来一系列的现实收益，有利于企业的可持续发展，从而获得"会当凌绝顶，一览众山

---

① 许正良，刘娜. 基于可持续发展的企业社会责任与战略目标管理融合研究 [J]. 中国工业经济，2008，（09）：129～140.

小"的意想不到的效果。

基于内部视角的传统企业经营理论中，企业被假定为原子型企业①，即本身是一个价值创造的完整实体，可以独立地创造和实现价值。在这种假设下，当企业发展到一定程度以后，基于企业内部资源和能力的经营达到一个极限，企业发展遇到瓶颈，举步维艰。要突破发展瓶颈，实现持续发展，企业首先要转换视角，变内部视角为外部视角，将关注焦点从企业转向社会，从社会价值网络中寻找更广阔的发展空间。从单纯的履行社会责任到融入企业战略管理，就是由内部视角到外部视角的现实应用。

（2）从"大漠孤烟直"到"万水千山总是情"：由静态视角到动态视角。传统的企业在实施企业社会责任时，因为方式过于单一（很多就是开一张支票了事），给企业的感觉就是在唱独角戏，缺少社会各界的反应和互动，就如同"大漠孤烟直"景象般的安静和默默无闻，因此很难提高参与的主动性和积极性。而当企业换以动态的视角参与到企业社会责任实践的过程中时，自然会获得更多的关注，与企业各利益相关者的关系往往也会得到改善，使企业的社会责任实践获得"万水千山总是情"的积极效果。

基于静态简单环境的传统企业经营管理，重点在于具有前瞻性的设计、在于高人一筹谋略、在于认真严谨的执行，而忽略了整个过程中背景环境的变化以及社会大众的反应，最后得到的往往是差强人意的折扣效果，以静制动的发展策略限制了企业的步伐。而事实上，企业身处动态复杂的环境中，外部环境的变化和利益相关者的反应必须成为企业制定和实施管理策略的客观依据，只有创造千呼百应的局面才能不被社会遗忘。"企业战略管理中企业社会责任融入"正是从动态视角出发来推动企业和社会的共同进步的。

（3）从"一去二三里"到"坐地日行八万里"：由绝对视角到相对视角。传统的企业往往更多地关注一个投资项目给企业带来现实收益，从投资的成本收益角度考虑项目的投资价值，这种绝对的思考视角常常使企业错失超越同行的良好机会，只能"一去二三里"式缓慢地在发展道路上前行。事实上，企业社会责任给企业发展带来远不止是现实的收益，如果能有效融入企业的战略管理中，就会成为企业发展的加速器，在超越他人的同时使其身价暴涨，实现

① 李海舰，郭树民. 从经营企业到经营社会——从经营社会的视角经营企业 [J]. 中国工业经济，2008，(5)：87～98.

相对视角上"坐地日行八万里"的发展速度。

绝对视角下的传统企业经营管理，习惯于抛开外界影响来选择投资项目，诸如风险程度是否在企业可以承受的范围内、收益大小能否满足企业的利益需求、资源占用会不会对企业的其他经营活动造成影响等。这种僵化的思维方法使得企业与很多好机会对面无缘，殊不知有些投资虽不能满足上述要求，却能让企业在某些方面超越同行，一步先，步步先，始终走在同行前列，并最终形成核心竞争力；反之只能面对"一步走错，全盘皆失"的冷清结局。只有从相对视角来审视社会责任，"企业战略管理中企业社会责任融入"才能显示其惊人魅力。

5.2.2　理念提升的核心

"企业战略管理中企业社会责任融入"理念实际上是传统的企业经营管理理念与企业社会责任理念的高度融合：传统的企业经营管理的核心理念是为股东创造财富，以及现代升级换代版的创造企业价值；而企业社会责任的核心理念是为社会整体创造财富，促进人类社会的可持续发展。"企业战略管理中企业社会责任融入"理念提升的核心就是在企业中实现企业经营管理理念和企业社会责任理念的有效融合。

从理论上讲，以往经典的工具理论、政治理论、整合理论和伦理理论从不同角度证明了企业经营管理与企业社会融合的可能性和必要性，企业经营管理和企业社会责任融合具有坚实的理论支撑。工具理论中，企业社会责任是达到经济目标的战略工具，最终达到创造财富的目的，这说明承担社会责任与创造企业价值是相容的；政治理论中的企业立宪、社会契约、企业公民等提法都反映了社会公众期望企业对社会福利与发展承担社会责任与社会义务的强烈愿望；整合理论认为企业的存在、持续性和成长性依赖于社会，企业应该将企业和社会的需求有机结合起来；伦理论认为，伦理需求是连接企业和社会关系的纽带，企业要为缔造一个好的社会而做出贡献。

从实践上讲，企业社会责任作为一种独特的投资工具正逐渐被各国企业管理者所采用，并成为现代企业在激烈的竞争中克敌致胜的一种新的差异化途径。在20世纪90年代以前，对于应该选择支持哪些社会问题，企业倾向于避开可能与自身的核心商业产品联系起来的主题，很少与战略性经营目标的需求挂钩①。随着企业社会责任研究的不断深入，学者和企业家们发现企业社会责任会给企业带来一系列商业利益，是一种可以给企业带来额外收益、可用来调节企业风险并具有参与强制性的独特投资工具。企业社会责任也因此逐渐被作为一种有效的管理策略引入企业战略管理中来，成为企业建立竞争差异的一种新途径。

"企业战略管理中企业社会责任融入"理念的引入并逐渐提升是该管理模式导入的铺路石，对于该管理模式能否成功导入至关重要。相对于传统的企业经营管理和企业社会责任思想来说，"企业战略管理中企业社会责任融入"理念是一种思想的革新，企业要通过各种方式让企业所有人员明白该管理模式在理论上的必然性和实践中的可行性，消除组织内部的思想障碍，使该理念逐渐成为企业发展的导向标。

5.2.3　理念提升的途径

"企业战略管理中企业社会责任融入"理念不断提升的过程就是企业建立以该理念为典型特征的企业文化的过程。依据企业文化理论我们认为，在此过程中，企业要培育能够明确体现该理念的企业精神，建立能够促进企业战略管理中企业社会责任融入的企业制度，塑造企业立足战略高度履行社会责任的企业形象，借助各种方式让企业全体人员在学习中体悟，在实践中感知，让该理念真正成为企业的灵魂。

企业精神文化是绝大多数员工共同一致、彼此共鸣的内心态度、意志状况、思想境界和理想追求，它能够突出企业的特点和优势，体现了时代精神与企业个性的相互结合，是企业员工健康人格、向上心态的外化，是员工对企业的信任感、荣誉感和自豪感的集中体现②。以"企业战略管理中企业社会责任融入"理念为典型特征的企业精神文化，将服务于企业和服务于社会结合起来，以符合利益相关者期望的方式从事企业经营，倡导以创造企业和社会共享价值的模式获得企业的生存发展，打造服务于企业是为了更好地服务于社会的精神境界。

---

① ［美］菲利普·科特勒，南希·李．（姜文波译）企业的社会责任［M］．北京：机械工业出版社，2006.

② 赵凯，夏书娥．关于中国式企业文化建设实效性的心理学取向［J］．社会心理科学，2006，（2）：88～91.

企业制度文化是企业为了实现自身目标而对企业员工的行为给与规范和制约的文化，它是保障企业正常经营、协调各方面关系、保证团体协作、调动各方面积极性和创造性、制约各种消极因素和越轨行为的必要手段。以"企业战略管理中企业社会责任融入"理念为典型特征的企业制度文化，将上述理念通过清晰的条款落实到企业经营的方方面面，使得企业员工的行为有章可依，有规可循，使得"企业战略管理中企业社会责任融入"不仅仅是企业员工个体精神的表现，而是体现了企业高层管理者价值选择的文化管理模式。

企业形象是指社会公众所拥有的对某个企业的信念、态度和印象①。企业形象是企业文化的外显形态，也是企业文化的载体。Markwick 认为企业形象管理过程包括四个主要要素：企业个性、企业识别、企业形象和企业战略，战略管理通过制定战略目标、定位决策和营销传播决策对企业形象发挥作用，成为企业展示自我的一个重要内容②。将企业社会责任融入企业战略管理有利于企业树立社会责任形象，建立既有时代特征又独具企业特色的个性文化，逐渐在激烈的竞争中培育并提升自身的竞争优势。

我国学者林建国详细总结了企业文化建设的方法，包括领导牵引法、更新观念法、突出中心法、优化载体法、稳定结构法、训练培养法、民主驱动法、目标管理法、职责挂钩法、轻重缓急法、机构作用法、优势发挥法等多种方法③。在"企业战略管理中企业社会责任融入"理念提升的过程中，企业要根据自身特点和现有状态谨慎选择适宜的方法，确保新旧理念的平稳过渡。

5.3 企业战略管理中企业社会责任融入的行为导入

Freeman 和 Gilbert 在《企业战略和伦理探索》一书中指出"优秀企业的秘诀在于贯彻人的价值观和伦理，如何把它们融合到公司战略中，这场卓越革命的基本伦理是对人的尊重④。这是企业关心顾客、关心质量背后的根本原

---

① Kotler, P. Marketing Management (7th edition) [M]. Englewood Cliffs, N. J.: Prentice Hall, 1991.

② Markwick, Nigel, Fill & Chris. Towards a Framework for Managing Corporate Identity [J]. European Journal of Marketing, 1997, 31 (5): 396~409.

③ 林国建. 现代企业文化的理论与实践 [M]. 哈尔滨：哈尔滨工程大学出版社，2004.

④ Freeman, R. E. & Gilbert, D. R. J. Corporate Sgrategy and the Search for Ethics [M]. Prentice Hall Trade, 1988.

因，也是理解优秀企业难以置信的责任感和业绩的关键"。"企业战略管理中企业社会责任融入"的行为导入正是将人们的企业社会责任感融合于企业战略的现实做法。

Michael E. Porter 指出①，所谓战略，就是在企业的各项运营活动之间建立一种配称。战略配称是创造竞争优势最核心的因素，它可以建立一个环环相扣、紧密联接的链，将模仿者拒之门外。配称可以分为三类，第一层面的配称是保持各运营活动或各职能部门与总体战略之间的简单一致性（simple consistency）；第二层面的配称是各项活动之间的相互加强；第三层面的配称已经超越了各项活动之间的相互加强，经常被称为"投入最优化"（optimization of effort）。

传统管理模式下，企业社会责任被隔离于企业经营管理之外区别对待，这种做法往往会淡化企业的独特性，以致产生妥协，破坏配称，并最终削弱企业的竞争优势。将企业社会责任融入企业战略管理，实际上就是将企业社会责任作为一项重要内容引入企业战略，在所有的企业活动之间建立起一种配称，使其成为对现有战略定位的深化，而非拓宽和妥协。因此，"企业战略管理中企业社会责任融入"是实现企业社会责任管理与企业经营管理有效融合的唯一途径。

由以上分析可知，"企业战略管理中企业社会责任融入"的行为导入，也是企业社会责任管理不断融入企业战略管理的过程。依据科学管理原理，我们构建了"企业战略管理中企业社会责任融入"的分析过程、设计过程、执行过程和控制过程，如图 5.3 所示。为了更加清晰地阐述每个过程中的工作任务，图中从企业社会责任管理和企业经营协调管理两个角度来说明。

5.3.1 融入的分析过程

传统的企业社会责任的履行大多是离散的，就是具有一定连续性也不是企业规划的结果。某些企业虽然对企业社会责任给予了特别关注，但也往往是将其作为企业经营战略管理之外的独立单元。企业一旦要改变这种状况时，首先要进行的工作就是"企业战略管理中企业社会责任融入"分析。对于某个企业来说，现有的企业社会责任主题，有些适合，有些不适合，在适合它去发展

---

① Porter, M. E. Whai is strategy? [J] Harvard Business Review, 1996, 74 (6)：61~79.

的主题中，又有优劣的选择。"企业战略中企业社会责任融入"分析的目的，一是确定目标企业需要承担的企业社会责任保健项目集合，二是建立可供目标企业选择的企业社会责任能动项目集合。

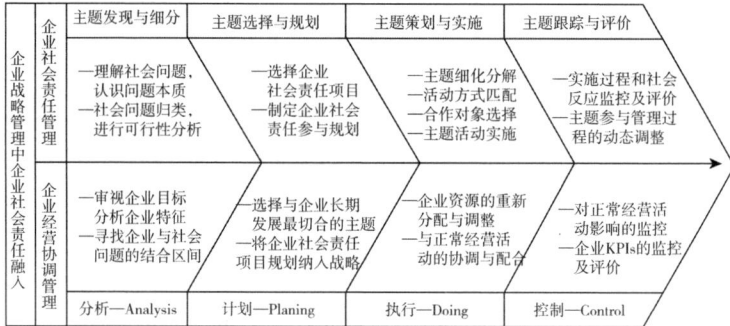

企业社会责任管理	主题发现与细分	主题选择与规划	主题策划与实施	主题跟踪与评价
	—理解社会问题，认识问题本质 —社会问题归类，进行可行性分析	—选择企业社会责任项目 —制定企业社会责任参与规划	—主题细化分解 —活动方式匹配 —合作对象选择 —主题活动实施	—实施过程和社会反应监控及评价 —主题参与管理过程的动态调整
企业经营协调管理	—审视企业目标 分析企业特征 —寻找企业与社会问题的结合区间	—选择与企业长期发展最切合的主题 —将企业社会责任项目规划纳入战略	—企业资源的重新分配与调整 —与正常经营活动的协调与配合	—对正常经营活动影响的监控 —企业KPIs的监控及评价
	分析——Analysis	计划——Planing	执行——Doing	控制——Control

图 5.3　企业战略管理中企业社会责任融入的行为导入

因此，企业首先要对普遍关注的社会问题进行深入理解，认清问题的本质，并在此基础上将林林总总的社会问题进行分类，这种分类要结合当前的社会环境背景特征，还要与企业的产业类型、行业特征、产品特点及其期望性质（是保健项目还是能动项目）相联系，以便于企业依据上述特征在社会问题库中进行粗选。企业建立企业社会责任能动项目集合前，还要进行可行性分析。在此环节中企业要理性审视企业使命、企业宗旨、企业战略等企业目标的体现要素，综合分析企业资源、运作能力等企业能力的体现要素，客观描述企业绩效、企业规模、企业成长阶段、企业性质、企业文化、企业暴露度、政治卷入度等企业特征的体现要素，寻找企业利益与社会利益共赢的和谐区间，选择能有效推动企业发展和社会进步的相关主题。

"企业战略管理中企业社会责任融入"分析对于该管理模式成功导入起着非常重要的作用。首先，该过程中形成的企业社会责任保健项目集合，能提醒企业在战略管理中从哪些方面防范不满情绪的生成，而建立的企业社会责任能动项目集合，有利于企业发现晕轮效应好[1]的企业社会责任主题，获得更多的社会关注和大众好感，真正赢在起跑线上；其次，企业在该过程中将自身的企业目标、企业能力和企业特征进行综合分析，确保其选择能突出企业特色，为

---

① Nakayama, M. & Sutcliffe, N. G.. Exploratory analysis on the halo effect of strategic goals on IOS effectiveness evaluation ［J］. Information & Management, 2005, 42 （2）: 275～288.

培育企业核心竞争力奠定基础；再次，一个投资项目主题选择的优劣程度以及与投资企业的契合程度①都是后期项目评价的重要内容，也是一个投资项目能否成功的第一步。

5.3.2 融入的设计过程

传统的企业社会责任带有一定的政治色彩，缺乏统一设计，从长期看来不具有整体性，也有很多是危机应对式的反应，企业自行设计的成分极少。"企业战略管理中企业社会责任融入"分析过程给企业提供了一个企业社会责任能动项目集合，对企业目标都具有良好的支撑性，因而对于企业来说都是适合的。但企业在社会责任实践过程中需要用一个企业社会责任主题将相关项目统一起来，成为引领主题。因此企业要在前述工作的基础上进一步选择最优的企业社会责任投资主题，并将其纳入现有的战略规划中。这正是企业社会责任融入设计过程的重点。

实际上，本环节中的企业社会责任主题选择过程与一般投资项目的选择类似，即以第一环节中得到的企业社会责任项目对应的每个主题作为一个参选项目，对其实施的主题背景、预计成本、预计收益、实施难度、实施风险以及实施成功率进行分析和对比，在企业高层管理人员综合考量之后确定最优的社会参与主题，也就是在众多优秀的社会责任主题中选择一个具有最优投资价值的引领主题，使得企业社会责任实践在创造企业和社会的共享价值时，给企业发展带来更大的推动力量。之后，选择恰当的时机，将对企业社会责任引领主题的参与作为重要内容纳入企业的战略规划，并且要在对应战略规划中添加其他部分因此做出的相应调整。此外，该环节还要制定企业社会责任保健项目的参与规划，即不同阶段的企业社会责任保健项目建设重点。

"企业战略管理中企业社会责任融入"设计是企业能否将企业社会责任管理与企业经营管理进行良好融合的关键环节。如果把企业社会责任活动看作一项普通的投资项目，该过程就是在一系列适合企业投资的优秀项目中，选择一定风险程度下投资收益率相对较高的项目，并将其列入企业的长期发展规划。只有将社会责任问题纳入长期发展规划，企业才能将企业社会责任实践对企业

---

① 与投资企业的契合程度是指企业社会责任主题与企业目标、企业能力和企业特征等企业内部环境要素的匹配程度，是战略配称的构成部分，从主题选择环节保障企业社会责任实践有利于企业的持续发展。

经营管理的有益影响提升到战略层次，从企业的资源分配和管理运作的各个环节对企业社会责任进行统一设计，确保企业社会责任与企业经营管理的深度融合，使企业社会责任实践能更好地为企业的经营管理运作服务。

5.3.3 融入的执行过程

传统的企业社会责任活动，有些也包含策划的成分，但由于整体性和一致性较差，在活动方式、合作对象的选择方面缺乏科学性，"企业战略管理中企业社会责任融入"的执行过程则有效地保证了其实施的系统性。该环节要对上一环节中的企业社会责任保健项目的重点以及选定的企业社会责任能动主题进行细化分解，进行活动方式的匹配和合作对象的选择，最后进行活动实施。与此同时做好企业资源的重新分配与调整工作，以及正常经营活动与企业社会责任活动之间的协调和配合，这对于该环节能否获得良好的导入效果具有非常重要的作用。

该环节中主题的细化和分解，就是制定一系列支撑企业社会责任战略规划的具体方案，并为其设定明确、可测量的目标。对于企业社会责任活动的方式，Philip Kotler 在《企业的社会责任》一书中提出企业社会责任活动的六种选择①：公益事业宣传、公益事业关联营销、社会营销、慈善行为、社区志愿活动以及对社会负责的商业实践。企业社会责任活动往往与其他非政府组织联合实施，合作对象的合理选择有利于企业通过企业社会责任创造良好的企业效益和社会效益，并在社会舆论面前把握主动权。对于企业社会责任保健项目和能动项目来说，该环节的工作重点有一定差异：对于前者来说，该环节的重点在于各部门各级别的严格执行；而对于后者来说，该环节的重点在于各个环节更好的策划。

"企业战略管理中企业社会责任融入"的执行过程将前一阶段中的设计方案转化为一场场现实的企业社会责任活动。该环节方案策划的优劣程度以及实施过程是否严格有序都直接影响到企业社会责任引领主题实施的效果，并对企业战略中企业社会责任目标的实现产生关键影响，对企业创造更好的战略绩效发挥积极作用。企业社会责任保健项目建设对企业业绩的影响并不显著，其作用往往在企业遭遇社会责任危机时才能明确体现。企业社会责任保健项目和能

---

① ［美］菲利普·科特勒，南希·李．（姜文波译）企业的社会责任［M］．北京：机械工业出版社，2006.

动项目对企业持续经营的作用都非常重要，只是影响方式不同，企业在执行过程中要依照设计方案合理分配力量，不能顾此失彼，因为盲目和短视使得执行与设计两环节出现重大偏离。

5.3.4 融入的控制过程

传统的企业在从事社会责任活动时，因为随意性很强，很少对实施过程和实施效果进行有计划的跟踪、控制和评估。而对于已逐渐演化为一种投资工具的企业社会责任实践来说，对其实施过程和作用效果进行有效控制，不仅有利于阶段性目标的如期实现，更有利于改善将来的企业社会责任建设。在此过程中，企业还要像控制商业投资一样，以进行社会投资的视角对企业社会责任项目进行严格的过程控制和结果验收。相对于企业社会责任能动项目来说，企业社会责任保健项目更难以进行有效控制，此项工作也更容易被企业忽略。

该环节的工作主要包括以下四个方面：（1）对企业社会责任项目的实施过程和社会反应（包括企业的内部反应和外部反应）进行监控和评价，以有利于计划方案的有效实施，并对企业社会责任造成的社会效果进行评价；（2）对企业社会责任主题参与的管理过程进行实时监控并进行动态调整，以有利于及时调整管理方案；（3）对企业的正常经营活动进行实时监控，以有利于对企业社会责任造成的企业效果进行评价，并对难以预见的负面影响及时进行控制；（4）对企业的关键业绩指标进行实时监控和阶段性评价，以有利于定量评价企业社会责任实践对企业业绩造成的影响。虽然积极的企业效果主要来源于企业社会责任能动项目的实施，但对企业社会责任保健项目的监督和控制也不能轻视，这也是企业预防社会责任危机的重点。

"企业战略管理中企业社会责任融入"控制对企业社会责任实践能够在多大程度上支撑企业战略目标实现起着至关重要的作用。所谓控制就是对企业活动进行监控以确保其能够依照计划的各项要求完成，并对任何偏离原有目标的重要活动进行纠正[①]。由此可见，"企业战略管理中企业社会责任融入"控制的根本目的是确保企业社会责任实践与企业的经营管理活动始终保持良好的战略配称，共同推动企业战略目标的顺利实现，而非简单地对实施效果进行事后评价。发现存在问题、制定应对策略、提出改进建议是该过程中更重要的

---

① Robbins, S. P. Organizational Behavior [M]. Beijing: Qinghua University Press, 2007.

工作。

5.4 企业战略管理中企业社会责任融入的内部保障

"企业战略管理中企业社会责任融入"保障是理念提升和过程推进的有力支撑，轻视了，则兵败如山倒。任何大范围的组织改革都始于组织结构调整，与之适应的组织结构的保障是新管理模式得以导入的基础。此外，财务管理、研发管理和人力资源管理等企业支持活动也具有重要的作用。下面，我们从组织结构、财务体系、生产体系、人力资源体系等四个方面对新管理模式顺利导入的调整要求进行分析说明。

5.4.1 组织结构的保障

企业组织结构是企业组织内部各个有机构成要素相互作用的联系方式或形式，以求有效、合理地把组织成员组织起来，为实现共同目标而协同努力。组织结构是企业资源和权力分配的载体，它在人的能动行为下，通过信息传递，承载着企业的业务流动，推动或者阻碍企业使命的进程。由于组织结构在企业中的基础地位和关键作用，企业所有战略意义上的变革，都必须首先在组织结构上开始。

"企业战略管理中企业社会责任融入"管理模式是一场涵盖企业所有方面的组织变革，需要企业在组织结构上进行调整配合，主要包括两个方面：一是企业经营管理部门中对企业社会责任管理职位的添设和管理职能的拓展；二是独立的企业社会责任管理机构的设置。为"企业战略管理中企业社会责任融入"而做出的组织结构调整的关键在于，在保证企业社会责任管理系统独立运行的同时，如何将其与传统的各个管理部门进行有效对接。

企业社会责任的承担对企业经营管理具有依附性，大部分的企业社会责任与企业的日常经营管理工作紧密地联系在一起①。这就要求企业将原有管理部门的岗位职能进行拓展，将企业社会责任任务融入企业的日常经营管理中，或者添设相关岗位，比如在生产部门中设立一个环保监督专员，在营销部门中设立一个消费者协调专员。企业的经营管理部门是企业社会责任执行的主导机

①　沈弋.企业经营管理与社会责任之战略耦合 [D].南京：南京理工大学硕士学位论文，2008.

构，这是企业社会责任与企业经营管理融合的精髓所在。

企业履行社会责任既具有企业效应，又具有社会效应，也就是说，企业社会责任的受益人不仅仅是企业，甚至在大多数时候，企业不是直接受益人，因此，企业的社会责任履行情况必须以企业外部的视角来监督评价。因此，企业社会责任管理又具有独立性，需要一个专门的机构对其进行系统管理。但这个机构只是企业社会责任执行部门的一个补充，可以由原有机构兼职，比如由总经理办公室负责。组织设在哪里是次要的，关键是组织的功能要明确，地位要独立。

5.4.2　财务体系的保障

一项成功的组织变革需要各个职能体系的有力支撑，但企业的财务体系与其他职能体系相比有着显而易见的重要性。财务体系是企业运营状况的综合分析系统，它可以向企业管理人员、投资者以及相关利益单位显示企业的运行状况。财务体系能够纵览企业运作全局，能够从综合、宏观的角度对企业的发展进行把握。财务体系的筹资、投资和分配贯穿企业运营全过程，是企业发展内容中最为重要的问题。

筹资是企业所有经营活动的起点，没有良好的筹资活动作保障，企业就不可能有良好的发展。在传统的企业经营管理模式下，筹资方式并不重要，能否筹到资金、筹到资金的数量才是重点。"企业战略中企业社会责任融入"管理模式下，要求企业在经营运作的方方面面以承担社会责任的方式行事，关注企业活动对企业长期发展的影响，筹资的重点在于营造企业和投资者之间互惠互利、长期合作的共赢关系。因此，企业在筹资过程中要遵循公平、公正、公开的原则同投资方交涉，争取对方的最大支持。

根据企业内外环境状况及其变化趋势，将企业控制的经济资源有效地投放出去，以获得未来的经济利益和竞争优势，就是投资。投资管理是整个财务管理的核心，任何战略都是以投资为前提、以投资为基础、以投资为起点的。"企业战略中企业社会责任融入"管理模式下的投资管理，不能像以往那样以企业的投资收益为依据，而是要关注投资项目对社会的综合影响，将社会收益作为选择的重要因素，要从不同的利益相关单位的角度评价投资收益，使投资成为一种多赢的选择。

分配是按照一定的标准或规定划分收益。经济学上指把生产资料分给生产单位或把消费资料分给消费者，分配的方式决定于社会制度，可见分配的重要性。在传统的经营管理模式下，企业分配是以企业净利润为基础的，包括资本收益的管理、股利分配政策，核心问题是股东和企业本身利益的零和博弈。"企业战略管理中企业社会责任融入"管理模式下，企业分配应该以企业经营开始为起点的，核心问题是包括企业本身、股东以及其他利益相关单位之间的多重的非零和博弈。在这种分配方式下，企业会拥有社会责任专用资金，企业社会责任不再是企业的成本负担。

5.4.3 研发体系的保障

研发管理就是在研发体系结构设计和各种管理理论基础之上，借助信息平台对研发过程中进行的团队建设、流程设计、绩效管理、风险管理、成本管理、项目管理和知识管理等方面进行协调的一系列活动。通常意义上的研发管理是针对产品研发而言，可以简单地分为研发准备和正式开发两个阶段。创新是企业经营的基础，是企业发展的灵魂，而研发管理对企业的产品创新有着决定性的作用。

研发准备过程是指在新产品研发启动之前进行各相关要素的需求分析，在项目启动后对项目各方面进行过程设计。与传统的企业管理模式相比，"企业战略管理中企业社会责任融入"管理模式下的研发准备过程的不同主要表现在需求分析方面：企业要站在社会发展的高度开展此项工作，不仅看到市场需求，更要听到大众呼声，不仅要考虑当下态势，更要预测未来发展。该过程要以对企业有利、对社会有益为指导原则用心挖掘更深层面的需求内容。

正式开发过程是指企业在研发设计过程完成的基础上，进行仿真验证以确保设计的正确性，提高设计质量，以及之后进行的产品的正式开发过程和测试验证过程。在传统的企业管理模式下，尽可能地降低研发成本、缩短研发时间是本阶段工作开展的重要目标。在"企业战略管理中企业社会责任融入"管理模式下，任何有悖于社会责任承担的研发模式都是不可取的，罔顾社会责任而获得的产品创新终将在社会责任运动大潮中成为反噬企业的罪魁祸首。

5.4.4 人力体系的保障

人力资源管理是指根据企业发展战略的要求，有计划地对人力资源进行合理配置，通过一系列的人力资源政策和管理活动，调动员工的积极性，发挥员工的潜能，为企业创造价值，确保企业战略目标的实现。人力资源管理对"企业战略管理中企业社会责任融入"管理模式导入的支撑作用主要表现在人才引进、人才激励和人才发展等三个方面，下面我们分别予以说明。

人才引进是指企业根据自身当前和未来发展的需要，有计划、有组织地招募、选拔、录用并对其进行上岗培训的过程。在传统的企业管理模式下，企业文化的认同和相关技能的水平是人才引进的重点。"企业战略管理中企业社会责任融入"管理模式下，企业要将是否具有一定水平的社会责任感作为人才引进的重要原则，并在录用后及时进行"企业战略管理中企业社会责任融入"理念的培训。任何组织变革的成功和保持，人都发挥了巨大的作用。要想获得丰硕的果实，首先要选择一颗优良的种子。

人才激励是指企业根据员工的工作成果和精神表现，客观、合理地对其进行绩效考评并给予相应报酬和奖励的过程。在传统的企业管理模式下，大多数企业在其绩效考评中采用了目标管理的方法，很多员工的行为具有严重的短视性，不利于企业持续发展。"企业战略管理中企业社会责任融入"管理模式下，企业社会责任也是目标体系内容之一，企业一方面要将企业社会责任列为考评内容，一方面也要通过过程管理促使员工以向社会负责的方式达成目标，并对既负责又高效的工作方式予以鼓励和支持。

人才发展是指企业根据自身发展要求和员工特点，科学、有效地对员工进行职业培训和发展设计的过程。在传统的企业管理模式下，员工培训的重点是传知识、培能力等硬性内容；员工职业生涯设计也主要基于企业未来发展的需要，分为技术专业型和行政管理型。"企业战略管理中企业社会责任融入"管理模式下，育道德、建观点等软性内容对于员工能否使工作上一个台阶非常重要，应予以重视；员工的职业生涯设计中，社会责任型也是一个重要类型，有些人一生可能始终为某项社会责任而努力。

5.5 企业战略管理中企业社会责任融入的技术支撑

本章的前四节提出了"企业战略管理中企业社会责任融入"的总体思路，并在理念提升、行为导入和内部保障等三个层面详细阐述了企业如何将社会责任融入企业战略管理。在上述过程中，为了更好实现企业社会责任管理与企业经营管理的有效融合，在"企业战略管理中企业社会责任融入"的不同环节，有两种技术方法可供企业使用，即竞争环境法和价值分析法，以下我们分别予以说明。

5.5.1 竞争环境法

Michael E. Porter 于 2006 年 12 月在《哈佛商业评论》上发表的《战略与社会——企业社会责任与竞争优势的关系》（Strategy and Society：The Link Between Competitive Advantage and Corporate Social Responsibility）一文中提出了将企业社会责任融入企业战略的环境竞争法（又称为钻石模型），通过分析企业竞争的外部环境发现有利于提高企业竞争优势的企业社会责任项目①，如图 5.4 所示。

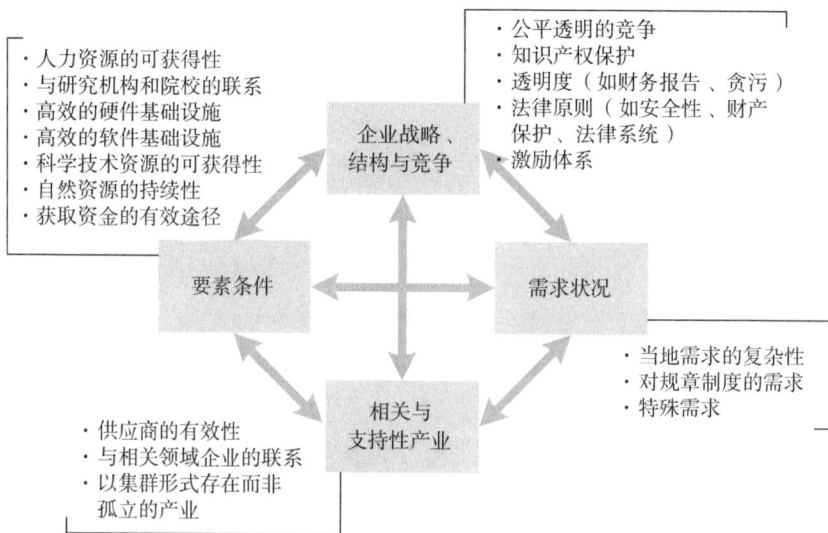

图 5.4　企业社会责任融入的竞争环境法

资料来源：Porter, M. E. & Kramer, M. R. Strategy and Society：The Link between Competitive Advantage and Corporate Social Responsibility [J]. Harvard Business Review, 2006, 12：78~92, 作者有修改。

　　钻石模型是 Porter 在研究国家竞争优势时提出的。他认为决定一个产业竞争力有四个因素：生产要素、需求条件、相关产业和支持产业的表现、企业的战略及对手表现。社会环境的变迁对四个因素产生了深刻的影响，从而改变了企业竞争的外部环境。企业经营的时候要时刻关注这种变化，并从中挖掘有利于提高企业竞争力的社会问题，并在解决这些社会责任问题的过程中提升企业

---

① Porter, M. E. & Kramer, M. R. Strategy and Society：The Link between Competitive Advantage and Corporate Social Responsibility [J]. Harvard Business Review, 2006, 12：78~92.

竞争优势。

竞争环境法是一种自外而内的方法，可用于挖掘企业的社会责任竞争优势。在"企业战略管理中企业社会责任融入"管理模式中，竞争环境法有利于企业发现与企业发展最为契合的企业社会责任能动主题，提高企业社会责任实践的能动契合度。竞争环境法将企业社会责任与企业竞争优势建立起联系，彻底打破了企业社会责任与股东利益之间的藩篱，为企业社会责任成为一种新的企业差异化方式提供了实现途径。

5.5.2　价值分析法

价值分析法是 Michael E. Porter 在《战略与社会》一文中与竞争环境法同时提出的。这一方法以 Porter 早期提出的企业价值链为基础，运用价值分析的方法发现并识别企业价值链中与企业的基本活动和辅助活动相关的企业社会责任项目。价值分析法常用以企业社会责任主题的发现和细分、选择和规划等环节，有利于在掌握各项目轻重缓急的基础上，合理安排企业社会责任融入进度，如图 5.5 所示。

价值链（Value Chain）是由 Porter 于 1985 年在《竞争优势》中提出的，是一种对企业竞争优势进行战略分析的框架。Porter 将企业价值活动分为基本活动和辅助活动两大类，基本活动是涉及产品物流中的各种活动，辅助活动是用以辅助基本生产经营活动的支持活动。企业社会责任的价值分析法，就是逐一分析每一项价值活动，发现其中与企业社会责任有关的问题，清晰地勾勒出企业价值活动的社会影响。

价值分析法是一种自内而外的方法，可用于企业自检，即通过详细检查价值活动，发现与企业社会责任正面或负面相关的问题。企业需要对这些问题安排优先次序进行排列，并尽力解决可能产生负面社会影响的问题。在"企业战略管理中企业社会责任融入"管理模式中，价值分析法有利于企业熟悉掌握与企业相关的企业社会责任保健项目，及时建设相关项目，提高企业社会责任实践的保健契合度，化危机于无形之中。

- 与高校的关系
- 伦理研究行为
- 产品安全性
- 原料回收利用

- 财务报告
- 政府规定
- 经营透明
- 政策宣传

- 教育和职业培训
- 安全的工作环境
- 多样化和公平性
- 医疗保险及福利
- 薪酬及解雇政策

- 采购和供应链活动（如贿赂、童工）
- 使用特殊投入（如动物皮毛）
- 自然资源的利用

基础活动	企业基础设施 融资、计划、财务、法律等
	人力资源管理 招聘、培训和薪酬制度等
	技术开发：产品设计、流程设计、材料研究、市场研究等
	采购：材料、设备、广告、服务等

| 辅助活动 | 进货后勤 | 生产作业 | 发货后勤 | 经营销售 | 服务 |

- 运输影响（如放射性、交通阻塞）

- 放射物和垃圾
- 生物多样性和生态影响
- 能源和水的使用
- 员工安全和劳资关系
- 危险性物质

- 包装的使用和处理
- 运输碰撞

- 营销和广告
- 定价行为（如定价歧视、非竞争定价）
- 顾客信息
- 私密性

- 报废产品的处理
- 消耗品的处理（如汽油、油墨）
- 顾客私密性

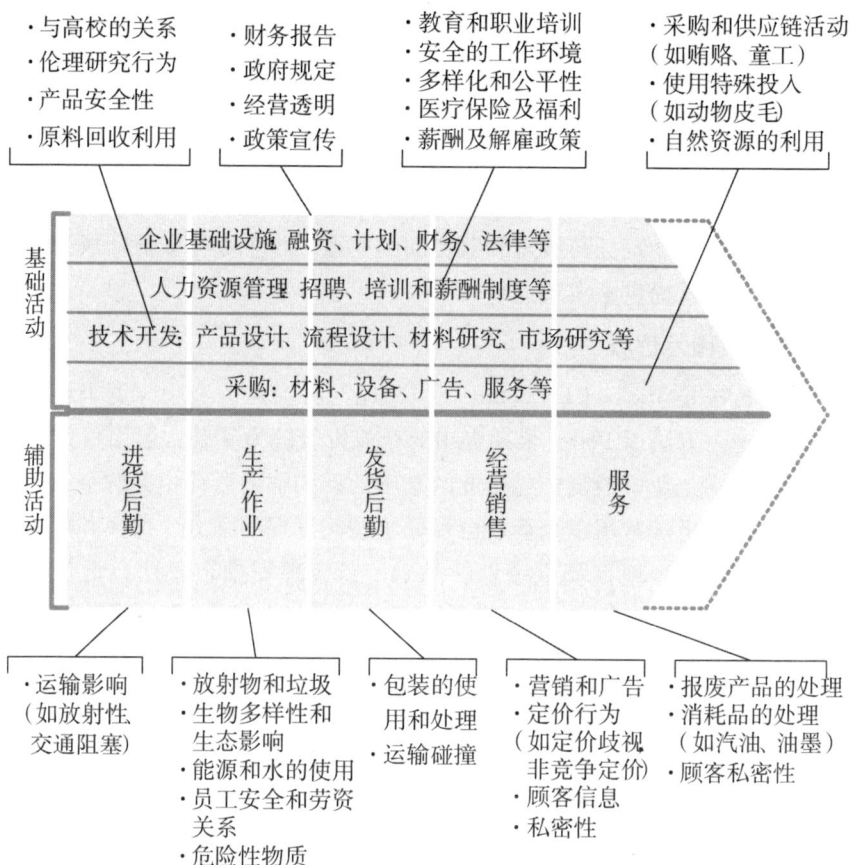

图 5.5　企业社会责任融入的价值分析法

资料来源：Porter, M. E. & Kramer, M. R. Strategy and Society：The Link between Competitive Advantage and Corporate Social Responsibility ［J］. Harvard Business Review, 2006, 12：78～92，作者有修改。

第 6 章

企业战略管理中企业社会责任融入的内控体系研究

"企业战略管理中企业社会责任融入"是对企业自身经营和社会发展均有利的共赢模式。但该管理模式不管是在核心理念还是在实践过程上，都与现有的企业社会责任及企业经营的管理模式有着较大差异。"企业战略管理中企业社会责任融入"的实施会不可避免地遇到众多问题，出现实践偏差，这就需要企业对其进行有效控制，尽可能地避免负面效应，发挥正面影响，使它在实践中不断发展。

6.1 企业战略管理中企业社会责任融入内控的现实要求

将企业社会责任融入企业战略管理是一个漫长艰难的过程，其综合效应也是在企业社会责任融入达到一定水平才能体现出来的。我们认为，在这个过程中，企业可能遇到各种各样的问题，导致社会公众对企业的社会责任满意水平下降，企业社会责任形象不鲜明、竞争优势不明显，如果企业不能及时发现问题并提出改进措施，该管理模式就会一分一毫地逐渐偏离原有轨道，成为新旧两种管理模式妥协的产物。

6.1.1 提升社会责任满意水平

对于企业的社会责任管理来说，最重要的目标就是提高社会公众对企业的社会责任满意水平。当社会公众对企业的社会责任表现非常满意时，一方面可以避免企业社会责任问题给企业带来的经营陷阱，另一方面还能降低企业经营管理失误对企业造成的负面影响，这些能为"企业战略管理中企业社会责任融入"管理模式的成功引入营造一个良好的内部环境。

社会公众的社会责任满意水平体现了利益相关群体对企业社会责任表现的情绪变化，当社会责任满意水平下降时，社会责任矛盾逐步积累，由于信息的不对称，企业的很多社会责任问题处于隐藏状态，使得企业与利益相关者之间处于虚假的平衡，一旦这种平衡被某些突发事件打破时，量变升级为质变，就会引发企业的社会责任危机。三聚氰胺事件就是奶粉对公众的社会责任要求阴奉阳违而自设的经营陷阱。

企业社会责任是公司陷入危机（如有害产品等）时的保险①，是企业社会责任在企业发生产品危机时有效的"缓和剂"②。对于一个社会责任表现一贯良好的企业，消费者会更多地将事故归因于客观因素，减轻对企业的谴责程度，从而降低企业经营管理失误对企业造成的负面影响。可见，企业社会责任满意水平的控制对企业经营管理也非常重要。

"企业战略管理中企业社会责任融入"的目的就是提高社会公众对企业的社会责任满意水平，但效果的明确体现还需要一个过程。"企业战略管理中企业社会责任融入"实际上就是将企业的社会责任与企业经营的原有关系彻底打乱重新建设，很可能会导致企业社会责任满意水平的波动，为了防止这种波动给企业带来不利影响，有必要对"企业战略管理中企业社会责任融入"进行全面控制。

6.1.2 塑造社会责任鲜明形象

与以往传统的企业社会责任管理相比，"企业战略管理中企业社会责任融入"管理模式不仅要求企业积极主动地履行社会责任，打造公众心目中的社会责任企业，更要求企业的社会责任管理与企业经营管理一样，统一安排，长期规划，塑造鲜明的企业社会责任形象，这也是企业需要对"企业战略管理中企业社会责任融入"进行内部控制的一个重要原因。

企业形象（Corporate Image）是消费者对特定公司的认知、情感、评价以及联想方式的总称③。企业形象是一种战略性资产，对于企业获取竞争优势具有重要意义。近几十年来，随着企业社会责任研究的逐步深入和企业社会责任实践的广泛开展，人们发现，企业承担社会责任对提升企业形象有积极影响，

---

① Sen, S. & Bhattacharya, C. B. Does Doing Good Always Lead to Doing Better? Consumer Reactions to Corporate Social Responsibility [J]. Journal of Marketing Research, 2001, 38 (2): 225~243.

② Klein, J. & Dawar, N. Corporate Social Responsibility and Consumers' Attributions and Brand Evaluations in a Product–harm Crisis [J]. International Journal of Research in Marketing, 2004, 21: 203~217.

③ Brown, T. J. Corporate Associations in Marketing: Antecedents and Consequences [J]. Corporate Reputation Review, 1998, 1 (3): 215~233.

并将其与企业能力的要素一同作为企业形象的构成要素进行研究①。

当代企业间的竞争，首先是形象的竞争，建立、设计和维护企业良好的形象已经成为当前众多企业家普遍关心的问题。企业社会责任形象是企业形象管理的重要内容，但由于企业社会责任理论研究的限制，企业社会责任形象管理仍处于起步阶段，即要求企业积极承担社会责任以树立诚信负责的形象，而对于如何将企业社会责任建设与企业形象建设进行深入融合等具体建设内容并没有进行深入研究。

"企业战略管理中企业社会责任融入"要求企业社会责任形象建设与企业形象建设实现高度融合，具有鲜明的特色，能更好地突显企业形象。受传统管理理念影响，"企业战略管理中企业社会责任融入"如果不进行严格控制，很容易被作为一项以提高企业履行社会责任的水平为主要目的实践措施，忽略了该管理模式与企业经营管理的融合建设，使得该管理模式对企业履行社会责任的主观能动性的积极影响大大降低。

6.1.3　培育社会责任竞争优势

"企业战略管理中企业社会责任融入"管理模式的最大特色就是，将企业社会责任作为企业实现差异化的一种途径，通过社会责任管理，培育企业竞争优势。这是该管理模式与传统管理模式差异的集中体现，也是它能有效提升企业承担社会责任的积极主动性的根本原因。但这一优势的发挥需要企业在组织变革中对当前态势和建设成果进行有效控制，使企业在"企业战略管理中企业社会责任融入"的路上不偏离。

竞争优势，就是企业在特定的业务经营中由于自身的战略性资源和核心能力的融合，使其在参与竞争和吸引顾客等方面具有的一种超越竞争对手的优越态势。战略管理专家们认为，企业成功战略的标准是企业拥有持续的竞争优势。传统的竞争策略已经为现代企业家们熟知并应用于企业管理中，难以让企业在众多的竞争同行面前突显特色，竞争优势的获取愈加困难。

企业迫切需要寻找新的途径建立企业的竞争优势，企业社会责任领域关于社会责任企业效应的研究给我们以新的启迪。众多研究表明，企业承担社会责

---

① Brown, T. J. & Dacin, P. A. The Company and the Product: Corporate Associations and Consumer Product Responses [J]. Journal of Marketing, 1997, 61 (1): 68~84. Brown 和 Dacin (1997) 认为企业形象主要包含企业能力和企业社会责任两个方面。

任有利于提升企业形象和品牌声誉，使企业能更好地吸引和激励员工，有利于企业节约成本并提高效率，有利于企业增加收益和控制风险，这些都对企业建立和保持竞争优势具有积极影响①，企业社会责任成为企业建立竞争优势的一条新途径。

但是，企业社会责任并非总能给企业带来竞争优势，以往传统散乱式的企业社会责任管理模式常常让企业陷入难以预料的社会责任危机中，企业获得的收益还不足以弥补付出的成本。企业社会责任要从一种亦正亦邪的角色变成企业的竞争优势重要来源，就要实现与企业的经营业务的有效融合，使其在系统管理中充分发挥对企业经营管理的积极作用，而这个重要的演变过程离开了有效的内部控制就很容易中途夭折。

6.2　企业战略管理中企业社会责任融入内控的总体思路

上述三个方面要求企业对"企业战略管理中企业社会责任融入"管理实践进行自我控制，因此，我们构建了"企业战略管理中企业社会责任融入"的内控体系，这与行为导入的控制有所不同，行为导入中的控制是基于 APDC 管理循环的时时控制，而此处是指企业对自身的"企业战略管理中企业社会责任融入"的方向、重点、方式、效果的阶段性评价和调整。下面，我们对"企业战略管理中企业社会责任融入"内控的总体思路进行介绍，主要包括指导原则、基本流程和组织安排等方面。

6.2.1　内控的指导原则

"企业战略管理中企业社会责任融入"内控体系建立的目的是通过企业阶段性的自我检查，肯定企业社会责任融入过程中取得的成绩和进步，反思企业社会责任融入过程中出现的问题与失误，为下一阶段"企业战略管理中企业社会责任融入"建设提供指导和建议。为了更好地实现上述目的，我们认为企业在进行"企业战略管理中企业社会责任融入"内部控制时要遵循以下原则：

---

① Weber, M. The Business Case for Corporate Social Responsibility: A Company – level Measurement Approach for CSR [J]. European Management Journal（2008）, doi：10.1016/j. emj. 2008. 01. 006.

（1）机构独立与全员配合相结合

"企业战略管理中企业社会责任融入"是全新企业社会责任理念指导下的企业战略管理的构成部分，对企业的未来发展具有重要影响，因此，"企业战略管理中企业社会责任融入"内部控制的一个基本要求就是要客观全面。这就要求内控体系的组织机构能够独立行使职权，并通过谨慎选择内部成员树立其权威性，有效号召全员参与和配合，保证内部控制目标顺利实现。

（2）过程控制与结果控制相结合

"企业战略管理中企业社会责任融入"内部控制的目的不是为了论功行赏，而是力图借助阶段性的评价考核对"企业战略管理中企业社会责任融入"水平进行了解，发现日常监控中无法发现的漏洞和问题，提出未来战略性融入的对策建议。因此，"企业战略管理中企业社会责任融入"的内部控制，既要关注结果更要关注过程，从结果中寻找差距，从过程中探寻缘由，做到过程控制和结果控制相结合。

（3）评价考核与预警纠防相结合

"企业战略管理中企业社会责任融入"内部控制的目标有两个：一是实现对当前阶段"企业战略管理中企业社会责任融入"状况的全面了解；二是发现当前阶段"企业战略管理中企业社会责任融入"过程中存在的问题，分析根由并制定解决措施。要实现这两个目标，"企业战略管理中企业社会责任融入"在内部控制过程中就要将评价考核与预警纠防相结合，做到有标有靶的评价考核，有根有据的预警纠防。

（4）紧盯目标与灵活调整相结合

"企业战略管理中企业社会责任融入"内部控制不是简单地对既定目标的评价考核，而是一个对"企业战略管理中企业社会责任融入"的当前进展进行全面把握，对未来发展提供指导建议的过程。因此，"企业战略管理中企业社会责任融入"内部控制既要考核既定目标的实现情况，肯定前一阶段战略融入分析设计的科学合理性又要考虑到内外环境的动态变化，对控制内容及程序进行适应性调整。

6.2.2 内控的基本流程

"企业战略管理中企业社会责任融入"内控体系建立的根本目的，是对正处于行为导入中或已经初步导入的企业社会责任融入的管理过程、阶段成果进行评价考核、分析识别以及预警纠防，以确保"企业战略管理中企业社会责任融入"能够创造企业和社会的共享价值，有效调动起企业承担社会责任的积极主动性，实现企业利益和社会利益双丰收，推动企业持续经营和社会持续发展。

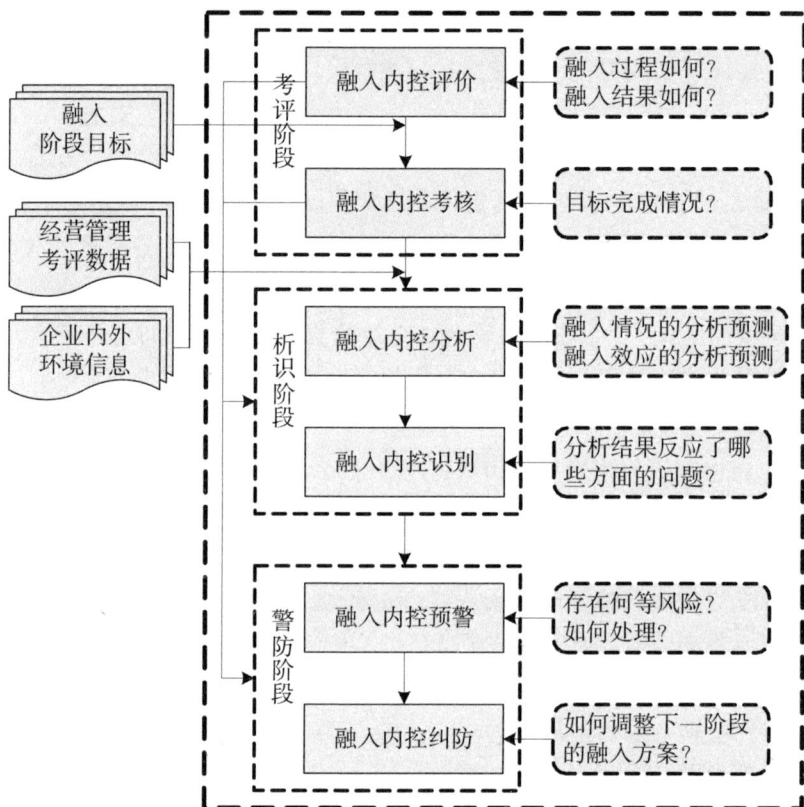

图 6.1　企业战略管理中企业社会责任融入内控体系的基本流程

如图 6.1 所示，我们构建了"企业战略管理中企业社会责任融入"内控体系的基本流程，包括三大阶段、六个环节，即考评阶段、析识阶段和警防阶段，分别对应评价和考核、分析和识别、预警和纠防等环节。内控考评是对融入过程、融入结果进行评价，并对照既定的阶段性目标进行考核的过程，是"企业战略管理中企业社会责任融入"内部控制的工作基础。内控析识是对融入考评结果进一步分析，剖析导致指标达标或未达标的各种原因，从中发现"企业战略管理中企业社会责任融入"阶段性建设存在的问题，是"企业战略管理中企业社会责任融入"内部控制的关键环节。内控警防是在评价考核和分析识别的基础上，深入分析上述问题，并进行风险度量、风险评价和预警建议，据此制定调整措施，为下一阶段融入方案的制定提供指导。

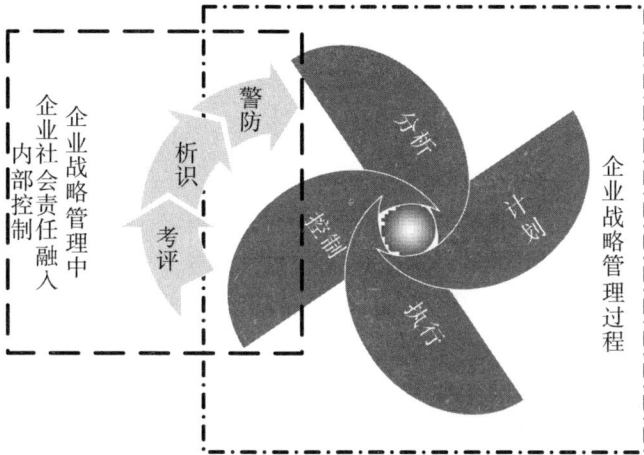

图6.2 企业社会责任融入内部控制与企业战略管理的关系

"企业战略管理中企业社会责任融入"成功导入以后，企业社会责任便作为企业战略的构成要素进入企业战略管理循环。考虑到该新管理模式下企业社会责任对企业战略管理的重要性，企业要定期组织开展内部控制工作。如图6.2所示，"企业战略管理中企业社会责任融入"内部控制（简称融入内控）是前后相连的两个企业战略管理环的调整工作，既作为企业战略控制的输出，又作为下一轮企业战略分析的输入，是战略管理循环高效运转的重要推动。

6.2.3 内控的组织安排

"企业战略管理中企业社会责任融入"内控体系的组织机构既要具有独立性，又要实现全员参与，就要在内控体系的机构设置和人员选取上做文章。我们认为，为保证"企业战略管理中企业社会责任融入"内部控制的权威性和高效性，公司要成立专门的融入内控委员会和融入内控工作组。本部分以集团公司"企业战略管理中企业社会责任融入"内控体系的组织机构设置及人员安排为例进行说明。

"企业战略管理中企业社会责任融入"的内控委员会（简称融入内控委员会）由集团和品牌公司的高层领导构成，确保其发言的权威性。融入内控委员会是"企业战略管理中企业社会责任融入"内控工作进行的领导机构，负责内控工作中重大问题的决策，对内控工作的进度和效果进行指导和监督。融入内控委员会下设主任委员、副主任委员、常务委员和执行委员等职位，以集团公司为例的融入内控委员会职位人选如图 6.3 所示。

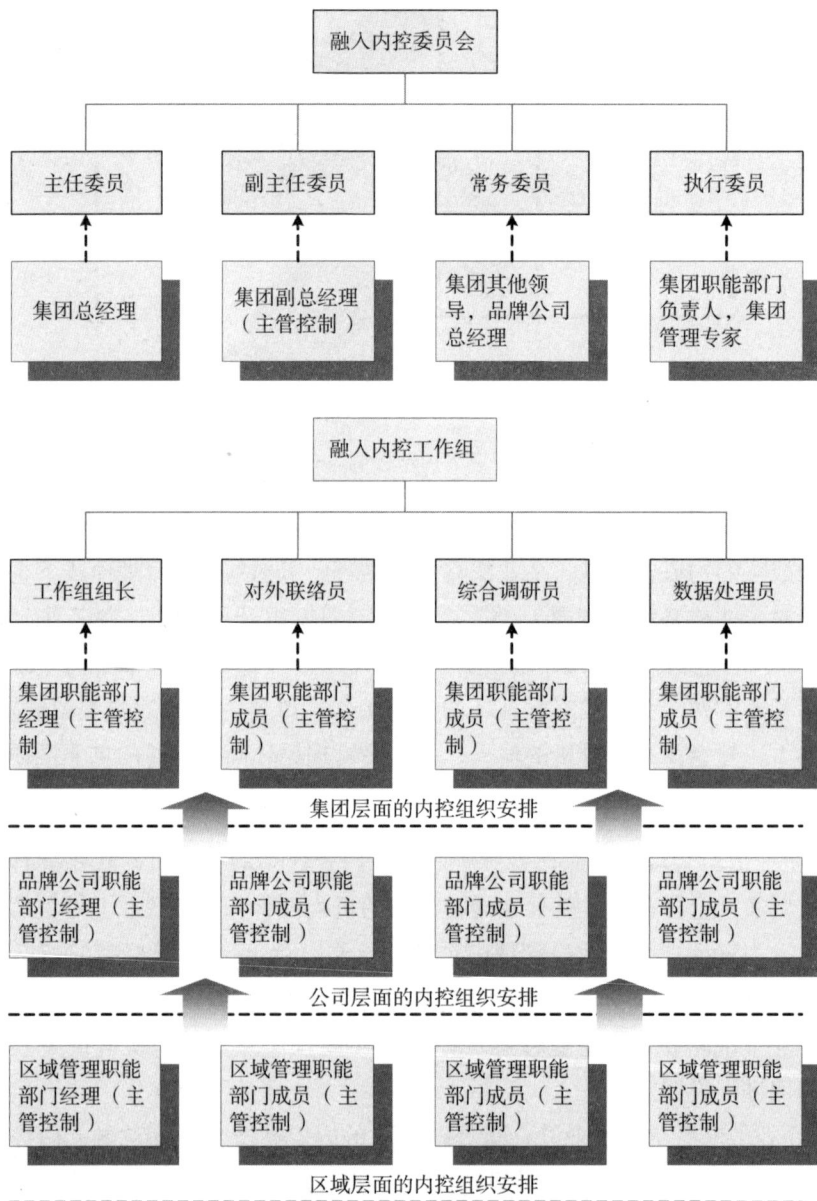

图 6.3　企业战略管理中企业社会责任融入组织安排

"企业战略管理中企业社会责任融入"的内控工作组（简称融入内控工作组）由内部控制的专业人员构成，确保工作能够高效地推进。融入内控工作组是"企业战略管理中企业社会责任融入"内控工作开展的管理机构，负责制定和实施内控工作计划，合理安排内控资源，确保内控工作按时、按质、按量、按预算完成。融入内控工作组下设工作组组长、对外联络员、综合调研员和数据处理员等职位，以集团公司为例的融入内控工作组分为集团、品牌公司和区域三个层面，管理中采取任务逐层下分、结果逐层上报的形式，其职位人选如图 6.3 所示。

6.3 企业战略管理中企业社会责任融入内控的考评阶段

要对"企业战略管理中企业社会责任融入"进行有效的内部控制，首先要对其阶段性表现进行评价和考核，其中评价是重点。企业社会责任评价是企业社会责任理论研究的重要内容，"企业战略管理中企业社会责任融入"内控评价与其有很大的相似性，以往研究中提到很多企业社会责任评价方法都可以借用。因而，本部分着重对"企业战略管理中企业社会责任融入"内控评价内容进行探讨。

6.3.1 内控的评价工作

"企业战略管理中企业社会责任融入"内部控制的评价工作（简称融入内控评价），是指对企业固定时段的企业社会责任融入的导入过程及导入结果进行阶段性测评，以利于企业管理者了解企业社会责任融入现状，发现企业社会责任导入中存在的问题。融入内控评价是整个融入内控工作的基础，其工作质量的高低直接影响融入内控工作的有效性，企业要认真对待。我们构建了"企业战略管理中企业社会责任融入"的评价体系，包括过程评价和结果评价两个方面，如图 6.4 所示。

融入内控的结果评价就是对企业的社会责任融入度进行测度，其详细指标见本书第三章，此处只着重对融入内控的过程评价进行说明。融入内控的过程评价并非直接对"企业战略管理中企业社会责任融入"的 APDC 导入过程进行评价，因为这么做不但过程复杂、资源耗费大，而且无法制定明确标准，过强的主观操作使评价失去原有价值。那么，如何对"企业战略管理中企业社会责任融入"过程进行评价？Basu 和 Palazzo 提出的基于过程视角的企业社会责任要素模型①给我们以启发。

在 Basu 和 Palazzo 之前，学术界往往倾向于从内容方面来考察企业社会责任的要素构成，如雇员责任、社会责任、环境责任等，而 Basu 则认为企业履行社会责任的行为产生，需要经历一系列过程，首先是企业怎么想，考察企业是否是发自内心的；继而是企业怎么说，考察企业是否敢于承诺；最后是企业怎么做，考察企业能否落实到具体行动上。上述过程更能真实体现企业的社会责任状况。

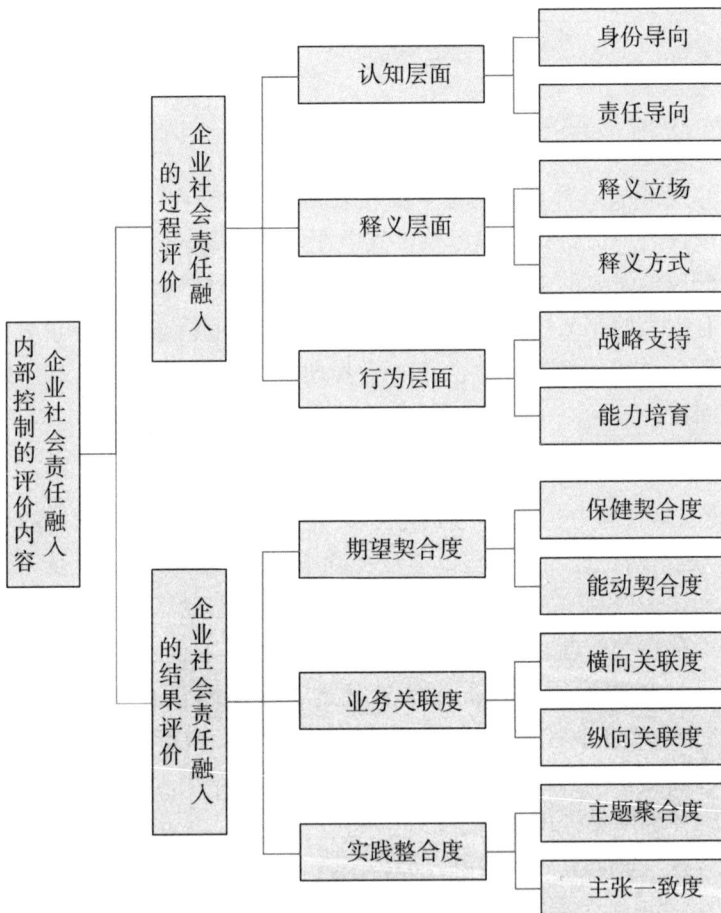

图 6.4　企业战略管理中企业社会责任融入内控评价内容

① Basu, K. & Palazzo, G. Corporate Social Responsibility: A Process Model of Sense – Marketing［J］. Academy of Management Review, 2008, 33（1）：122～136.

上述想什么、说什么、做什么明确体现了一种管理思想从理念接受到转化为具体行动的过程。我们认为"企业战略管理中企业社会责任融入"过程也是由上述三个环节构成，据此我们将融入内控过程评价分为认知层面、释义层面和行为层面，如图6.4所示。我们对上述三个层面进行了进一步的细分：认知层面包括身份导向和价值导向，释义层面包括释义立场和释义性质，行为层面包括战略支持和能力培育。

认知层面考察企业想什么，表明企业对履行社会责任与企业获取利益持续经营两者之间的理解和认识。认知层面评价包括身份导向评价和责任导向评价。身份导向能显示企业有什么样的共享感知，影响企业的动机和行为①，表现为"个体导向——集体导向"连续数轴上的一点。责任导向能显示企业有什么样的责任感知，直接影响企业的社会责任态度，表现为"消极应对——积极参与"连续数轴上的一点。

释义层面考察企业说什么，表明企业如何解释从事这些具体活动的动机，以及向社会公众传达什么样的讯息。释义层面评价包括释义立场评价和释义方式评价。释义立场②能显示出企业向外部环境（包括自然环境和人文环境）发出信号的基本站位，表现为"辩护立场——贡献立场"连续数轴上的一点。释义方式能显示出企业在与社会公众沟通时是否有偏向性，表现为"自偏方式——平衡方式"连续数轴上的一点。在自偏方式下，企业只传播对自己有利的信息；在平衡方式下，企业将行动后果的有利和不利方面都传达给社会公众。

行为层面考察企业做什么，表明企业的行为方式是否体现了企业战略管理中企业社会责任融入理念。行为层面评价包括战略支持评价和能力培育评价。战略支持体现了企业社会责任行为对战略目标的支持性，即企业是否按照既定目标开展企业社会责任活动，表现为"离散贡献——有序支持"连续数轴上的一点。能力培育体现了从提升企业履行社会责任能力方面保证企业对社会公

---

① Brickson, S. Organizational Identity Orientation: The Genesis of the Role of the Firm and Distinct forms of Social Value [J]. Academy of Management Review, 2007, 32 (5): 864~888.

② Ashforth, B. E. & Bibbs, B. W. The Double – Edge of Organizational Legitimation [J]. Organization Science, 1990, (1): 177~194. Ashforth 和 Bibbs（1990）将释义立场笼统地称为解释性，并描述了三种解释性信号，即法律的、科学的和经济的。法律性解释即根据法律解释企业行为；科学性解释即采取科研人员的观点来解释企业行为；经济性解释即强调企业行为对利益相关者的贡献。

众的责任承诺，表现为"搭车提升——系统培育"连续数轴上的一点。

我们认为，融入内控评价要注意以下几点：一是过程评价和结果评价相互补充，尽量保证融入内控评价的全面性；二是评价主体要多样化，兼顾不同的评价视角，做到自评、互评和点评相结合；三是评价方式不能单一，综合采用前述四种评价方法，其中内容分析法和问卷调查法可以直接应用，专业数据库和声誉指数可以作为详细指标参考；四是要广泛传达融入内控的评价目的，即不为论功行赏，只为发现问题。此处的评价以促进企业社会责任融入为目的，企业社会责任投资的全面评价可参见我们提出的基于持续发展的企业社会责任评估模型①。

6.3.2　内控的考核工作

"企业战略管理中企业社会责任融入"内部控制的考核工作（简称融入内控考核），是指在企业社会责任融入阶段性测评的基础上，对照既定目标进行考察审核，以有效掌握"企业战略管理中企业社会责任融入"的目标完成情况。融入内控考核，一方面可以显示出企业不同层面为企业社会责任融入付出的努力，另一方面也有利于发现企业在社会责任融入战略目标制定方面存在的问题，便于及时调整。

融入内控考核的直接内容是企业各下级单位企业社会责任融入计划指标完成情况，便于企业锁定表现优秀的单位，进而深入挖掘能有效推进"企业战略管理中企业社会责任融入"的现实做法，使企业在此场变革中少摔跟头、少走弯路。因此，考核方案必须要客观合理，能真实体现各单位在企业社会责任融入方面的现实成果，为后续的分析识别工作提供清晰思路。

融入内控考核实际上就是将被考核单位一系列企业社会责任融入指标的实际完成情况按照一定的规则转化为等级或分数，使得各被考核单位在该考核阶段获得的企业社会责任融入成果一目了然，便于发现和分析经验教训。对于非集团公司来说，融入内控考核是公司层面上的考核。而对于集团公司来说，下属品牌公司相对独立，可以以品牌公司为单位进行考核，之后再进行集团层面的考核。

---

① LIU Na, Xu Zhengliang. An Assessment Model of CSR Based on SD from a Company Perstive ［C］. 2008 International Conference on Management of Technology, 2008.

融入内控考核结果采用具体数值表现时，可以采用下述类型的公式：

$$M = a\sum_{i=1}^{m} m_{Ii} + b\sum_{j=1}^{n} m_{IIj} + c\sum_{k=1}^{o} m_{IIIk} \cdots\cdots$$

其中，M 表示被考核单位最终得分，a、b、c 等求和符前的字母表示调节系数，m_{Ii}、m_{IIj}、m_{IIIk} 分别表示第Ⅰ、Ⅱ、Ⅲ种类型指标考核得分，m、n、o 分别代表第Ⅰ、Ⅱ、Ⅲ种类型指标的数量，依次类推。融入内控考核结果采用等级表现时，采取标准对照方式进行确定考核等级，本书不再详细论述。

6.4 企业战略管理中企业社会责任融入内控的析识阶段

"企业战略管理中企业社会责任融入"内部控制的评价考核可以使企业全面了解企业社会责任融入的进程和阶段性成果。但"企业战略管理中企业社会责任融入"的根本目的不是提高企业社会责任融入度，而是提升企业社会责任实践的整体效益（从企业视角来看就是企业社会责任的企业效应），以及如何更好地改善这种创造机制，这就依赖于"企业战略管理中企业社会责任融入"内部控制的分析识别环节。

6.4.1 内控的分析预测

"企业战略管理中企业社会责任融入"内部控制的分析工作（简称融入内控分析）就是将"企业战略管理中企业社会责任融入"的考评数据，结合从企业的战略管理循环中获取的企业经营管理考评数据，进行全面的内部分析及未来发展趋势预测的过程。融入内控分析是企业发现企业社会责任融入问题的准备工作，虽然繁琐但很重要，关键是要厘清头绪，带着明确的目的开展工作。

我们认为，融入内控分析包括两个子环节：首先是对融入内控考评数据进行内部分析和预测，其次是结合企业经营管理考评数据和企业内外环境信息，分析企业社会责任融入对企业经营的当前影响并进行预测。前一环节是对阶段性企业社会责任融入水平提升的分析及发展趋势预测，是一种进度性分析；后一环节是对阶段性企业社会责任融入效果在当期经营成果中体现度的分析及发展趋势预测，是一种方向性分析。

首先介绍第一个环节的工作重点。融入内控考评数据的内部分析预测包括三个方面的内容：一是企业社会责任融入结果数据的分析和预测，明确企业社会责任阶段性融入当前状况；二是企业社会责任融入过程数据的分析和预测，再现企业社会责任融入的导入过程；三是企业社会责任融入过程与结果的关联性分析，从过程视角解释企业社会责任融入结果的考评数据。具体工作思路见表6.1、6.2和6.3。

表6.1　企业战略管理中企业社会责任融入内控分析思路（一）

工作对象	工作思路
企业社会责任融入结果	是否有提升？有多大程度的提升？有没有完成计划指标？是否存在结构性问题？是否是牺牲性的提升？提升能力是否具有可持续性？
期望契合度	提升还是下降？在同行业水平中处于什么位置？与企业经营实力是否相符？是否存在结构性问题？
保健契合度	是否存在不满意项目？如果存在，不满意的程度如何？是暂时性问题还是代表了发展趋势？
能动契合度	满意水平如何？哪些是拉分项目？哪些是提分项目？与企业社会责任主题建设密切相关项目契合度有何变化？这些变化是否具有持续性特征？
业务关联度	企业社会责任与企业经营管理的关联性怎样？这种关联主要表现在范围上还是深度上？范围与深度的对应是否合理？未来发展趋势如何？
横向关联度	企业社会责任建设正处于哪一级别的横向关联？未来升级的可能性有多大？企业社会责任主题建设影响范围多大？未来发展趋势如何？
纵向关联度	企业社会责任主题与企业的核心竞争要素的关系是否紧密？当前影响程度如何？这种影响在未来是否具有放大趋势？

工作对象	工作思路
操作整合度	企业社会责任能动项目建设是否是引领主题的合理分解？其整合程度如何？
主题聚合度	企业社会责任能动项目与引领主题的相关性如何？内部结构分布如何？这种结构具有怎样的变化趋势？
主张一致度	企业社会责任能动项目在该阶段建设中，其前后主张的立场是否一致？有没有主张相背离的情况？这种不一致是否容易被时间淡化？

表 6.2　企业战略管理中企业社会责任融入内控分析思路（二）

工作对象	工作思路
企业社会责任融入过程	企业社会责任实践过程中在多大程度上体现了融入的思想？在认知、释义和行为层面的分布情况如何？是否具有一致性？未来的提升潜力如何？
认知层面	企业在多大程度上接受了融入思想？对企业的定位有没有更社会化？
身份导向	企业整体认知在"个体导向——集体导向"的何种位置？有何种具体表现？ 与以前相比是否有提升？提升速度如何？
责任导向	企业对待社会责任的态度在"消极应对——积极参与"的何种位置？ 与以往相比有什么变化？是一种退化还是进步？未来是否会持续这种变化？
释义层面	企业该阶段的社会责任传播表现如何？典型事件有哪些？ 在多大程度上体现了社会责任融入理念？

工作对象	工作思路
释义立场	企业社会责任传播的基本立场怎样？典型事件有哪些？与以往相比有何种变化？这种变化是否有利于企业社会责任融入的深入？
释义方式	企业社会责任传播是否具有偏向性？程度如何？典型事件有哪些？与以往相比是否更加客观？与同行业企业相比如何？
行为层面	企业该阶段的社会责任行为表现如何？典型事件有哪些？在多大程度上体现了融入思想？这些行为是反应性的还是前瞻性的？
战略支持	企业社会责任行为对战略的支持性如何？是否具有有序性特征？
能力培育	企业有没有对提升企业承担社会责任的能力进行培育？具体表现在哪些方面？有何成效？是否具有长期性规划？

表6.3　企业战略管理中企业社会责任融入内控分析思路（三）

过程—结果	工作思路
企业社会责任融入结果	企业社会责任融入过程对融入结果有哪些积极影响和不良影响？积极影响是否可持续发挥？不良影响降低或消除的难度如何？
期望契合度	认知水平、释义模式和行为方式是否使企业社会责任活动的社会效应打了折扣？这是否是融入阶段中的暂时性现象？这种现象持续发展会有什么结果？
业务关联度	认知水平和行为方式是否限制了企业社会责任与经营业务建立有效关联？这是该阶段融入的正常表现还是遭遇了发展瓶颈？有没有解决办法？
操作整合度	释义模式是否使企业社会责任的整合方向出现了偏差，行为模式是否降低了企业社会责任对企业战略的支持性？并且这种支持性难以延续？

表 6.4　企业战略管理中企业社会责任融入内控分析思路（四）

融入—经营	工作思路
企业社会责任融入结果	企业社会责任融入对企业经营运作的影响表现在哪些方面？企业经营成果①中哪些可以从企业社会责任融入过程和结果中找到原因？这种影响可持续吗？
期望契合度	企业经营管理成果中哪些是由社会责任满意度提升引起的？企业经营管理中表现不理想的方面是否与企业社会责任表现有关？
业务关联度	企业社会责任在企业经营运作中扮演了怎样的角色？对经营管理成果的获得有多大贡献？
操作整合度	企业形象及相关方面是否有提升？社会公众对企业认知有何变化？

　　"企业战略管理中企业社会责任融入"模式对企业主观能动性的积极影响依赖于该模式对企业效益的积极影响，即企业社会责任的企业效应，这也是检验企业社会责任融入是否具有方向性偏差的有效方法。但企业社会责任企业效应的明确体现，有些需要的时间较短，有些则较长。融入内控分析的对象是阶段性融入成果，企业效应不一定明显。该环节的具体工作思路见表 6.4。

6.4.2　内控的问题识别

　　"企业战略管理中企业社会责任融入"内部控制的识别工作（简称融入内控识别）就是将分析结果进行归纳总结，形成"企业战略管理中企业社会责任融入"的阶段性数据分析报告，重点对企业社会责任融入存在的问题进行识别，使后续的风险预警更有针对性。融入内控识别是"企业战略管理中企业社会责任融入"内部控制最为关键的一环，影响着整个内控作用的发挥，因此要特别慎重。

　　所谓问题，就是会给企业发展带来风险。"企业战略管理中企业社会责任融入"的问题就是与企业的生存环境不协调的环节，包括与内部环境的不协调和外部环境的不协调两个方面。前者是企业当前内部环境的具体状况给企业社会责任融入造成的限制，是企业内部建设条件欠成熟的表现。后者是企业社

---

　　① 这里的企业经营管理成果是广义概念，除了企业在生产、营销和财务方面的业绩外，还包括企业组织能力的提升、网络关系的改善以及文化、学习和创新等发展能力的增强。

会责任融入与当前的外部环境之间的冲突，是企业社会责任融入欠成熟的表现。下面我们分别予以说明。

（1）与企业内部环境不协调。现代企业内部环境是由企业组织结构、文化观念和人、财、物等资源要素组成的统一体。"企业战略管理中企业社会责任融入"与企业内部环境的不协调是指上述各方面对企业社会责任融入的支持度低、兼容性差，主要表现在企业的组织结构环境、组织文化环境以及组织资源环境等方面。

①与组织结构环境的不协调。企业组织结构环境是指企业管理系统和操作系统的具体组合形式，它通常包括管理职能部门的设置及人员的配备、职能部门的权限分工与合作方式、操作层的责权利关系、正式组织与非正式组织的联结渠道等内容。企业社会责任融入要求企业在组织结构上进行调整配合：一是企业经营管理部门中对企业社会责任管理职位的添设和管理职能的拓展，二是独立的企业社会责任管理机构的设置，使得企业社会责任管理系统能有效地与经营管理部门形成对接。上述两个方面的缺乏或不到位都会导致企业社会责任融入与企业内部环境的不协调。

②与组织文化环境的不协调。企业文化是企业在发展过程中形成的各种价值观、行为规范、管理理念等诸要素的总称。在融入内控识别中分析企业文化环境，就是要弄清企业文化对企业社会责任融入的促进作用和制约作用。"企业战略管理中企业社会责任融入"的导入要求企业从思维上实现从局部视角到系统视角的转变，变内部视角为外部视角，变静态视角为动态视角，变绝对视角到相对视角。企业原有的组织文化如果有利于上述方面的转变，就会对企业社会责任融入起到促进作用，反之，会对企业社会责任融入的推进形成文化制约。

③与组织资源环境的不协调。企业的资源包括企业的人力、物力、财务资源，以及与此相关的技术资源、管理资源等条件。事实上，企业战略管理的核心问题就是要在特定的社会宏观环境、行业环境下，在与对手的竞争中，寻找有效利用资源、发挥自身优势、克服自身弱点的市场位置。企业社会责任融入要求企业在战略管理中将企业社会责任与其他构成要素一视同仁，在资源的分配和使用上进行合理调整，保障"企业战略管理中企业社会责任融入"不会因为断水断粮而毁于无形。

（2）与企业外部环境的不协调。现代企业外部环境是指企业外部的政治环境、社会环境、技术环境和经济环境的总称。"企业战略管理中企业社会责任融入"与企业外部环境的不协调是指企业在社会责任融入工作中对外部环境的解读存在偏差,或者是外部环境的变化导致其出现偏差。从影响是否直接可分为一般环境和具体环境两类。

①与一般环境的不协调。一般环境是指能影响某特定社会中一切企业的宏观环境,对企业的影响较间接,主要包括与整个企业环境相联系的政治法律环境、经济环境、社会文化环境与自然环境以及技术环境等。这些要素通过它们对企业任务环境中相关权利要求者集团的作用,影响企业的行动和决策。相对于企业经营运作活动来说,一般环境中对企业社会责任管理的影响更大。阶段性的融入内控考评数据会给企业一些识别问题的线索,企业必须高度警惕这些数据反映的外部环境风险。

②与具体环境的不协调。具体环境是指能更直接地影响某个企业的微观环境。企业的微观环境主要包括产业环境和市场环境两个方面,包括产业生命周期、产业机构、市场结构与竞争、市场需求状况、产业内的战略群体、成功关键因素等具体内容。"企业战略管理中企业社会责任融入"阶段性方案与外部具体环境的不协调,常常会反应在与企业经营管理密切相关的一些社会责任问题上,并对其造成直接影响,有些甚至与企业经营管理的关键要素重叠,融入内控识别成为企业内部控制的一种补充。

6.5　企业战略管理中企业社会责任融入内控的警防阶段

"企业战略管理中企业社会责任融入"内部控制的分析识别环节通过对融入内控考评数据、经营管理考评数据以及企业内外部环境信息的综合分析,锁定了企业社会责任融入风险的可能来源,使得"企业战略控制中企业社会责任融入"内控的警防工作具有针对性,有利于取得良好的控制效果。"企业战略管理中企业社会责任融入"内部控制的警防阶段包括风险预警和预防纠偏两个环节。

6.5.1　内控的风险预警

企业社会社会责任是一种独特的投资工具,将企业社会责任融入企业战略管理会给企业带来投资风险。"企业战略管理中企业社会责任融入"内部控制的风险预警(简称融入内控预警)就是对融入内控分析识别环节产生的关键问题进行风险评估、审核、整理和分析，发出预警信号，并将其与风险安全阀值相比较，做出不同级别的决策建议的过程。融入内控预警工作是融入内控纠防的基础。

风险预警不同于风险管理，风险预警是投资机构风险防范和管理的感知侧面，而风险管理则是投资机构风险预警实施的具体实施侧面。在融入内控工作中，风险预警流程是否科学合理关系到"企业战略管理中企业社会责任融入"导入及提升过程中的各种风险能否得到有效控制，从而关系到融入内控预警工作最终目标的实现。依据风险管理理论，我们构建了融入内控预警工作的流程，如图6.5所示。

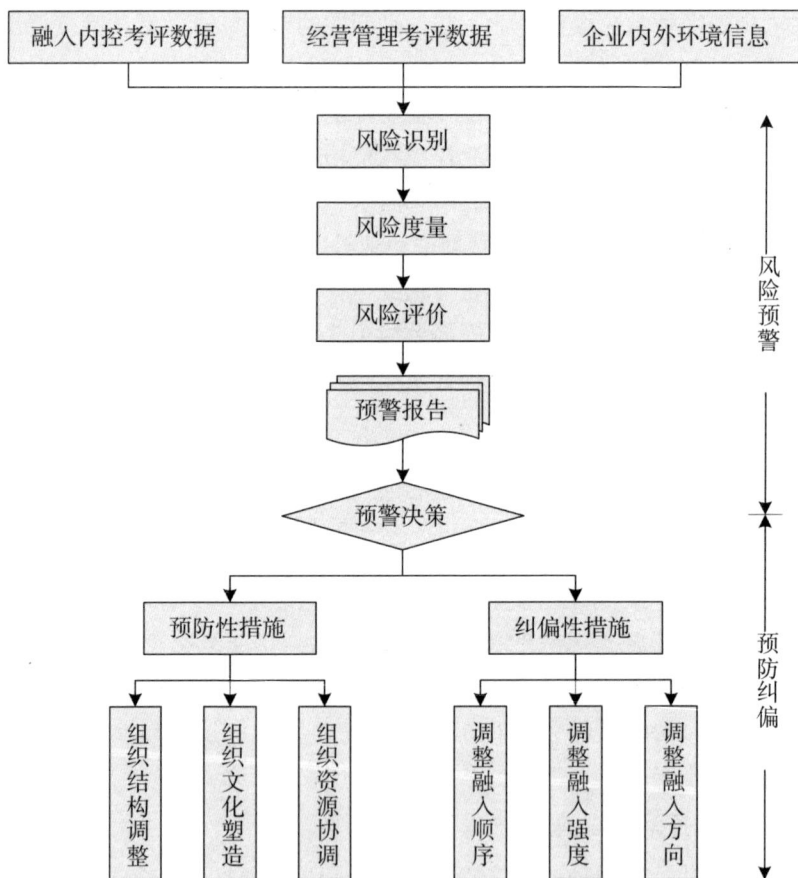

图6.5 企业战略管理中企业社会责任融入内控的警防流程

我们认为，融入内控风险预警流程主要包括三个环节：风险识别、风险度量和风险评价。风险识别是指对"企业战略管理中企业社会责任融入"导入及提升过程中潜在的各种风险进行系统的归类和全面的分析以掌握其性质和特征，便于确定哪些风险应予考虑，同时分析引发这些风险的主要因素及其后果严重性。此部分工作绝大部分已经在问题识别环境中完成，此处只需要做相关的补充性分析。风险度量是指利用风险管理技术工具估计和预测风险发生的概率和损失幅度，使风险分析定量化。风险评价是根据规定的或公认的安全指针，确定风险是否需要处理和处理的程度，并对整个融入内控预警过程出具预警报告，参见表6.5。

"企业战略管理中企业社会责任融入"内控预警方法可借鉴财务预警方法。目前国内外有关风险预警的主流方法是横截面统计模型，如多元判别模型和Logit模型，但这种方法存在的主要缺陷是以"单期"和"静态"为特征，更像一个传达信息的工具而非预测工具。基于时间序列的分析方法则是典型的动态预测，如向量自回归滑动平均（VARMA）模型和指数加权移动平均（EWMA）控制图。其中EWMA控制图不仅适用于多期和动态预测，反映过程随时间变化的阶段性特征，而且对小变异特别敏感，能够提前预测出状态转变的转折点，非常适合用于融入内控预警。

表6.5　企业战略管理中企业社会责任融入内控预警报告

风险序号		作用位置	
风险名称		风险度量	
风险性质		风险状态	
风险因由		风险等级	
风险预警描述			.

1. 风险特征描述
2. 风险相关要素
3. 风险价值评价
4. 风险状态评价
5. 风险未来预测
6. 风险危害评估
8. 风险定量结论
9. 风险决策建议

6.5.2 内控的预防纠偏

"企业战略管理中企业社会责任融入"内部控制的预防纠偏（简称融入内控纠防）是指企业依据融入内控预警报告中提出的风险决策建议，对不同类型、不同程度的融入风险进行预防和纠偏的过程。融入内控纠防是融入内部控制的实施环节，也是一种成果体现，对于"企业战略管理中企业社会责任融入"能否在稳定与动荡的更迭交替中不断提升具有重要意义。我们认为，融入内控纠防措施包括预防性和纠偏型两种类型。风险等级越高时，除了对应的措施强度增大外，也更倾向于采取纠偏性措施。但企业具体采用哪种措施与"企业战略管理中企业社会责任融入"的发展策略有很大关系，详见第三章第五节，此处不再详述。

（1）预防性措施。融入内控纠防的预防性措施是指不对"企业战略管理中企业社会责任融入"的阶段性方案进行思路性调整，而只从企业内部某方面或多方面的调整以协调配合企业社会责任融入工作。当企业社会责任融入存在与企业内部环境不协调的风险，提议的企业内部调整也与企业经营管理不构成巨大冲突时，或者，当企业社会责任融入存在与企业外部环境不协调的风险，可以通过企业内部调整将这种风险回避、转移或转化时，都可以采用预防性措施对企业社会责任融入进行调整，必要时组建危机处理小组进行方案设计和实施。

预防性措施主要包括组织结构调整、组织文化塑造和组织资源协调。首先说明存在内部不协调风险时的情况。当内控预警报告中对某风险的风险因由的说明是现有组织机构对企业社会责任融入工作的处理存在衔接难题和工作空白时，企业就要对企业社会责任融入独立机构进行完善，对经营管理部门中的相应职位进行添设和职能的拓展。当内控预警报告中对某风险的风险因由的说明是企业社会责任融入执行常遭遇员工的反对意见导致执行效果差时，企业就要制定相应文化塑造措施强化"企业战略管理中企业社会责任融入"理念在组织文化中的渗透。当内控预警报告中对某风险的风险因由的说明是人才、物流、资金流、信息流和技术流的短缺和不及时导致企业社会责任融入工作的滞后和不到位时，企业就要采取措施在企业社会责任融入和企业经营管理间协调资源，或者寻找新的资源来源。当存在外部不协调风险但风险等级较低时，且未来发展趋势不明朗时，企业可以尝试通过组织结构、组织文化以及组织资源的调整来回避、转移或转化风险，并提高监控，及时发现问题采取措施。

（2）纠偏性措施。融入内控纠防的纠偏性措施是指对涉及"企业战略管理中企业社会责任融入"阶段性方案建设思路的先后安排、轻重分配以及方向指引性的内容进行调整，以确保企业社会责任融入始终朝着企业与社会共赢的方向前进。当企业社会责任融入存在与企业内部环境不协调的风险，但提议的企业内部调整会与企业经营管理构成巨大冲突时，或者，当企业社会责任融入存在与企业外部环境不协调的风险，无法通过企业内部调整将这种风险阻断、转化或分散时，都可以采用纠偏性措施对企业社会责任融入进行调整，必要时还要进行危机处理。

纠偏性措施主要包括调整融入顺序、调整融入强度和调整融入方向。考虑到企业社会责任融入的循序渐进性和企业拥有资源的有限性，企业对各企业社会项目的融入有先有后、有轻有重，对企业引领主题建设也会经历一个从模糊到清晰的过程。当这种全局性安排对自身未来发展和企业的经营管理没有威胁时，按部就班有利于企业平稳实现企业社会责任的有效融入。一旦这种安排对企业发展构成风险时，企业应该积极果断地对企业社会责任融入的阶段性建设思路进行调整。首先说明存在外部不协调风险的情况。当对影响企业发展的外部宏观环境或具体环境的解读存在误差，或者在阶段性建设过程中发生了根本性变化时，原有企业社会责任建设方案的严格执行可能会导致企业社会责任融入结果的不理想，一是保健契合度出现负值，二是能动契合度降低或企业社会责任形象不鲜明，前者往往是由保健项目建设的先后性导致的，后者则是由能动项目建设力度不足导致，企业要有针对性地调整融入顺序和融入强度。而企业社会责任主题选择的不恰当可能会进一步对企业经营管理造成负面影响，必须及时对融入方向进行调整。当企业社会责任融入存在与企业内部环境不协调的风险，但提议的企业内部调整会与企业经营管理构成巨大冲突时，也要采取纠偏性措施。

第 7 章

企业社会责任融入相对水平对消费者响应的影响研究

消费者是企业的关键利益相关者群体，对企业生存发展具有至关重要的作用，消费者行为也因此成为学术研究和企业管理的重要内容。从企业角度来看，管理人员期望社会责任实践能给企业带来更多的正面效应。越来越多的市场调查验证了消费者购买行为越来越受到企业社会责任的影响①。探索企业社会责任与消费者行为两者之间的作用途径及内部关系对企业更好地参与社会责任实践模式具有重要的推动作用。

7.1 理论模型构建

前文中，我们从理论角度分析了"企业战略管理中企业社会责任融入"科学性和先进性，并从企业参与角度探讨了其发展动力、导入模式和内控体系。消费者对于这种实践模式究竟会作何反应？企业社会责任融入水平是否能有效激发消费者的有益响应？这种实践模式又是如何通过消费者响应来促进企业和社会的持续发展的？这些问题的解答都有待于企业社会责任融入水平与消费者响应的关系研究的展开。

7.1.1 企业社会责任融入水平分析

本书第三章提到，"企业战略管理中企业社会责任融入"的程度和水平可以用企业社会责任融入度来表示，它是一个由期望契合度、业务关联度和操作整合度构成的三维变量，分别代表了企业的社会责任实践对公众社会责任期望的满足、与企业自身业务的关联以及对社会责任活动的整合。企业对这三个变

---

① Davids & Mery. The Champin of Corporate Social Responsibility [J]. Business and Society Review, 1990, 74: 40～43.

量的管理过程实际上是企业将社会责任实践与经营管理运作相互融合的过程。

企业发展的过程是与社会公众不断交互的过程，在这个交互过程中，企业将其不同方面通过各种途径展现在社会公众面前，社会公众对各个方面做出响应从而影响企业发展。企业社会责任源于社会公众期望，当企业履行社会责任的水平低于公众期望水平时，公众处于不满意状态，产生消极响应；当企业履行社会责任的水平等于公众期望水平时，公众认为企业只是做了应该做的事情，产生中性反应；当企业履行社会责任的水平高于公众期望水平时，公众处于满意状态，产生积极响应。

单纯从满足公众期望角度出发的企业社会责任实践，会占用本来用于支撑企业目标实现的各种资源，使企业可用于经营管理运作的资源更为有限，在资源分配与使用方面成为企业正常经营的矛盾对立面。建立企业社会责任与正常经营活动的内部关联是解决这一矛盾的最为直接的途径，即通过与自身业务相关联的方法履行社会责任。但这也带来一定的负面效应，即降低了消费者对企业履行社会责任的信任程度，将企业的履责行为与营利活动混淆，从而削减消费者对企业社会责任实践的有益响应。

企业社会责任实践与业务关联虽然会带来一定的负面效应，但并不是无法控制的，我们不能因噎废食，其关键就是企业能否将企业社会责任实践自身及企业整体形象进行整合。当企业社会责任形象不鲜明时，期望契合度很难提升到高水平，社会公众感知到更多的必然是企业作为营利性组织的特性；当企业社会责任形象鲜明但与企业整体形象不符时，企业社会责任很难通过与业务关联提高价值共享性；只有当企业社会责任形象鲜明且与企业整体形象相符时，企业才能通过在履行社会责任的同时创造企业价值，使得企业社会责任投入获得最大的综合效应。

7.1.2　企业社会责任的消费者响应

消费者是企业众多利益相关者中的特殊群体，他们可以通过购买行为直接影响企业的财务绩效，因而被认为是企业最重要的利益相关者群体①。企业社

---

　　①　Mitchell, R. K., Agle, B. R. & Wood, D. J. Toward a Theory of Stakeholder Identification and Salience: Defining the Principle of Who and What Really Counts [J]. Academy of Management Review, 1997, 22 (4): 853~886. Schuler, D. A. & Cording, M. A Corporate Social Performance - Corporate Financial Performance Behavior Model for Consumers [J]. Academy of Management Review, 2006, 31 (3): 540~558.

会责任对购买行为的影响只是消费者响应中最显而易见的部分。消费者对企业社会责任的响应可以分为内在响应和外在响应①，两者都会对企业经营和未来发展产生影响，但外在响应对企业收益的影响更为直接。

消费者对企业社会责任的内在响应是消费者因为企业的社会责任活动而产生的内在心理状态，反应为一种意识、态度或者评价。消费者对企业社会责任的外在响应是消费者因为企业的社会责任活动而产生的外在行为表现，反映为购买、推荐和忠诚等行为。Bhattacharya 和 Sen 认为企业在社会责任领域的投入首先会使消费者产生内在响应，然后再转化为外在响应。尽管消费者对社会责任的外在响应对企业收益的影响更为直接，但这种外在行为表现究竟是暂时性行为还是持续性行为则取决于消费者做出的内在响应。众多研究证明企业社会责任对企业长期绩效的正向影响比短期绩效更明显，这说明消费者基于企业社会责任行为对企业产生的影响主要体现在内在响应上。因而，本章中消费者对企业社会责任的响应只选取了更为关键的内在响应。

Bhattacharya 和 Sen 在企业社会责任对消费者影响的研究中，将内在响应划分为为感知、归因和产生态度的三个过程。感知是指消费者对企业社会责任表现的直接反应。归因是指消费者是如何看待企业参与这些社会责任活动的动机的。Smith 认为②企业参与社会责任活动的动机或是企业希望为社会做出贡献，或是为了企业收益考虑，或者两者兼有。态度是消费者因为企业社会责任行为而产生的其他方面的情感变化，包括消费者对企业和产品的评价以及购买意向。我们认为，消费者对企业社会责任的感知是多个方面的，其中某些方面会对企业社会责任归因产生影响，而归因结果也会反过来对感知的某些内容产生影响，因此消费者对企业社会责任的感知和归因过程是相互影响的，并没有明确的先后顺序。感知和归因之间的复杂关系对本研究影响很小，因此本部分不将其作为研究内容。

7.1.3　企业社会责任融入与消费者响应的关系模型

由上述分析可知，本章中关于企业社会责任融入对消费者响应的影响研究

---

①　Bhattacharya, C. B. & Sen, S. Doing Better at Doing Good: When, Why, and How Consumers Respond to Corporate Social Initiatives [J]. Califirnia Management Review, 2004, 47 (1): 9~24.

②　Smith, N. C. Corporate Social Responsibility: Whether or How? [J]. California Management Review, 2003, 45: 52~76.

主要集中在企业社会责任融入水平与消费者的企业社会责任感知、企业社会责任归因以及企业社会责任态度等内在响应之间的作用机理上。企业社会责任实践的企业效应在消费者层面上，主要是通过消费者的内部响应来实现的。因此，本部分着重讨论企业社会责任对消费者内部响应的影响。

当消费者接触到企业的社会责任行为时，首先要进行感知，而消费者对企业社会责任的感知常被称为企业社会责任联想，是消费者基于感知到的企业社会责任和义务产生的一种态度和评价①。当企业社会责任融入水平不同时，企业的社会责任行为在对社会公众期望的满足、与自身义务的关联以及对社会责任活动的整合等方面的表现就不相同，也会导致消费者感知的差异。消费者感知一方面会影响消费者对企业履行社会责任动机的判断，一方面又会进一步对消费者态度产生影响。Brown②、Berens③、Auger④ 等学者通过研究发现，消费者的企业社会责任联想与消费者对企业的评价、对产品的评价以及购买意愿等消费者态度具有影响。

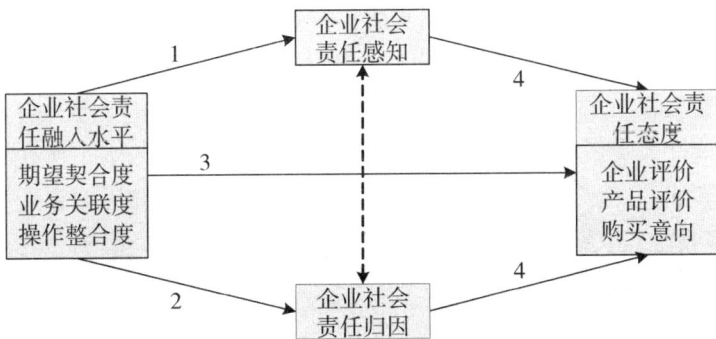

图 7.1　企业社会责任融入水平与消费者响应的关系模型

①　Brown, T. J. & Dacin, P. A. The Company and the Product: Corporate Associations and Consumer Product Responses [J]. Journal of Marketing, 1997, 61 (1): 68~84.

②　Brown, T. J. & Dacin, P. A. The Company and the Product: Corporate Associations and Consumer Product Responses [J]. Journal of Marketing, 1997, 61 (1): 68~84.

③　Berens, G., VanRiel, C. B. M. & VanBruggen, G. H. Corporate Association and Consumer Procuct Responses: The Moderating Role of Corporate Brand Dominance [J]. Journal of Marketing, 2005, 69 (3): 35~48.

④　Auger, P., Burke, P. Devinney, T. M. & Louviere, J. J. What Will Consumers Pay for Social Product Features? [J]. Journal of Business Ethics, 2003, 42: 281~304.

归因理论常常用于理解人们对他人行为的解释、说明以及反映①。对于企业承担社会责任的行为，消费者会通过自己的观察、理解以及思考来推断背后的原因。归因的结果与消费者与知觉主体对行为的感知信息有关②，即消费者的企业社会责任归因受消费者感知的影响。研究表明，与知觉主体的期望不一致的行为比那些与知觉行为主体期望一致的行为能给人留下更加深刻的印象，因为知觉主体会试图挖掘产生不一致的原因，从而产生进一步寻找和加工相关信息的需要和行为③。企业是营利性组织，当企业以无私、利他的形象出现在社会公众面前时，消费者会对企业的行为动机产生怀疑。Fein 认为④，在怀疑的心理状态下，知觉主体积极地猜想关于行为主体动机的多种符合逻辑的假设而不是直接相信实际发生之行为的表面价值。Jones、Edwark、Keith 以及 Kenneth 等心理学家指出⑤，怀疑最重要的影响就是使人们不会按照行为的表面价值采取行动。从消费者对企业社会责任行为的内部响应来说，这种归因会影响消费者对企业社会责任的感知及态度。

在上述分析的基础上，我们初步建立企业社会责任融入水平对消费者影响的理论模型，如图 7.1 所示。本研究框架主要包含以下几个研究单元：（1）企业社会责任融入水平对企业社会责任感知的影响；（2）企业社会责任融入水平对企业社会责任归因的影响；（3）企业社会责任融入水平对企业社会责任态度的影响；（4）企业社会责任感知和企业社会责任归因对企业社会责任态度的影响。

① Kaplan, S. E., McElroy, J. C., Ravenscroft, S. P. & Shrader, C. B. Moral Judgment and Causal Attributions: Consequences of Engaging in Earnings Management [J]. Journal of Business Ethics, 2007, 74: 149~164.

② Gilbert, D. T. & Malone, P. S. The Correspondence Bias [J]. Psychology Bnlletin, 1995, 117 (1): 186~199.

③ Srull, T. K. Person Menory: Some Tests of Associative Storage and Retrieval Models [J]. Journal of Experimental Psychology, 1981, 7: 440~462.

④ Fein, S., Hilton, J. L. & Miller, D. T. Suspicion of Ulterior Motivation and the Correspondence Bias [J]. Journal of Personality and Social Psychology, 1990, 58: 753~764.

⑤ Jones, Edwark, E., Keith, E. D. & Kenneth, J. G. Role - playing Variations and Their Informational Value forPerson Perception [J]. Journal of Abnormal and Social Psychology, 1961, 63: 302~310.

7.2 研究假设提出

消费者的支持是企业主动承担社会责任的巨大动力。那么消费者如何对企业承担社会责任的行为做出反应，企业又应该怎样实施社会责任活动才能赢得消费者的支持和认同呢？本部分基于前述章节对企业社会责任融入的研究，从消费者角度探讨企业社会责任融入所引起的社会响应，通过定量关系证明企业战略管理中企业社会责任融入水平的提高有利于消费者产生更为积极的反应。

7.2.1 企业社会责任融入对企业社会责任感知的影响

消费者评价时，会将他们的期望与他们感知到具体表现进行比较[①]，对企业社会责任也是如此。根据 Oliver 提出的"期望一致性"模型[②]，满意经由消费者感知的企业社会责任与其期望的比较产生。企业社会责任融入的期望契合度有效地表现出了企业社会责任的期望一致性，即当期望契合度处于低水平时，期望一致性较差，消费者产生不满意感，倾向于对企业表现做出负面的评价；当期望契合度处于高水平时，期望一致性很好，消费者产生满意感，倾向于对企业表现做出正面的评价。

企业社会责任行为对企业自身业务的关联程度也会对消费者的企业社会责任感知产生影响。以往学者通过案例研究或消费者调研发现[③]，当企业社会责任行为与企业业务的相关程度较低时（一个极端的情况就是完全负相关，比如造纸业关注水污染问题），会唤醒消费者心底的谴责情绪而使得企业社会责任感知水平较低；相反，当企业责任行为与企业经营业务的相关度较高时，消费者认为是合情合理的，倾向于愉悦地接受，使企业社会责任感知水平较高。

消费者对企业社会责任行为的评价还与企业对社会责任活动的整合程度有关系。企业社会责任操作整合度一方面包括企业社会责任主题的聚合性，即是否在社会责任方面具有鲜明形象，从主题实施角度来讲就是其持续性如何。较

---

① Carman, J. M. Consumer Perceptions of Service Quaility: an Assessment of the Serqual Dimensions [J]. Journal of Retailing, 1990, 66 (Spring): 33~35.

② Oliver, R. L. A Cognitive Model of the Antecedents and Consequences of Satisfaction Decisions [J]. Journal of Marketing Research, 1980, 17 (4): 460~469.

③ [美] 菲利普·科特勒，南希·李.（姜文波译）企业的社会责任 [M]. 北京：机械工业出版社，2006. 刘兆峰. 企业社会责任与企业形象塑造 [M]. 北京：中国财政经济出版社，2008.

好的持续性，很容易通过当前企业社会责任活动唤醒消费者记忆中企业在当前主题的以往表现，激发"同化效应"，形成企业一贯负责的印象，对企业做出积极评价。企业社会责任操作整合度的另一方面是主张的一致性，如果企业社会责任活动主张相悖，消费者在对比效应下产生消极评价。

综上所述，本研究提出并将验证下列假设：

H1：高水平的期望契合度比低水平的期望契合度更容易让消费者产生积极的企业社会责任感知。

H2：高水平的业务关联度比低水平的业务关联度更容易让消费者产生积极的企业社会责任感知。

H3：高水平的操作整合度比低水平的操作整合度更容易让消费者产生积极的企业社会责任感知。

7.2.2 企业社会责任融入对企业社会责任归因的影响

消费者对企业社会责任行为的归因受到企业以往社会责任表现的影响：当企业社会责任以往表现很好时，这种行为一致性使得消费者愿意相信企业社会责任行为是从社会角度考虑的；反之，消费者企业当下行为与以往表现进行对照，怀疑企业社会责任行为的真实目的。期望契合度体现了社会公众当前状态下对企业以往社会责任情况的整体感觉，在很大程度上代表了企业在社会责任方面的以往表现。Klein 和 Dawai 关于产品伤害危机的研究①也印证了上述论述。

社会责任行为与企业经营业务的相关性影响消费者对企业社会责任行为动机的判断。Kotler 在《企业的社会责任》一书中讨论企业社会责任活动与企业的匹配性时指出②，当企业从事与其经营业务有一定负面联系的社会责任活动时，消费者会怀疑其真实动机，其社会活动也不会得到良好相应。相反，当企业从事的社会活动与其经营业务有一定正面联系时，消费者认为这在一定程度上对企业收益具有积极影响，是合情合理、真实可信的，是企业为社会发展考虑的表现。

---

① Klein, J. & Dawar, N. Corporate Social Responsibility and Consumers' Attributions and Brand Evaluations in a Product – Harm Crisis [J]. International Journal of Research in Marketing, 2001, 21: 203~217.

② [美] 菲利普·科特勒, 南希·李. （姜文波译）企业的社会责任 [M]. 北京: 机械工业出版社, 2006.

企业与社会责任事业之间的关系的持久性是企业社会责任实践整合性的一个重要特征。Drumwright 发现公司对某项企业社会责任事业的时间承诺与一项赞助社会的广告活动的成功之间存在正相关关系，高承诺暗示了企业更少的自利动机①。Bhattacharya 和 Sen 研究中也发现消费者将社会实践的持续性作为企业社会责任动机判断的一个线索②。企业对某项企业社会责任事业的持续关注，可以逐渐消除消费者对企业社会责任动机的怀疑，相信企业这么做并非是单纯的追求企业利益。

综上所述，本研究提出并将验证下列假设：

H4：高水平的期望契合度比低水平的期望契合度更容易让消费者产生积极的企业社会责任归因。

H5：高水平的业务关联度比低水平的业务关联度更容易让消费者产生积极的企业社会责任归因。

H6：高水平的操作整合度比低水平的操作整合度更容易让消费者产生积极的企业社会责任归因。

7.2.3　企业社会责任融入对企业社会责任态度的影响

Carman 提出③，消费者在评价产品、服务和企业时，会将他们的期望与其主观判断的表现进行私下的比较，而企业社会责任就是其中的一种。消费者基于企业社会责任水平对企业和产品的评价是平行的④。企业社会责任信息是消费者决策的线索之一，尤其是当企业的产品信息不明确时，消费者会试图通过企业的社会责任信息来评价企业产品⑤。而企业形象改善和产品质量感知都会对购买意向起到积极的作用⑥。

---

① Drumwright, M. Company Advertising with a Social Dimension: the Role of Non – economic Critera [J]. Journal of Marketing, 1996, 60 (4): 71～87.

② Bhattacharya, C. B. & Sen, S. Measuring the Effectiveness of Corporate Social Initiatives: a Consumer – Centric Perspective [J]. Advances in Consumer Research, 2004, 31: 101～102.

③ Carman, J. M. Consumer Perceptions of Service Quality: An Assessment of the Serqual Dimensions [J]. Journal of Retailing, 1990, 66 (Spring): 33～35.

④ Brown, T. J. & Dacin, P. A. The Company and the Product: Corporate Associations and Consumer Product Responses [J]. Journal of Marketing, 1997, 61 (1): 68～84.

⑤ Yoon, Y. & Canli, Z. G. The Effect of Corporate Social Responsibility on Product Quality Evaluation [J]. Advances in Consumer Research, 2004, 31: 102～103.

⑥ Folkes, V. S. & Kamins, M. A. Effects of Information about Firms' Ethical and Unehical Actions on Consumers' Attitudes [J]. Journal of Consumer Psychology, 1999, 8 (3): 243～259.

企业社会责任事业与企业经营业务的关联程度是消费者判断企业社会责任活动与企业是否匹配的关键因素。Bhattacharya 和 Sen 认为低匹配度的企业社会责任行为对消费者信任、消费者态度以及购买意向都具有消极作用①。社会实践的持续性也是消费者对企业和产品进行评价的一个线索，良好的持续性会增加消费者对企业的好感，提升企业声誉，并影响消费者对产品的评价及其购买意向。业务关联度的提高并不一定会对企业社会责任态度产生积极影响，但会随着期望契合度的改善和操作整合度的提高，消费者对企业社会责任态度的积极倾向会更加明显。

综上所述，本研究提出并将验证下列假设：

H7：高水平的期望契合度比低水平的期望契合度更容易让消费者产生积极的企业社会责任态度。本假设由以下三个分假设验证：

H7a：高水平的期望契合度比低水平的期望契合度更容易让消费者产生积极的企业评价。

H7b：高水平的期望契合度比低水平的期望契合度更容易让消费者产生积极的产品评价。

H7c：高水平的期望契合度比低水平的期望契合度更容易让消费者产生积极的购买意愿。

H8：高水平的业务关联度比低水平的业务关联度更容易让消费者产生积极的企业社会责任态度。本假设由以下三个分假设验证：

H8a：高水平的业务关联度比低水平的业务关联度更容易让消费者产生积极的企业评价。

H8b：高水平的业务关联度比低水平的业务关联度更容易让消费者产生积极的产品评价。

H8c：高水平的业务关联度比低水平的业务关联度更容易让消费者产生积极的购买意愿。

H9：高水平的操作整合度比低水平的操作整合度更容易让消费者产生积极的企业社会责任态度。本假设由以下三个分假设验证：

H9a：高水平的操作整合度比低水平的操作整合度更容易让消费者产生积

<hr />

① Bhattacharya, C. B. & Sen, S. Measuring the Effectiveness of Corporate Social Initiatives: A Consumer – Centric Perspective［J］. Advances in Consumer Research, 2004, 31: 101~102.

极的企业评价。

H9b：高水平的操作整合度比低水平的操作整合度更容易让消费者产生积极的产品评价。

H9c：高水平的操作整合度比低水平的操作整合度更容易让消费者产生积极的购买意愿。

7.2.4 企业社会责任的感知和归因对态度的作用关系

企业社会责任感知是企业社会责任行为表现的各方面在消费者心目中的综合体现，是消费者对企业的社会责任行为的宏观感觉，这是消费者产生企业社会责任态度的情感基础。当消费者对企业社会责任行为产生积极感知时，在晕轮效应的作用下，他们会对企业及其产品产生好感，进而影响其购买意愿；相反，当消费者对企业社会责任行为产生消极感知时，这种负面强化会降低他们对企业的其他相关方面的正面感知度，由此产生消极评价。

企业社会责任归因是消费者基于企业社会责任整体表现对其真实动机的逻辑推断，是消费者产生企业社会责任态度的认知基础，也是消费者决策的重要影响因素①。面对企业的社会责任活动，大部分消费者会有意无意地在大脑中搜集相关信息，以判定企业承担社会责任的真实动机，尤其是当这种行为与企业的某些表现产生冲突时。消费者的企业社会责任归因越积极，表明他们对企业诚信负责的印象越深刻，越容易对企业和产品产生积极评价，进一步提升其购买意愿。

综上所述，本研究提出并将验证下列假设：

H10：企业社会责任感知对企业社会责任态度有显著正向影响。

H11：企业社会责任归因对企业社会责任态度有显著正向影响。

H12：企业社会责任感知是企业社会责任融入水平与企业社会责任态度之间的中介变量。本假设由以下三个分假设验证：

H12a：企业社会责任感知是期望契合度与企业社会责任态度之间的中介变量。

H12b：企业社会责任感知是业务关联度与企业社会责任态度之间的中介变量。

---

① Folkes, V. Recent Attribution Reaearch in Consumer Behavior: A Review and new Directions [J]. Journal of Consumer Research, 1988, 14 (4): 548～565.

　　H12c：企业社会责任感知是操作整合度与企业社会责任态度之间的中介变量。

　　H13：企业社会责任归因是企业社会责任融入水平与企业社会责任态度之间的中介变量。本假设由以下三个分假设验证：

　　H13a：企业社会责任归因是期望契合度与企业社会责任态度之间的中介变量。

　　H13b：企业社会责任归因是业务关联度与企业社会责任态度之间的中介变量。

　　H13c：企业社会责任归因是操作整合度与企业社会责任态度之间的中介变量。

　　综合上述分析，结合前文我们提出的企业社会责任融入水平与消费者响应的关系模型，我们构建了企业社会责任融入水平对消费者响应影响的假设关系图，见图7.2。

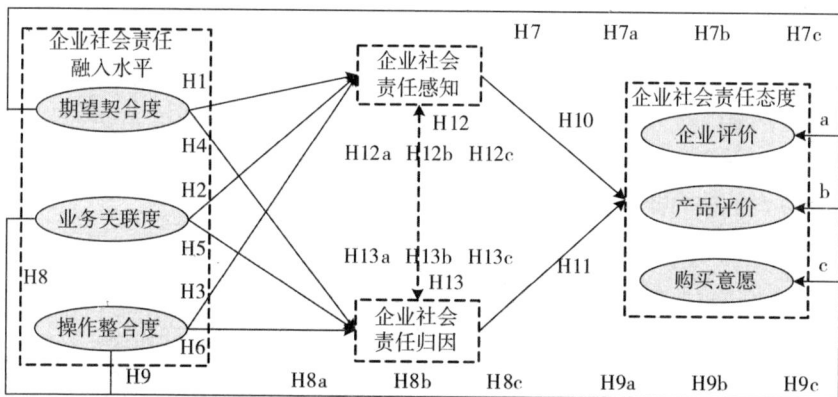

图7.2　企业社会责任融入水平对消费者响应影响的假设关系

7.3　测量工具开发

　　开发测量工具是定量研究开展的重要环节，测量工具的准确性对实证研究的结果具有重要影响。考虑到国内外关于企业社会责任与消费者关系的研究已经具有一定基础，本研究中的测量工具尽量采用国际上使用度较高的成熟量表。已有量表中与本研究要求不符的，我们酌情进行小幅改动。对于已有研究无法提供成熟量表的变量，我们根据研究目的采用其他更为灵活的方式来表示。

7.3.1 企业社会责任融入

"企业战略管理中企业社会责任融入"是随着人类社会和经济的不断发展逐渐出现的，是企业在可持续发展要求不断高涨情况下的适应性调整。但学术界对该思想的提出和研究从近几年才逐渐开展，以往尚未有学者对其进行明确的内涵界定，更不用说提出测度指标和开发测量工具，可谓是研究基础非常薄弱。鉴于这种研究现状，本部分遵循循序渐进的研究思路，首先对企业社会责任融入的相对水平进行研究。

我们在第三章中提到，企业社会责任融入是一个三维变量，由企业期望契合度、业务关联度和操作整合度构成，并将每个维度的具体数值分为低和高两个水平，借此来定义"企业战略管理中企业社会责任融入"的不同状态和不同阶段。对应地，本部分也将表示企业社会责任融入程度的三个变量分为低和高两个水平，得到 $2 \times 2 \times 2$（$=8$）种不同状态，通过研究消费者在这八种状态下的反应来探讨企业社会责任融入对消费者响应的影响。

期望契合度是对公众的社会责任期望的体现程度，是对企业以往的社会责任表现情况的综合评价。当期望契合度处于低水平时（零或负值），意味着绝大多数消费者对企业的社会责任表现没感觉或有负面情绪，表现为不予讨论或负面评价；当期望契合度处于高水平时（正值），意味着绝大多数消费者对企业的社会责任表现有正面情绪，表现为不予讨论或正面评价。在实验情境设计中，我们用网络社会责任论坛上对公司社会责任水平的评价来代表目标企业的社会责任期望契合度的高低，采用民众的心声来传达企业的社会责任表现是否满足他们的期望。

业务关联度是企业社会责任行为与自身业务的关联程度。业务关联度有两种分级方法，从关联的方向来看，可以分为正关联和负关联；从关联的程度来看，可以分为高关联和低关联。由本书第三章中对业务关联度取值范围的界定可以看出，如果将业务关联度分定义为二级变量，只能从关联的方向来分级，即本研究中所提的业务关联度的高水平和低水平实际是指正关联和负关联。"企业战略管理中企业社会责任融入"理念无疑是期望企业社会责任实践在高期望契合度和高业务关联度和高操作整合度的联合作用下推动企业和社会的可持续发展，因而业务关联度的方向性对消费者响应的影响才是本部分研究需要明确的问题。

由上述分析可知，如何明确表达企业社会责任活动与企业经营业务的关联方向才是业务关联度表达的重点。刘兆峰在研究企业社会责任活动对企业形象的影响时，定义烟草企业和戒烟品企业赞助抗癌学会和肺癌防治研究机构都代表与企业业务高相关的企业社会责任行为①，这实际上正好代表了高的正关联和负关联。而 Kotler 提到②，如果西式快餐店关注儿童肥胖问题的解决时有为自己开脱的嫌疑，这种负向关联会被很多人理解为是在替吃快餐的习惯辩护。当体育企业组织以"青少年和暴力犯罪"为主题的社会责任活动时，会有消费者出现类似的情绪，企业社会责任活动与企业经营业务负关联，代表本研究中的业务关联度的低水平；当体验企业组织以"青少年和糖尿病"为主题的社会责任活动时，与戒烟品抗癌的关系类似，企业社会责任活动与企业经营业务正关联，代表本研究中的业务关联度的高水平。

操作整合度是企业对社会责任活动的整合程度。某一时间段的企业社会责任的操作整合度取决于该段时间内企业组织的社会责任活动的主题聚合度和主张一致度。当企业社会责任活动的主题聚合度高，主张一致性好时，该阶段企业社会责任的操作整合度处于高水平；反之，当企业社会责任活动的主题聚合度低，主张一致性差时，该阶段企业社会责任的操作整合度处于低水平。因此，在本部分的实验情境设计中，我们认为，当体育企业首次组织以青少年成长教育（或身体健康）为相关内容的社会责任活动，且主张散乱时，该阶段的企业社会责任的操作整合度处于低水平；反之，当体育企业近几年持续组织以青少年成长教育（或身体健康）为相关内容的社会责任活动，且主张一致时，该阶段的企业社会责任的操作整合度处于高水平。

7.3.2 企业社会责任感知

企业社会责任实践的消费者感知即消费者视角下的企业履行社会责任的情况。以往研究中类似的表达方式有企业社会责任感知、企业社会责任联想、企业社会责任绩效感知和企业社会责任表现感知等。Gavin 和 Maynard 用 15 个题项测量了对企业社会责任的感知，经过因子分析，提取出"关心环境"和

---

① 刘兆峰. 企业社会责任与企业形象塑造 [M]. 北京：中国财政经济出版社，2008.

② [美] 菲利普·科特勒，南希·李.（姜文波译）企业的社会责任 [M]. 北京：机械工业出版社，2006.

"工作机会平等"两个因子①。Aupperle、Carroll 和 Hatfield 以 Carrol 的四责任框架为基础，经过严格复杂的程序开发了关于企业社会责任感知的强制选择调查量表②。Maignan 开发了具有较好心理测量学特征的企业公民测量工具③。Hopkin 以 Wood 的企业社会绩效框架为理论基础，从社会责任管理的角度把企业社会责任行为表现从"社会责任原则——社会响应过程——社会责任结果"等三个层次列出了对应的利益相关者、测量指标及测量题项④。Igalens 和 Gond⑤、Marquez 和 Fombrum⑥、Elias⑦、Margolis 和 Walsh⑧ 也在其企业社会责任相关研究中对企业社会责任的消费者感知进行了研究。

上述研究中针对企业社会责任开发的测量工具，很多经过了实践检验，具有较好的信度和效度。但是，本研究中的企业社会责任实践的消费者感知，不仅仅是基于消费者视角对企业社会责任情况的再现，而是包含了消费者的心理印象，融入了消费者的主观评价和认知。因此，以上测度量表并不适合本研究。Berens、VanRiel 和 VanBruggen 在研究企业联想对消费者产品评价的影响时，将企业社会责任感知用"支持公益事业"和"以对环境负责的方式行事"两个题项来表示⑨。Berens、Riel 和 Rekom 在研究企业社会责任与企业能力两

---

① Gavin, J. F. & Maynard, W. S. Perceptions of Corporate Social Responsibility [J]. Personnel Psychology, 1975, 28 (3): 377~387.

② Aupperle, K. E., Carroll, A. B. & Hatfield, J. D. An Empirical Examination of the Relationship between Corporate Social Responsibility and Profitability [J]. Academy of Management Journal, 1985, 28 (2): 446~463.

③ Maignan, I., Ferrell, O. C. & Hult, G. T. M. Corporate Citizenship: Cultural Antecedents and Business Benefits [J]. Journal of the Academy of Marketing Science, 1999, 27 (4): 455~470.

④ Hopkins, M. Measurement of Corporate Social Responsibility [J]. International Journal of Management & Decision Making, 2005, 6 (3/4): 213~230.

⑤ Igalens, J. & Gond, J. P. Measuring Corporate Social Performance in France: A Critical and Empirical Analysis of Arese Data [J]. Journal of Business Ethics, 2005, 56 (2): 131~148.

⑥ Marquez, A. & Fombrun, C. J. Measuring Corporate Social Responsibility [J]. Corporate Reputation Review, 2005, 7 (4): 304~308.

⑦ Elias, R. Z. An Examination of Business Students: Perception of Corporate Social Responsibilities before and after Bankruptcies [J]. Journal of Business Ethics, 2004, 52 (3): 267~281.

⑧ Margolis, J. D. Responsibility in Organizational Context [J]. Business Ethics Quarterly, 2001, 11 (3): 431~454. Margolis, J. D. & Walsh, J. P. Misery Loves Companies: Rethinking Social Initiatives by Business [J]. Administrative Science Quarterly, 2003, 48 (2): 268~305.

⑨ Berens, G., VanRiel, C. B. M. & VanBruggen, G. H. Corporate Association and Consumer Procuct Responses: The Moderating Role of Corporate Brand Dominance [J]. Journal of Marketing, 2005, 69 (3): 35~48.

者之间的相互作用时，将企业社会责任感知用"以一种道德上负责的方式来行事"和"对社会做出了巨大的奉献"两个题项来表示①。我们认为"以对环境负责的方式行事"不具有行业普适性，"对社会做出了巨大的贡献"因为存在程度修饰容易导致评价误差。经过修改后，本研究的企业社会责任感知量如表7.1所示。

表7.1 企业社会责任感知量表

消费者感知	测度题项
题项1	该公司支持公益事业
题项2	该公司以对社会负责的方式行事
题项3	该公司以一种道德上负责的方式来行事
题项4	该公司为社会做出了贡献

7.3.3 企业社会责任归因

消费者对企业履行社会责任的动机判断无外乎三种：第一种是企业希望为社会发展做出贡献，第二种是企业是为了自身发展盈利考虑，第三种就是两种考虑兼而有之。在很多情况下，企业在履行社会责任时既是社会福利导向也是自身利益导向。Olsen②、Scholder③等学者认为消费者更在乎企业哪种考虑更多一些，通过最终归因在"社会福利导向——自身利益导向"这一连续数轴上的倾向性作为消费者进一步反应的依据，即消费者对企业社会责任行为动机的判断总是介于改善社会与利于自身之间。其他类似的表达还有：外在的——

① Berens, G. , Riel, C. B. M. & Rekom, J. V. The CSR – Quality Trade – Off: When can Corporate Social Responsibility and Corporate Ability Compensate Each Other? [J] . Journal of Business Ethics, 2007, 74 (3): 233~252.

② Olsen, B. K. , Cudmore, B. A. & Hill, R. P. The Impact of Perceived Corporate Social Responsibility on Consumer Behavior [J] . Journal of Business Research, 2006, 59: 46~53.

③ Scholder, E. P. , Webb, D. J. & Mohr, L. A. Building Corporate Associations: Consumer Attrubutions for Corporate Socially Responsible Programs [J] . Journal of the Academy of Marketing Science, 2006, 34 (2): 147~157.

内在的①，利于他的——自我的②，以他人为中心的——以自我为中心的③。在对企业社会责任动机的测度方面，Olsen 提出的量表既简单明了又具有较好的信度和效度，本研究采用此量表。如表 7.2 所示，Olsen 量表由三个题项构成，其中每个题项都用一个连续变化的数轴表示。

表 7.2　企业社会责任归因量表

企业社会 责任归因	测度题项
题项 1	追求社区利益————————追求公司利益
题项 2	关注社会上的利益相关者————关注公司本身
题项 3	为了改善社会————为了增加公司利润

7.3.4　企业社会责任态度

企业社会责任实践的消费者态度是消费者因为企业社会责任行为而产生的其他方面的情感变化，包括消费者对企业和产品的评价以及购买意向。以往学者常用企业声誉来表示消费者对企业的评价。美国《财富》使用了八个测量因子，通过计算所有项的算数平均数来得到公司的声誉总得分，Bromley 批评这八类指标不够简练，并且受到"财务晕轮"效应的影响④。Brady 和 Cronin 构建了企业声誉的二阶测量结构模型，将态度、行为和专长作为一阶因子⑤。"誉商"测评体系克服了《财富》测度体系中财务指标的影响，通过基于对六大类别的 20 个指标和广泛的产业和宽泛的利益相关群体的测量来计算得到的指数，但因为将原因与结果混淆而受到限制。Manfred 提出了企业声誉的二维

————————

①　Kruglanski, A. W. The Endogenous – exogenous Partition in Attribution Theory ［J］. Psychological Review, 1975, 85: 387~406.

②　Bendapudi, N., Singh, S. N. & Bendapudi, V. Enhancing helping behavior: An Integrative Framework for Promotion Planning ［J］. Journal of Marketing, 1996, 60 (3): 33~49.

③　Scholder, E. P., Mohr, L. A. & Webb, D. J. Charitable Problems and the Retailer: Do They Mix? ［J］. Journal of Retailing, 2000, 76 (3): 393~406.

④　Bromley, D. B. Reputation, Image and Impression Management ［M］. Wiley: John Wiley & Sons, 1993.

⑤　Brady, M. K. & Cronin, J. J. Some New Thoughtson Conceptualizing Perceived Quality, A Hierarchical Approach ［J］. Journal of Marketing, 2001, (65): 34~49.

模型，认为企业声誉有认知和情感两个要素①，在此之前学者们大都从情感或认知的一个维度去评价企业声誉。本研究的企业声誉量表主要是基于 Manfred 的研究而建立的，见表7.3。

Dodds、Monroe 和 Grewal 提出了由感知到的产品品质、感知到的价值以及购买意愿等三个方面的共12个题项度量对产品评价指标体系②。Barone、Shimp 和 Sprott 用五个对产品进行整体性描述的判断表示产品评价③。Berens 用质量、吸引力和可靠性三个方面共九个题项来表示消费者对产品的评价④。顾峰在研究品牌策略对消费者产品评价时，通过知觉态度、感知价值和购买意愿等三个方面来衡量消费者对产品的评价⑤。尹露将消费者对产品的评价分为品质和态度两个方面，每个方面分别用两个里克特打分量表来表示⑥。我们综合上述研究成果，将产品评价用四个题项来表示，见表7.3。

表7.3 企业社会责任态度量表

消费者态度		测度题项
企业评价	情感因素	如果该公司倒闭，我会感到遗憾
		该公司是一个值得信赖的公司
	认知因子	该公司是一个令人喜爱的公司
		该公司是该行业中的主要竞争者
		该公司经营运作状况良好
		该公司是该行业内的知名企业

---

① Manfred, S. Components and Parameters of Corporate Reputation: An Empirical Study ［J］. Schmalenbach Business Review, 2004, 56（1）: 46~72.

② Dodds, W. B., Monroe, K. B. & Grewal, D. Effects of Price, and Store Information on "Buyers" Product Evaluations ［J］. Journal of Marketing Research, 1991, 28（3）: 307~318.

③ Barone, M. J., Shimp, T. A. & Sprott, D. E. Mere Owenership Revisited: A Robust Effect ［J］. Journal of Consumer Psychology, 1997, 6（3）: 257~284.

④ Berens, G., VanRiel, C. B. M. & VanBruggen, G. H. Corporate Association and Consumer Procuct Responses: The Moderating Role of Corporate Brand Dominance ［J］. Journal of Marketing, 2005, 69（3）: 35~48.

⑤ 马録骅. 混合品牌策略对消费者产品评价的影响因素研究 ［D］. 上海：上海交通大学硕士学位论文, 2007.

⑥ 尹露. 公司联想、旗舰产品信息对非旗舰产品评价的影响 ［D］. 广州：中山大学硕士学位论文, 2008.

续表

消费者态度		测度题项
产品评价	知觉态度	该公司行为使其产品对我的吸引度（非常差，较差，一般，较好，非常好）
		该公司行为使我对其产品的印象（非常差，较差，一般，较好，非常好）
	感知价值	该公司行为使我对其产品的信赖程度为（非常差，较差，一般，较好，非常好）
		该公司行为使我感觉其产品品质（非常差，较差，一般，较好，非常好）
购买意愿		如果有需要，我会考虑购买该公司的产品

购买意向是关于消费者行为研究中涉及频率非常高的一个变量。Swinyard 通过消费者对产品的喜好程度和产品值得购买的程度两个测量项目的平均值来衡量购买意向①。Bouldingetal 丰富了购买意向的内涵，以再购买意向以及是否愿意推荐两个题项来对消费者购买意向进行衡量，Millal 和 Lassar 则将推荐意向和转换意向引入到对消费者购买意向的测量中，用米衡量消费者是否愿意继续接受公司的后续服务②。以后学者关于购买意向的量表大都是基于上述学者的研究形成的。但本部分研究主要是针对消费者内在响应的，以上关于购买意向的量表并不适合。国内学者倾向于以狭义的购买可能性来表示消费者的购买意愿，本研究也拟采用这种方法。

7.4 研究方法设计

研究方法会直接影响研究结果的可靠性和可信度，因而设计科学严谨、富有代表性的研究方法是成功地完成一项科学研究的重要前提。本研究采用了实验法来探讨企业社会责任对消费者响应的影响，我们在深入分析实验要求的基

---

① Swinyard，W. R. The Effects of Mood, Involvement, and Quality of Store Experience on Shopping Intentions［J］. Journal of Consumer Research，1993，20（9）：271～280.

② 焦玉瑾. 企业社会责任对大学生消费群体购买意向影响的研究［D］. 长春：吉林大学硕士学位论文，2009.

础上设计了能有效代表企业责任融入相对水平的实验场景，并进一步谨慎选择调研对象，以期能有效排除其他因素的影响，得到明确的研究结果。

7.4.1　实验总体思路

企业社会责任对消费者影响关系的实证研究主要采取两种方法进行：一种是调研法，让消费者对某种企业社会责任行为或某企业的社会责任状况进行评价；另一种是实验法，即研究人员根据研究要求设定一定的实验场景，要求消费者对这种假定场景进行评价。现实中影响消费者评价的因素数不胜数，为了更好地剔除企业社会责任以外因素的影响，本部分采用实验法简化消费者做出评价的信息资源，以此来探讨消费者在企业社会责任对消费者响应的影响。

本实验的自变量为企业社会责任融入水平，是一个由期望契合度、业务关联度和操作整合度构成的三维变量，每一维度又分为高、低两个水平，这就组成了 $2 \times 2 \times 2 = 8$ 种实验条件，对应我们在本书第三章中提出的企业社会责任融入的八种状态。我们将被试者随机的分为八个组，确保实验分组之间的相似性。每个被试者只接受一种实验条件，即一种企业社会责任的期望契合度（正面或负面），一种业务关联度（负关联或正关联），一种操作整合度（负整合或正整合），即进行被试间实验。

在实验对象选择方面，我们进行了慎重的现实考察，发现消费者对企业社会责任的理解程度与他们所接受的教育水平有很大关系。我们在实验设计之前，曾与12名教育水平不同的消费者就企业社会责任问题进行深入交谈，发现没有接受过大学教育的消费者文字理解能力差，难以在短时间内把握背景信息，很难通过实验方式测度其真实想法。因而，我们在进行预试验和正式实验时，都将"教育水平在本科及以上"作为潜在的甄别条件，而拿到调研问卷的消费者都是符合这一基本条件的，故而在问卷中没有明确体现这一要求。

由于采用现实企业作为研究对象很难克服消费者现有的偏见[①]，且很难列述企业社会责任融入的各种状态。因此，本研究拟采用阅读材料来控制实验条件，即提供一份假象的企业资料，要求被试者在认真阅读材料后对相关方面做出评价。本研究中对实验结果的收集包括小规模测试和大规模实验两个环节。在收集到实验数据后，运用 SPSS 软件和 AMOS 软件对相关研究变量之间的作

---

① Mohr, L. A. & Webb, D. J. The Effects of Corporate Social Responsibility and Price on Consumer Responses [J]. The Journal of Consumer Affairs, 2005, 39 (1): 121～147.

用关系进行分析，得出实验结果，证明理论模型，验证实验假设。

7.4.2 实验情境设计

在本部分研究中，我们通过情景设置来控制企业社会责任融入水平。为了明确体现不同企业社会责任融入不同阶段、不同状态的企业承担社会责任的具体差异，本部分采用假想企业、假想情境的形式让被试者进行评价，以此来分析消费者在企业社会责任融入水平影响下的现实响应。依据 Sparks 和 Kennedy 提出的关于企业社会责任与消费者实验程序的建议①，本实验设计分三个步骤进行。

（1）社会责任领域选择。关于企业社会责任的分类方法多种多样，其中 Kinder 的六大领域分类法②是相关学者在研究中应用较多的一种，他将企业社会责任分为社区支持、多样化、关心雇员、保护环境、海外经营和其他产品社会属性等六个方面。在这六大领域中，多数学者的研究集中在社区支持和环境保护两大领域③，其案例常被认为是企业社会责任典型案例。但对于环境保护领域来说，对产品与材料的环保性能和一般意义上的环境保护，消费者关注的差异性较大，这会提高实验设计的难度和结果的准确度。因此，本实验研究选择社区支持方面的企业社会责任进行测试。

（2）目标企业属性选择。由于本部分是从消费者角度进行研究的，目标企业的所属行业要与普通消费者关系较为密切，以便被试者更好地做出评价，增加数据的可靠性，这是对实验企业设计的基本要求。另一方面，各种低价的日用消费品很难引起消费者的较高关注，而高价消费品又会使消费者产生其他方面的考虑④，经过反复思考和对比，我们发现体育用品既能受到被试群体（本科学历及以上）的较高关注，又不属于高价奢侈品，将其作为实验中的消费产品，有利于我们在实验中测度企业社会责任对消费者响应的一般影响。考

---

① Sparks B. N. & McColl – Kennedy, V. J. Justice Strategy Options for Increased Customer Satisfaction in a Service Recovery Setting［J］. Journal of Business Reaearch, 1996, 54: 209 ~218.

② Kinder, Lydenberg, Domini & Co. Inc. Socrates: The Corporate Social Ratings Monitor［C］. Cambridge, MA: Kinder, Lydenberg & Domini Co. Inc, 1999.

③ Osterhus, T. L. Pro – Social Consumer Influence Strategic: When and How do they Work［J］. Journal of Marketing, 1997, 61（10）: 16 ~29. 沈泽. 基于消费者视角的企业社会责任对企业声誉的影响研究［D］. 杭州: 浙江大学硕士学位论文, 2006.

④ 周延风, 肖文建, 黄光. 基于消费者视角的企业社会责任研究评述［J］. 消费经济, 2007, 23（4）: 94 ~97.

虑到消费者在选择商品时，制造企业比零售企业发挥了更大的影响，因此最后设定假想企业为体育用品生产企业。

（3）社会责任情景设计。根据实验总体思路，我们设计了能明确表示八种企业社会责任表现的阅读材料。为了控制企业名称的期许性和由此带来的暗示作用，阅读材料中的企业是虚构的，但相关内容是根据企业或新闻媒体发布的有关信息改编而成，具有较高的可信性。阅读材料编写完毕后，我们首先请吉林大学管理学院长期从事消费者行为研究的两名教授阅览，给出了修改意见。我们对其进行认真修改后又将包括阅读材料的完整调研问卷进行了三轮问卷预试（见7.4.3问卷预试部分），检验阅读材料是否能明确表示企业社会责任融入的相对水平，进一步收集修改意见，直到被试者能很快识别出材料中目标企业的企业社会责任融入所处状态。

7.4.3 实验实施设计

（1）实验材料设计

实验材料共有五个部分。第一部分为卷首语，解释研究意图，即了解消费者如何对企业的社会责任行为作出响应，对关键概念——企业社会责任进行界定，告知被试者答案没有正确与错误之分，请被试者根据自己的真实感受发表看法。第二部分是有关被试者的几个背景变量，包括性别、年龄、宗教信仰和企业社会责任支持，这是我们在对以往相关研究广泛阅读后总结出来的较为重要的控制变量，见附件Ⅰ。第三部分为关于假想企业的社会责任融入状态的材料表述，要求被试者认真阅读材料内容，尤其要特别关注加黑加粗部分的内容。第四部分是关于企业社会责任消费者响应的评价量表，包括企业社会责任感知、企业社会责任归因和企业社会责任态度三部分内容，均采用Likert逐项列举的五级态度量表表示，简洁明了地表达各题项选项，减少被试者的作答时间，提高应答效果。最后向被试者表示感谢，并告知他们材料中的企业是研究者根据研究需要虚构的，请不要与现实企业对号入座，也不要与被试者以外的人员讨论材料内容。

（2）问卷预试调整

调查问卷在正式投入使用前应该进行全方位的测试，包括提问内容、提问措辞、提问次序、提问布置、提问难度以及提问指示说明等①。为了使实验结果能更好地测度消费者的真实想法，我们对问卷进行了三轮预试，在每次测试后都对发现的问题进行修改。第一轮，我们以八位本科学历及以上的、不同工作性质的消费者作为预试者，让预试者按正常状态完成问卷调查，并详细观察其答卷过程，之后，我们将预试目的明确告知对方，请他们描述自己对实验材料、问卷题项、度量指标的理解，讲述答案选择的依据和测试中遇到的问题。在此轮预试中，我们发现预试者对实验材料的关键内容印象不深，对题项的理解也存在一定偏差，对此我们将实验材料中描述进行了修改，并将关键部分采用加粗黑体表示，同时给每一研究标量的一组题项前添加了指示性描述。我们将修改后的问卷请原来的八位被试者进行第二轮测试，检验修改后的表述能否解决第一轮中发现的问题。此轮测试中，我们除发现仍有少数题项存在偏差外，还有被试者提出有些题项无法根据实验材料作出判断。我们经研究后发现，以往并没有研究证明企业社会责任对消费者态度的独立影响，而所提问题正在这一范围内，因此，我们在企业社会责任态度量表中添加了"无法判断"选项，用"0"表示，同时对存在语义偏差的题项进行了调整，并采用多种态度量表表示。之后，我们请某重点大学管理学院的 16 位全脱产硕士研究生进行了测试，依据他们所提问题再次对实验材料和测度量表进行了微调，并核实了调整的有效性。

（3）正式实验测试

为了保证调研的客观全面性，正规实验以多阶段、多途径、多方法为指导思想展开，既有本地调研，又有异地调研，既有面访调研，又有邮寄调研。其中，在长春本地的调研中，我们选择了欧亚、长百等高消费群体集中场所，以及中东大市场、远东二期等一般消费群体集中的场所，选择周末消费高峰时段在其体育用品区进行了面访调研，共询问 300 余人次，收回问卷 179 份，剔出存在漏答、乱答现象的问卷 22 份，共有 157 份问卷可供分析使用。本地调研的另一部分在某重点大学的硕士研究生及 MBA 学生中进行，共收回问卷 56 份，可供分析使用的有 50 份。外地调研也分两种形式进行，一种是邮寄调研，共发出问卷 400 份，收回问卷 34 份，回收率为 8.5%，可供分析使用的问卷数量为 28 份。另一种外地调研是托朋友进行的面访调研，共收回问卷 120 份，

---

① 许正良，王利政. 企业核心竞争力新解 ［M］. 长春：吉林大学出版社，2006.

可供分析使用的问卷数量为 94 份。调研结束后，共收回问卷 391 份，可供分析使用的问卷 329 份，本地问卷 207 份，异地问卷 122 份。其中，21 份问卷中企业社会责任态度题项存在"无法判断"的选择，可供进行实验验证的有效问卷共 308 份。

7.4.4 数据处理方法

除了企业社会责任融入相对水平以实验材料的形式体现外，本实验其他研究变量均是在较为成熟的量表基础上做了小幅修改，因此不再进行探索性因子分析和验证性因子分析。本实验采用的数据处理方法主要有描述性统计分析、信度与效度分析、主效应和交互作用分析以及中介作用分析，以下我们分别予以说明。

（1）描述性统计分析

本研究运用 SPSS14.0 统计软件包对除企业社会责任融入相对水平以外的研究变量及其相互关系进行描述性分析，主要包括：①频数分析，分析样本结构，了解样本在不同背景变量上的分布情况，②计算平均数，用以描述企业社会责任感知、企业社会责任归因以及企业社会责任态度等各个子变量在不同子样本中的分布情况。③方差分析。采用方差分析探讨各子样本在各研究变量平均值上的差异性。

（2）信度与效度分析

信度是保证测量一致性或者说测量可重复性的统计判别，即对于同样的对象，运用同样的观测方法得出同样观察数据的可能性。信度检验又称可靠性检验，一般通过检验量表的内部一致性来实现。如果同一量表中的不同测量题项得出同样的测试结果，就说明该量表具有内部一致性。内部一致性常用 Cronbach's α 系数来估计。Cronbach's α 越大，量表的内部一致性越好。Guielford 认为[1]，Cronbach's α 大于 0.7 为高信度，低于 0.35 为低信度，0.5 为最低可以接受的信度水平。Nunnally 提出[2]，当题项数目小于 6 时，Cronbach's α 值应大于 0.6。

效度是指一个特定变量的测量是否充分，判断度量结果是否真正是研究者

---

① Guielford, J. P. Fundamental Statics in Psychology and Education ［M］. New York：Mc Graw – Hill, 1965.

② Nunnally, J. C. Psychometric theory (2nd ed) ［M］. New York：McGraw Hill, 1978.

所预期的结果，指数据与理想值的差异程度。通常，效度主要从内容效度和结构效度两个方面进行检验。内容效度指测量内容与测量目标之间的适合程度，涉及题项取样的充分性问题。结构效度涉及一个变量与其他变量之间的实验关系，表现了其所意欲测量的结构与已经建立的其他结构之间的相关程度。本研究量表仅在以往成熟量表基础上做了适应性修改，具有良好的内容效度，数据分析部分只对结构效度进行检验。我采用 AMOS 软件进行验证性因子分析，以测度调研问卷的结构效度。

（3）主效应和交互作用分析

主效应是指由每个单独因素所引起的因变量的变化。交互作用的效应是指当一个因素对因变量影响大小因其他因素的水平或安排的不同而有所不同时，所产生的交互作用影响因变量的结果。相反，如果某一因素对因变量影响大小，不受其他因素的水平或安排的影响，我们就说这个因素与其他因素是没有交互作用的。当某变量既存在主效应又存在交互作用时，必须进一步进行简单效应分析，以确定该变量在作用变量不同水平上的影响。本实验的自变量企业社会责任融入水平三个维度变量之间很可能存在交互作用，因此采用主效应和交互作用分析方法检验其与其他变量之间的相关关系。主效应和交互作用分析可采用 SPSS 软件中的多因素方差分析、多重比较分析以及 Syntax 中的编程语句实现。

（4）中介作用分析

中介就是在不同的事物或同一事物内部对立两极之间起到居间联系作用的环节。中介作用的发现和证明对于我们细化管理、提升管理水平具有积极影响。针对管理实证研究，Baron 和 Kenny 提出了中介测试四步法①，即①检验自变量与中介变量之间是否显著相关；②检验中介变量与因变量之间是否显著相关；③检验自变量与因变量之间是否显著相关；④当中介变量引入回归方程后，自变量与因变量的相关或回归系数是否明显降低。在前三个检验均通过的情况下，如果第④步中自变量与因变量的关系下降至零，是完全中介（full mediation）；如果自变量与因变量的相关性降低但没有下降至零，是部分中介

---

① Baron, R. M. & Kenny, D. A. The Moderator – Mediator Variable Distinction in Social Psychological Research: Conceptual, Stratetic and Statistical Considerations［J］. Journal of Personality and Social Psychology, 1986, 51（6）: 1173 ~ 1182.

（partial mediation）。上述过程可以通过 SPSS 中的多元线性回归功能来实现。

7.5 数据分析解释

本节采用 SPSS 软件和 AMOS 软件对采集到的数据进行处理分析及解释，共包括以下四个环节：一是对研究量表的信度和效度进行分析，以明确数据的有效性；二是对样本的基本情况进行分析，包括样本的描述性分析及背景变量的作用分析；三是运用单因素方差分析、多因素方法分析、回归分析等多种方法分析研究变量之间的主效应、交互作用和中介作用，验证前文假设；四是对分析结果做出解释。

7.5.1 信度效度检验

7.5.1.1 信度检验

按照前文研究方法的选择，我们通过采用 SPSS 软件对样本中进行信度分析，结果表明（如表 7.4 所示），除了企业社会责任归因外的研究变量的 Cronbach's α 系数均大于 0.7，说明该部分研究量表具有很好的信度，企业社会责任归因的 Cronbach's α 系数为 0.645，也出于可接受信度中的较高水平。并且，删除任何题项后的 α 系数均无显著的提高。总体来讲，由于调研问卷的研究量表均建立在以往成熟量表基础上，具有较好的信度水平。

表 7.4 研究变量信度分析结果

研究变量		Cronbach's α
企业社会责任感知		.763
企业社会责任归因		.773
企业社会责任态度		.873
	企业评价	.787
	产品评价	.785
	购买意愿	—

7.5.1.2 效度检验

在对量表的信度分析之后，接下来我们采用 AMOS 进行验证性因子分析，对各量表的结构效度进行检验。根据企业社会责任感知、企业社会责任归因和企业社会责任态度的验证性分析因子分析结果可知（见表 7.5、表 7.6 和表 7.7），研究变量的 p 值均为 0.000，方与自由度的比值都在 2~3 间，拟合优度指数 GFI 均大于 0.8，调整的拟合优度指数 AGFI 均大于 0.8，相对拟合指数 CFI 均大于 0.9，近似误差均方根 RMSEA 均小于 0.1，可看出拟合情况较好。并且，三个量表中各题项的标准化因子载荷均大于 Steenkamp & Trijp（1991）建议的最低临界水平为 0.5，C.R 值最小值为 6.563，全部大于 2，都达到统计显著水平[①]。由此可知，说明本研究量表具有显著的结构效度。

表 7.5　企业社会责任感知验证性因子分析结果

题项	因子载荷	C.R
企业社会责任感知（4 题项）		
A1	0.784	
A2	0.657	9.410
A3	0.612	8.945
A4	0.620	9.037
拟合优度指标		
$\chi^2/df = 2.357$	GFI = 0.993，AGFI = 0.964	
$p = 0.000$	CFI = 0.991，RMSEA = 0.066	

表 7.6　企业社会责任归因验证性因子分析结果

题项	因子载荷	C.R
企业社会责任归因（3 题项）		
B1	0.699	
B2	0.739	11.253
B3	0.751	11.435
拟合优度指标		
$\chi^2/df = 2.264$	GFI = 0.995，AGFI = 0.984	
$p = 0.000$	CFI = 0.998，RMSEA = 0.029	

① 柳铮. 企业高层行为与顾客价值创造关系的研究 [D]. 长春：吉林大学博士学位论文，2009.

表 7.7　企业社会责任态度验证性因子分析结果

题项	因子载荷	C. R
企业社会责任态度（18 题项）		
企业评价		
E1	0.646	
E2	0.656	9.465
E3	0.614	8.924
F1	0.536	6.563
F2	0.563	8.052
F3	0.568	8.418
产品评价		
G1	0.746	
G2	0.772	12.796
H1	0.721	11.903
H2	0.651	9.763
购买意愿		
I1	0.623	8.246
拟合优度指标 $\chi^2/df = 2.391$ $p = 0.000$	GFI = 0.954，AGFI = 0.910 CFI = 0.964，RMSEA = 0.067	

7.5.2　基本情况分析

7.5.2.2　样本分布情况

本次实验调研共收回问卷 389 份，可供分析使用的问卷 329 份，本地问卷 207 份，异地问卷 122 份。在问卷预试过程中，有人提出企业评价的后三个题项（认知因子）和产品评价的后两个题项（价值因子）仅凭阅读材料提供的信息无法判断。针对此，我们在正式测试中对此六个题项添加了"无法判断"的选项。在收回的 329 份可供分析的问卷中，有 21 份存在选择"无法判断"的情况，所占比率为 6.38%（小于 10%），即这仅代表了极少数人的看法，对研究模型的影响很小，下述分析剔出了该影响。

表 7.8 样本的性别和宗教信仰分布特征

样本类型（期望契合度，业务关联度，操作整合度）	性别		宗教信仰		样本量
	男	女	有	无	
A000（低，低，低）	17	20	2	35	37
B010（低，高，低）	16	22	4	34	38
C001（低，低，高）	12	28	6	34	40
D011（低，高，高）	20	22	6	36	42
E100（高，低，低）	12	28	2	38	40
F110（高，高，低）	14	26	12	28	40
G101（高，低，高）	9	26	4	31	35
H111（高，高，高）	9	27	4	32	36
总样本	109	199	40	268	308

表 7.9 样本的年龄分布特征

样本类型（期望契合度，业务关联度，操作整合度）	年龄（岁）				
	20 以下	20～29	30～39	40～49	50 以上
A000（低，低，低）	0	33	2	2	0
B010（低，高，低）	0	30	6	2	0
C001（低，低，高）	0	34	4	0	2
D011（低，高，高）	0	34	8	0	0
E100（高，低，低）	0	36	4	0	0
F110（高，高，低）	0	30	8	2	0
G101（高，低，高）	0	29	4	0	0
H111（高，高，高）	0	26	10	8	0
总样本	0	252	46	8	2

　　本次调研共获取可供进行实验验证的有效问卷 308 份。经分析，几部分样本具有较高的内部一致性，因此合并为一个样本进行分析。样本分布情况如表 7.8 和表 7.9 所示。在性别分布方面，女性稍多，这与女性群体更愿意接受问

卷调查有关系；在年龄分布方面，被试者集中分布在 20～39 岁，这是本次调研的甄别条件（所接受的教育水平在本科学历或本科学历以上）影响的结果。在宗教信仰分布方面，只有不足 13% 的被试者具有宗教信仰，其原因可能在于此次调研区域并不是少数民族聚集区。

7.5.2.2 背景变量影响

在本次实验研究中，我们将被试者的性别、年龄和宗教信仰作为背景变量，以下我们采用方差分析法来研究各背景变量对企业社会责任感知、企业社会责任归因、企业社会责任态度等研究变量的影响。由表 7.10 可知，被试者的年龄、性别和宗教信仰等背景变量虽然都对研究变量具有一定影响，但只有年龄对企业评价和购买意愿的影响达到了显著水平，但这主要是因为被试者中年龄相对集中引起的，不会对后续假设验证产生影响。

表 7.10 背景变量对研究变量的影响

研究变量	性别		年龄		宗教信仰	
	F	Sig.	F	Sig.	F	Sig.
企业社会责任感知	2.709	.101	1.679	.172	1.142	.286
企业社会责任归因	3.857	.050	1.035	.377	1.438	.231
企业社会责任态度						
企业评价	1.016	.314	8.833	.000	5.640	.018
产品评价	2.723	.100	2.691	.046	4.215	.041
购买意愿	.000	.992	4.209	.006	.017	.898

7.5.3 研究假设检验

7.5.3.1 融入对企业社会责任感知的影响

期望契合度、业务关联度和操作整合度是企业社会责任融入水平的三个方面，它们之间对企业社会责任感知的影响很可能存在交互作用。因此，我们采用 SPSS 软件检验它们对企业社会责任感知的主效应和交互作用。如表 7.11 所示，期望契合度、业务关联度和操作整合度均对企业社会责任感知的主效应显著，分为别：$F(1, 300) = 73.365$，$P < 0.001$；$F(1, 300) = 8.996$，$P < 0.05$；$F(1, 300) = 2.474$，$P < 0.05$。三个二重交互作用和一个三重交互作用均不显著。

表7.11 CSR 融入水平对企业社会责任感知的主效应与交互作用分析

Source	Type III Sum of Squares	df	Mean Square	F	Sig.
Corrected Model	19.731	7	2.819	13.481	.000
Intercept	3697.992	1	3697.992	17686.365	.000
X1	15.340	1	15.340	73.365	.000
X2	1.881	1	1.881	8.996	.003
X3	2.474	1	2.474	11.831	.001
X1 * X2	.047	1	.047	.224	.636
X1 * X3	.467	1	.467	2.236	.136
X2 * X3	.005	1	.005	.022	.882
X1 * X2 * X3	.103	1	.103	.492	.484
Error	62.726	300	.209		
Total	3789.250	308			
Corrected Total	82.457	307			

结合表7.12可知,当三个变量的水平由低向高变化时,企业社会责任的感知水平也升高。由此可知,相对于低水平,当三个变量处于高水平时,都更容易让消费者产生积极的企业社会责任感知,假设H1、假设H2和假设H3得证。

表7.12 企业社会责任融入水平对企业社会责任感知影响的组间对照

	(I)	(J)	Mean difference (I) - (J)	F	Sig.
期望契合度	低	高	-.447	73.365	.000
业务关联度	低	高	-.157	8.996	.003
操作整合度	低	高	-.180	11.831	.001

7.5.3.2 融入对企业社会责任归因的影响

表 7.13 CSR 融入水平对企业社会责任归因的主效应与交互作用分析

Source	Type III Sum of Squares	df	Mean Square	F	Sig.
Corrected Model	14. 761	7	2. 109	7. 098	. 000
Intercept	3368. 344	1	3368. 344	11338. 350	. 000
X1	5. 264	1	5. 264	17. 719	. 000
X2	2. 812	1	2. 812	9. 467	. 002
X3	. 685	1	. 685	2. 304	. 130
X1 ∗ X2	3. 508	1	3. 508	11. 807	. 001
X1 ∗ X3	. 630	1	. 630	2. 121	. 146
X2 ∗ X3	. 320	1	. 320	1. 078	. 300
X1 ∗ X2 ∗ X3	1. 938	1	1. 938	6. 522	. 011
Error	89. 123	300	. 297		
Total	3486. 222	308			
Corrected Total	103. 883	307			

由表 7.13 所示企业责任融入水平对企业社会责任归因的主效应与交互作用分析结果可知，期望契合度和业务关联度对企业社会责任归因的主效应显著，分别为：$F_{(1, 300)} = 17.719$，$P < 0.001$；$F_{(1, 300)} = 9.467$，$P < 0.05$。期望契合度和业务关联度对企业社会责任归因的二重交互作用显著，$F_{(1, 300)} = 11.807$，$P < 0.05$。期望契合度、业务关联度和操作整合度对企业社会责任归因的三重交互作用显著，$F_{(1, 300)} = 6.522$，$P < 0.05$。接下来，我们还要对业务关联度和操作整合度的简单效应进行检验。

表 7.14 企业社会责任融入水平对企业社会责任归因影响的组间对照

	(I)	(J)	Mean difference (I) − (J)	F	Sig.
期望契合度	低	高	− . 262	17. 719	. 000
业务关联度	低	高	− . 191	9. 467	. 002
操作整合度	低	高	− . 094	2. 304	. 130

表 7.15　业务关联度对企业社会责任归因的简单效应分析

期望 契合度	业务 关联度（I）	业务 关联度（J）	(I) － (J)	F	Sig.
低	低	高	－ .39632	4.704	.032
高	低	高	.02795	2.400	.123

　　由表 7.13 可知，期望契合度对企业社会责任归因具有主效应，假设 H4 得证。由于本研究的验证重点在业务关联度和操作整合度，此处不再对期望契合度的具体影响进行分析。由表 7.13 和表 7.15 可知，当期望契合度处于低水平时，业务关联度对企业社会责任归因的主效应显著，P ＜ 0.05；当期望契合度处于高水平时，业务关联度对企业社会责任归因的主效应不显著。结合表 7.14 中业务关联度对企业社会责任归因的影响方向，可以得出，业务关联度的确对企业社会责任归因具有显著影响，假设 H5 得证，但这种作用受到期望契合度的影响，即当期望契合度处于低水平时，业务关联度对企业社会责任归因的主效应显著；当期望契合度处于高水平时，业务关联度对企业社会责任归因具有一定影响，并未达到显著水平。

表 7.16　操作整合度对企业社会责任归因的简单效应分析

期望 契合度	操作 整合度（I）	操作 整合度（J）	(I) － (J)	F	Sig.
低	低	高	－ .18309	15.968	.000
高	低	高	－ .00434	.017	.896

　　由表 7.13 和表 7.16 可知，操作整合度也对企业责任行为的企业社会责任归因有影响：当期望契合度处于低水平时，操作整合度对企业社会责任归因的主效应显著，P ＜ 0.001；当期望契合度处于高水平时，操作整合度对企业社会责任归因的影响并不明显。假设 H6 得证，但表述并不准确。

7.5.3.3 融入对企业社会责任态度的影响

表 7.17　CSR 融入水平对企业社会责任态度的主效应与交互作用分析

Source	Type III Sum of Squares	df	Mean Square	F	Sig.
Corrected Model	12. 864	7	1. 838	9. 610	. 000
Intercept	3811. 180	1	3811. 180	19929. 67	. 000
X1	7. 727	1	7. 727	40. 406	. 000
X2	2. 866	1	2. 866	14. 990	. 000
X3	1. 340	1	1. 340	7. 008	. 009
X1 * X2	. 052	1	. 052	. 270	. 604
X1 * X3	. 625	1	. 625	3. 267	. 072
X2 * X3	. 015	1	. 015	. 076	. 782
X1 * X2 * X3	. 393	1	. 393	2. 055	. 153
Error	57. 369	300	. 191		
Total	3894. 314	308			
Corrected Total	70. 233	307			

由表 7.17 可知，期望契合度、业务关联度和操作整合度均对企业社会责任态度的主效应显著，分为别：$F(1, 300) = 40.406$，$P < 0.001$；$F(1, 300) = 14.990$，$P < 0.001$；$F(1, 300) = 7.008$，$P < 0.05$。三个二重交互作用和一个三重交互作用均不显著。结合表 7.18 中三个变量对企业社会责任的影响方向可知，假设 7、假设 8 和假设 9 的主假设得到证明，各分假设还需要进一步分析验证。

表 7.18　企业社会责任融入水平对企业社会责任态度影响的组间对照

	（I）	（J）	Mean difference （I） － （J）	F	Sig.
期望契合度	低	高	－ . 317	40. 406	. 000
业务关联度	低	高	－ . 193	14. 990	. 000
操作整合度	低	高	－ . 132	7. 008	. 009

表7.19　企业社会责任融入水平对企业评价的主效应与交互作用分析

Source	Type III Sum of Squares	df	Mean Square	F	Sig.
Corrected Model	18. 826	7	2. 689	11. 146	. 000
Intercept	3853. 951	1	3853. 951	15972. 146	. 000
X1	8. 865	1	8. 865	36. 741	. 000
X2	4. 722	1	4. 722	19. 571	. 000
X3	2. 785	1	2. 785	11. 540	. 001
X1 * X2	. 548	1	. 548	2. 273	. 133
X1 * X3	1. 145	1	1. 145	4. 747	. 030
X2 * X3	. 122	1	. 122	. 506	. 478
X1 * X2 * X3	. 807	1	. 807	3. 343	. 068
Error	72. 388	300	. 241		
Total	3959. 306	308			
Corrected Total	91. 214	307			

表7.20　企业社会责任融入水平对企业评价影响的组间对照

	（I）	（J）	Mean difference （I） － （J）	F	Sig.
期望契合度	低	高	－ . 340	36. 741	. 000
业务关联度	低	高	－ . 248	19. 571	. 000
操作整合度	低	高	－ . 190	11. 540	. 001

表7.21　操作整合度对企业评价的简单效应分析

期望契合度	操作整合度（I）	操作整合度（J）	（I） － （J）	F	Sig.
低	低	高	－ . 31474	3. 681	. 057
高	低	高	－ . 06966	. 181	. 671

由表7.19可知，期望契合度、业务关联度和操作整合度均对企业评价的主效应显著，分为别：$F (1, 300) = 36.471$，$P < 0.001$；$F (1, 300) =$

19.571，P < 0.001；F（1，300）= 11.540，P < 0.05。期望契合度和操作整合度对企业评价的交互作用显著，F（1，300）= 4.747，P < 0.05。结合表7.20中三个变量对企业社会责任的影响方向可知，假设7a、假设8a得到证明。操作整合度对企业评价的简单效应需要进一步分析，由表7.21可知，在期望契合度两个水平上，操作整合度对企业评价的影响均不显著，假设9a没有得到证明。

由表7.22可知，期望契合度和业务关联度对产品评价的主效应显著，分为别：F（1，300）= 29.846，P < 0.001；F（1，300）= 5.550，P < 0.05。操作整合度对企业评价的主效应不显著，三个变量间的交互作用也不显著。结合表7.23中三个变量对企业社会责任的影响方向可知，假设7b、假设8b得到证明，假设9b没有得到证明。

表7.22　企业社会责任融入水平对产品评价的主效应与交互作用分析

Source	Type III Sum of Squares	df	Mean Square	F	Sig.
Corrected Model	8.673	7	1.239	5.703	.000
Intercept	3713.213	1	3713.213	17093.654	.000
X1	6.483	1	6.483	29.846	.000
X2	1.206	1	1.206	5.550	.019
X3	.631	1	.631	2.904	.089
X1 * X2	.048	1	.048	.220	.639
X1 * X3	.244	1	.244	1.121	.290
X2 * X3	.012	1	.012	.055	.815
X1 * X2 * X3	.189	1	.189	.871	.351
Error	65.168	300	.217		
Total	3798.000	308			
Corrected Total	73.841	307			

表7.23　企业社会责任融入水平对产品评价影响的组间对照

	（I）	（J）	Mean difference（I）－（J）	F	Sig.
期望契合度	低	高	－.291	29.846	.000
业务关联度	低	高	－.125	5.550	.019
操作整合度	低	高	－.091	2.904	.089

由表7.24可知，只有期望契合度对购买意愿的主效应非常显著，$F(1, 300) = 15.244$，$P < 0.001$，业务关联度对购买意愿的主效应也是比较显著的，$F(1, 300) = 3.397$，$P < 0.1$，其他变量及其交互作用均不显著。结合表7.25中三个变量对购买意愿的影响方向可知，假设7c和假设8c得到证明，假设9c没有得到证明，即企业社会责任融入水平对购买意愿的影响主要是由期望契合度引起的。

表7.24　企业社会责任融入水平对购买意愿的主效应与交互作用分析

Source	Type III Sum of Squares	df	Mean Square	F	Sig.
Corrected Model	10.930	7	1.561	3.726	.001
Intercept	3950.941	1	3950.941	9429.200	.000
X1	6.387	1	6.387	15.244	.000
X2	1.423	1	1.423	3.397	.066
X3	.207	1	.207	.495	.482
X1 * X2	1.148	1	1.148	2.739	.099
X1 * X3	.089	1	.089	.214	.644
X2 * X3	1.445	1	1.445	3.449	.064
X1 * X2 * X3	.055	1	.055	.130	.718
Error	125.703	300	.419		
Total	4101.000	308			
Corrected Total	136.633	307			

表 7.25　企业社会责任融入水平对购买意愿影响的组间对照

	（I）	（J）	Mean difference （I）－（J）	F	Sig.
期望契合度	低	高	－.289	15.244	.000
业务关联度	低	高	－.136	3.397	.066
操作整合度	低	高	－.052	.495	.482

7.5.3.4 感知和归因与态度间的作用关系

依据 Baron 和 Kenny 提出的中介测试四步法，本研究需要建立四个回归方程进行分步回归分析：第一步，用企业社会责任感知、企业社会责任归因等待验证的中介变量对自变量企业社会责任融入水平进行回归；第二步，用因变量企业社会责任态度对自变量企业社会责任融入水平进行回归；第三步，用因变量企业社会责任态度对自变量企业社会责任融入水平以及企业社会责任感知、企业社会责任归因等待验证的中介变量进行回归。回归结果如表 7.26、表 7.27、表 7.28 和表 7.29 所示。

表 7.26　企业社会责任感知对企业社会责任融入水平的回归结果

	Standardized Coefficients		t	Sig.
	B	Std. Error		
期望契合度	.433	.052	8.592	.000
业务关联度	.150	.052	2.980	.003
操作整合度	.175	.052	3.474	.001

表 7.27　企业社会责任归因对企业社会责任融入水平的回归结果

	Standardized Coefficients		t	Sig.
	B	Std. Error		
期望契合度	.225	.064	4.078	.000
业务关联度	.162	.064	2.939	.004
操作整合度	.081	.064	1.475	.141

表7.28　企业社会责任态度对企业社会责任融入水平的回归结果

	Standardized Coefficients		t	Sig.
	B	Std. Error		
期望契合度	.333	.050	6.353	.000
业务关联度	.206	050	3.931	.004
操作整合度	.141	.050	2.682	.008

表7.29　企业社会责任态度对企业社会责任感知、归因及融入水平的回归结果

	Standardized Coefficients		t	Sig.
	B	Std. Error		
期望契合度	.086	.046	1.800	.073
业务关联度	.104	.042	2.378	.018
操作整合度	.043	.042	.974	.331
企业社会责任感知	.469	.051	8.428	.000
企业社会责任归因	.196	.042	3.384	.000

由表7.26可知，企业社会责任感知对企业社会责任融入水平的三个维度变量的回归方程均显著，$P < 0.05$；由表7.27可知，企业社会责任归因对期望契合度和业务关联度的回归方程显著，$P < 0.05$，但对操作整合度的回归方程不显著，$P > 0.1$。部分满足中介测试法的第一个条件。这一结果与前文中效应分析的结果相同。

由表7.28可知，企业社会责任态度对企业社会责任融入水平的三个维度变量的回归方程均显著，$P < 0.05$，完全满足中介测试的第二个条件。这一结果与前文中效应分析的结果也相同。

由表7.29可知，企业社会责任态度对企业社会责任感知、企业社会责任归因等待验证的中介变量的回归方程非常显著，$P < 0.001$；企业社会责任态度对期望契合度和业务关联度的回归方程边缘显著，$P < 0.1$，但对企业操作整合度的回归方程不显著，$P > 0.1$。部分满足中介测试法的第三个条件。

将表7.29与表7.28中的企业社会责任融入水平三个维度变量的回归系数进行比较，我们发现，期望契合度的 B 值变小了（由 $B = 0.225$ 变为 $B = 0.086$），业务关联度的 B 值也变小了（由 $B = 0.2065$ 变为 $B = 0.104$）。部分

满足中介测试法的第四个条件。将企业社会责任感知和企业社会责任归因的中介作用分别进行验证，也得到相同结果。

由上述分析，我们得到以下结论：

（1）企业社会责任感知对企业社会责任态度有显著正向影响，假设 H10 得证。

（2）企业社会责任归因对企业社会责任态度有显著正向影响，假设 H11 得证。

（3）企业社会责任感知是期望契合度、业务关联度与企业社会责任态度之间的中介变量，假设 H12a 和 H12b 得证；而对于操作整合度与企业社会责任态度，企业社会责任感知没有通过中介四步检验，假设 H12c 没有得证，即假设 H12 得到部分证明。

（4）企业社会责任归因是期望契合度、业务关联度与企业社会责任态度之间的中介变量，假设 H13a 和 H13b 得证；而对于操作整合度与企业社会责任态度，企业社会责任归因没有通过中介四步检验，假设 H13c 没有得证，即假设 H13 得到部分证明。

7.5.4　实验结果讨论

7.5.4.1 实验结果的总结

经过对实验所采集数据的分析处理，原有假设验证情况表 7.30 所示。依照研究模型提出的 13 个假设，只有假设 H9 没有通过验证，其他假设都全部或部分得到了验证。对照分析结果，我们将假设 H5 和假设 H6 进行了情景细化，使其表述更为准确。仔细分析表 7.30 的假设验证结果可知，原有假设的偏差或未得证部分主要与企业社会责任融入水平中的操作整合度及消费者的购买意愿有关。操作整合度包括企业社会责任活动的主题聚合度和主张一致度，其作用的发挥是通过提升企业社会责任形象来实现的。当消费者对企业社会责任形象不敏感时，操作整合度对消费者响应的积极效应无法发挥。改革开放以后，我国粗放的经济增长模式使得企业过度注重经济效益，而对于企业形象、品牌形象等软实力建设关注度较低，竞争企业之间在此方面的差异性很小。我国消费者长期处于此环境中，形成了较为固定的评价与决策模式。另一方面，企业社会责任问题的普遍存在，使得我国消费者更为关注企业有没有履行社会责任，是否统一一致并不重要。此外，我国消费者的企业社会责任消费意识水平还不高，企业的社会责任履行状况并未成为消费决策的重要因素。上述现状都使得操作整合度的影响受到限制，消费者购买意愿并未因企业社会责任行为产生显著变化。

表 7.30　假设验证结果

编号	假设	验证情况
H1	高水平的期望契合度比低水平的期望契合度更容易让消费者产生积极的企业社会责任感知。	成立
H2	高水平的业务关联度比低水平的业务关联度更容易让消费者产生积极的企业社会责任感知。	成立
H3	高水平的操作整合度比低水平的操作整合度更容易让消费者产生积极的企业社会责任感知。	成立
H4	高水平的期望契合度比低水平的期望契合度更容易让消费者产生积极的企业社会责任归因。	成立
H5	高水平的业务关联度比低水平的业务关联度更容易让消费者产生积极的企业社会责任归因。	表述不准确
	修改为：当期望契合度处于低水平时，高水平的业务关联度更容易让消费者产生积极的企业社会责任归因。	成立
H6	高水平的操作整合度比低水平的操作整合度更容易让消费者产生积极的企业社会责任归因。	表述不准确
	修改为：当期望契合度处于低水平时，高水平的操作整合度更容易让消费者产生积极的企业社会责任归因。	成立
H7	高水平的期望契合度比低水平的期望契合度更容易让消费者产生积极的企业社会责任态度。	成立
	a 高水平的期望契合度比低水平的期望契合度更容易让消费者产生积极的企业评价。	成立
	b 高水平的期望契合度比低水平的期望契合度更容易让消费者产生积极的产品评价。	成立
	c 高水平的期望契合度比低水平的期望契合度更容易让消费者产生积极的购买意愿。	成立

续表

编号	假设	验证情况
H8	高水平的业务关联度比低水平的业务关联度更容易让消费者产生积极的企业社会责任态度。	部分成立
	a 高水平的业务关联度比低水平的业务关联度更容易让消费者产生积极的企业评价。	成立
	b 高水平的业务关联度比低水平的业务关联度更容易让消费者产生积极的产品评价。	成立
	c 高水平的业务关联度比低水平的业务关联度更容易让消费者产生积极的购买意愿。	不成立
H9	高水平的操作整合度比低水平的操作整合度更容易让消费者产生积极的企业社会责任态度。	不成立
H10	企业社会责任感知对企业社会责任态度有显著正向影响。	成立
H11	企业社会责任归因对企业社会责任态度有显著正向影响。	成立
H12	企业社会责任感知是企业社会责任融入水平与企业社会责任态度之间的中介变量。	部分成立
	a 企业社会责任感知是期望契合度与企业社会责任态度之间的中介变量。	成立
	b 企业社会责任感知是业务关联度与企业社会责任态度之间的中介变量。	成立
	c 企业社会责任感知是操作整合度与企业社会责任态度之间的中介变量。	不成立
H13	企业社会责任归因是企业社会责任融入水平与企业社会责任态度之间的中介变量。	部分成立
	a 企业社会责任归因是期望契合度与企业社会责任态度之间的中介变量。	成立
	b 企业社会责任归因是业务关联度与企业社会责任态度之间的中介变量。	成立
	c 企业社会责任归因是操作整合度与企业社会责任态度之间的中介变量。	不成立

7.5.4.2 结论的理论意义

企业社会责任的消费者响应是企业社会责任研究的重要内容，近年来有众多国内学者在此领域展开了深入探讨，取得了丰富的成果，且实证研究在其中占了相当大的比例，本书在第二章第四节中对相关研究进行了综述。当前企业社会责任与消费者的相关研究的重点在于消费者响应，重点探讨消费者响应各关键要素之间的作用关系，而对其前因变量的研究并不重视，这与当前企业社会责任领域的粗放式研究模式具有很大关系。理论界对于企业社会责任构成要素的理解，依然停留在理论分析层面，更多地从内容、层次等方面进行分解，并没有过的多考虑实践因素。本研究在理论和实践相结合的原则指导下，从服务社会和服务企业两个管理构面上对企业社会责任实践行为进行了细分，并通过对消费者响应的研究进行了验证。实验结果发现，除了以往研究中经常被提到企业社会责任履行水平外（与本实验中的期望契合度类似），消费者还会关注企业承担社会责任的当前模式，即业务关联度和操作整合度，两者均会对消费者响应的关键方面产生重要影响。这一发现从消费者视角验证了本研究关于企业社会责任实践要素细分的正确性，有利于企业社会责任理论的丰富和发展。

7.5.4.3 结论的实践意义

以往粗放式的企业社会责任研究，忽略了静态与动态的有效结合，没有从实践发展的眼光看待企业社会责任实践问题，绝大部分研究集中于验证企业社会责任履行结果（即企业社会责任水平的高低）给企业经营造成的影响，鲜少有研究从理论和实践相结合的角度探寻企业有效提升社会责任履行水平的方法和途径，严重制约了企业社会责任实践的快速发展。近年来，有些著名学者已经注意到这一问题，开始关注企业社会责任的过程性研究。本研究以"立足当前现状，着眼未来发展"为指导思想，探寻企业在不同社会责任水平上"好快多省"的发展模式。在上述思想指导下，本研究将企业社会责任实践要素划分为当前现状和发展模式两部分，前者对应期望契合度，后者对应业务关联度和操作整合度，并在消费者响应的实验研究中得到了有利证明。实验结果表明，消费者响应不仅与期望契合度等企业社会责任现状表征要素有关系，还与业务关联度和操作整合度等企业社会责任发展模式有关系，并且某些方面的作用发挥还受到当前现状的制约。这些发现有利于现实企业以自身现状和未来目标为基础，量身定做适合自己的企业社会责任实践发展模式（详见第三章第五节）。

参考文献

［1］Abbotth, W. F. & Monsen, R. J. On the Measurement of Corporate Social Responsibility: Self – Reported Disclosures as a Method of Measuring Corporate Social Involvement ［J］. Academy of Management Journal, 1979, 22 （3）: 501 ~ 515.

［2］Ackerman, R. W. How Companies Respond to Social Demands ［J］. Harvard Business Review, 1973, 51 （4）: 88 ~ 98.

［3］Agle, B. R., Mitchell, R. K. & Sonnenfeld, J. A. Who Matters to Ceos? An Investigation of Stakeholder Attributes and Saleence, Corporate Performance, and CEO Values ［J］. Academy of Management Journal, 1999, 42 （5）: 507 ~ 525.

［4］Anderson, J. C. & Frankle, A. W. Voluntary Social Reporting: An iso – beta Portfolio Analysis ［J］. The Accounting Review, 1980, 55 （3）: 467 ~ 479.

［5］Argenti, P. A. Collaborating with activists: How Starbucks works with NGOs ［J］. California Management Review, 2004, 47 （1）: 91 ~ 116.

［6］Ashforth, B. E. & Bibbs, B. W. The Double – Edge of Organizational Legitimation ［J］. Organization Science, 1990, （1）: 177 ~ 194.

［7］Auger, P., Burke, P. Devinney, T. M. & Louviere, J. J. What Will Consumers Pay for Social Product Features? ［J］. Journal of Business Ethics, 2003, 42: 281 ~ 304.

［8］Aupperle, K. E., Carroll, A. B. & Hatfied, J. D. An Empirical Examination of the Relationship between Corporate Social Responsibility and Profitability ［J］. Academy of Management Journal, 1985, 28 （2）: 446 ~ 463.

［9］Bansal, P. Evolving Sustainability: A Longitudinal Study of Corporate Sustainable Development. Strategic Management Journal ［J］. 2005, 26 （3）: 197 ~ 218.

［10］Baron, R. M. & Kenny, D. A. The Moderator – Mediator Variable Distinction in Social Psychological Research: Conceptual, Stratetic and Statistical Considerations ［J］. Journal of Personality and Social Psychology, 1986, 51 （6）: 1173 ~ 1182.

［11］ Baron, D. P. Private Politics, Corporate Social Responsibility and Integrated Strategy ［J］. Journal of Economics and Management Strategy, 2001, 10: 7～45.

［12］ Barone, M. J., Shimp, T. A. & Sprott, D. E. Mere Owenership Revisited: A Robust Effect ［J］. Journal of Consumer Psychology, 1997, 6 (3): 257～284.

［13］ Barone, M. J., Miyazaki, A. D. & Taylor, K. A. The Influence of Cause – Related Marketing on Consumer Choice: Does one Good Turn Deserve anther? ［J］. Journal of the Academy of Marketing Science, 2000, 28: 248～262.

［14］ Barone, M. J., Norman, A. T. & Miyazaki, A. D. Consumer Response to Retailer Use of Cause – Related Marketing: Is More Fit Better? ［J］. Journal of Retailing, 2007, 83: 437～445.

［15］ Basu, K. & Palazzo, G. Corporate Social Responsibility: A Process Model of Sense – Marketing ［J］. Academy of Management Review, 2008, 33 (1): 122～136.

［16］ Bendapudi, N., Singh, S. N. & Bendapudi, V. Enhancing helping behavior: An Integrative Framework for Promotion Planning ［J］. Journal of Marketing, 1996, 60 (3): 33～49.

［17］ Berens, G., VanRiel, C. B. M. & VanBruggen, G. H. Corporate Association and Consumer Procuct Responses: The Moderating Role of Corporate Brand Dominance ［J］. Journal of Marketing, 2005, 69 (3) : 35～48.

［18］ Berens, G., Riel, C. B. M. & Rekom, J. V. The CSR – Quality Trade – Off: When can Corporate Social Responsibility and Corporate Ability Compensate Each Other? ［J］. Journal of Business Ethics, 2007, 74 (3): 233～252.

［19］ Berman, S. L. & Wicks, A. C. Does Stakeholder Orientation Matter? The Relationship between Stakeholder Management Models and Firm Financial Performance ［J］. Academy of Management Journal, 1999, 42 (5): 488～508.

［20］ Bhattacharya, C. B. & Sen, S. Measuring the Effectiveness of Corporate Social Initiatives: a Consumer – Centric Perspective ［J］. Advances in Consumer Research, 2004, 31: 101～102.

［21］ Bhattacharya, C. B. & Sen, S. Doing Better at Doing Good: When, Why, and How Consumers Respond to Corporate Social Initiatives ［J］. Califirnia Management Review, 2004, 47 (1): 9～24.

［22］ Bowman, E. H. & Haire, M. A. Strategic Posture toward Corporate Social Responsibility ［J］. California Management Review, 1975, 18 (2): 58～69.

［23］ Browne, S. E. Determinants of Corporate Social Performance: An Exploratory Investigation of Top Management Teams, CEO Compensation, and CEO Power ［D］. Florida : Dissertation of Nova Southeastern University, 2003.

［24］ Brady, M. K. & Cronin, J. J. Some New Thoughtson Conceptualizing Perceived Quality, A Hierarchical Approach ［J］. Journal of Marketing, 2001, (65): 34～49.

［25］Brammer, S. Williams, G. & Zinkin, J. Religion and Attitudes to Corporate Social Re-sponsibility in a Large Cross – Country Sample ［J］. Journal of Business Ethics, 2007, 71 (3): 229 ~ 243.

［26］Brickson, S. Organizational Identity Orientation: The Genesis of the Role of the Firm and Distinct forms of Social Value ［J］. Academy of Management Review, 2007, 32 (5): 864 ~ 888.

［27］Bromley, D. B. Reputation, Image and Impression Management ［M］. Wiley: John Wiley & Sons, 1993.

［28］Brown, H. R. Social Responsibility of the Businessman ［M］. New York: Harper, 1953.

［29］Brown, T. J. & Dacin, P. A. The Company and the Product: Corporate Associations and Consumer Product Responses ［J］. Journal of Marketing, 1997, 61 (1): 68 ~ 84.

［30］Brown, T. J. Corporate Associations in Marketing: Antecedents and Consequences ［J］. Corporate Reputation Review, 1998, 1 (3): 215 ~ 233.

［31］Browne, S. E. Determinants of Corporate Social Performance: An Exploratory Investi-gation of Top Management Teams, CEO Compensation, and CEO Power ［D］. Florida: Disserta-tion of Nova Southeastern University, 2003.

［32］Burke, L. & Logsdon, J. M. How Corporate Social Responsibility Pays Off ［J］. Long Range Planning, 1996, 29 (4): 495 ~ 502.

［33］Carman, J. M. Consumer Perceptions of Service Quaility: an Assessment of the Serqual Dimensions ［J］. Journal of Retailing, 1990, 66 (Spring): 33 ~ 35.

［34］Carroll, A. B. A. A Three – Dimensional Conceptual Model of Corporate Performance ［J］. Academy of Management Review, 1979, 4 (4): 497 ~ 505.

［35］Carroll, A. B. Corporate Soicial Responsibility ［J］. Business & Society Review, 1999, 38 (3): 268 ~ 295.

［36］Carroll, A. B. & Buchholtz, A. K. Business & Society: Ethics and Stakeholder Man-agement (5th ed.) ［M］. Ohio: South – Western, 2003.

［37］Charkham, J. Corporate Governance: Lessons From Abroad ［J］. European Business Journal, 1992, 4 (2): 8 ~ 16.

［38］Chun – Hsien, C. & Pheng, K. L. Wei, A Strategy for Acquiring Customer Requirement Pattens Using Laddering Teachnique and ART2 Neural Network ［J］. Advanced Engineering In-formatics, 2002, (16): 229 ~ 240.

［39］Clarkson, M. E. A Stakeholder Framework for Analiying and Evaluating Corporate So-cial Performance ［J］. Academy of Management Review, 1995, 20 (1): 92 ~ 117.

［40］Cochran, P. L. The evolution of corporate social responsibility ［J］. Business Horizons, 2007, (50): 449~454.

[41] Davis, K. Understanding the Social Responsibility Puzzle [J]. Business Horizons, 1967, 10 (3): 45~50.

[42] Davis, K. The Case for and against Business Assumption of Social Responsibility [J]. Academy of Management Journal, 1973, 16 (2): 312~322

[43] Davis, K. & Blomstrom, R. Business and Society: Environment and Responsibility (3rd ed.) [M]. New York: McGraw – Hill, 1975.

[44] Davids & Mery. The Champin of Corporate Social Responsibility [J]. Business and Society Review, 1990, 74: 40~43.

[45] Dean, D. H. Consumer reaction to negative publicity: effects of corporate reputation, response and responsibility for a crisis envent [J]. Journal of Business Communication, 2004, 41 (2): 192~211.

[46] Dichter, E. What is an Image? [J]. Journal of Consumer Research, 1985, 13: 455~472.

[47] Dodd, J. E. M. For Whom Are Corporate Managers Trustees? [J]. Harvard Law Review, 1932, 45 (7): 1145~1163.

[48] Dodds, W. B., Monroe, K. B. & Grewal, D. Effects of Price, and Store Information on "Buyers" Product Evaluations [J]. Journal of Marketing Research, 1991, 28 (3): 307~318.

[49] Donaldson, T. & Dunfee, T. W. Ties That Bind: A Social Contracts Approach to Business Ethics [M]. Bsoton: President and Fellows of Harvard College, 1999.

[50] Dowling, G. R. Corporate Reputations: Should you Compete on Yours? [J]. California Management Review, 2004, (46): 19~36.

[51] Drumwright, M. Company Advertising with a Social Dimension: the Role of Non – economic Critera [J]. Journal of Marketing, 1996, 60 (4): 71~87.

[52] Du, S., Bhattacharya, C. B. & Sen, S. Reaping Relational Rewards from Corporate Social Responsibility: the Role of Competitive Positioning [J]. International Journal of Research in Marketing, 2007, 24: 224~241.

[53] Elias, R. Z. An Examination of Business Students: Perception of Corporate Social Responsibilities before and after Bankruptcies [J]. Journal of Business Ethics, 2004, 52 (3): 267~281.

[54] Ellen, P. S., Webb, D. J. & Mohr, L. A. Building Corporate Associations: Consumer Attributions for Corporate Socially Responsible Programs [J]. Journal of Academy of Marketing Science, 2006, 34 (2): 147~157.

[55] Epstein, M. J. & Roy, M. J. Sustainability in action: Identifying and measuring the key performance drivers [J]. Long Range Planning, 2001, 34 (5): 585~604.

[56] Etzioni, A. The Moral Dimension [M]. New York: Free Press, 1988.

［57］Fein, S. , Hilton, J. L. & Miller, D. T. Suspicion of Ulterior Motivation and the Correspondence Bias ［J］. Journal of Personality and Social Psychology, 1990, 58: 753 ~ 764.

［58］Folkes, V. Recent Attribution Reaearch in Consumer Behavior: A Review and new Directions ［J］. Journal of Consumer Research, 1988, 14 (4): 548 ~ 565.

［59］Folkes, V. S. & Kamins, M. A. Effects of Information about Firms' Ethical and Unetical Actions on Consumers' Attitudes ［J］. Journal of Consumer Psychology, 1999, 8 (3): 243 ~ 259.

［60］Fombrun, C. J. Reputation: Realizing Value from the Corporate Image ［M］. Boston: Harvard Business School Press, 1966.

［61］Forehand, M. R. Grier, S. When is Honesty the Best Policy? The Effect of Stated Company Intent on Consumer Skepticism ［J］. Journal of Consumer Psychology, 2003, 13 (3): 349 ~ 356.

［62］Frederick, W. C. Business and Society, Corporate Srrategy, Public Policy, Ethics (6th ed.) ［M］. New York: McGraw – Hill Book, 1988.

［63］Frederick, W. C. Anchoring Values in Nature: Towards a Theory of Business Values ［J］. Business Ethics Quarterly, 1992. 2 (3): 283 ~ 304.

［64］Frederick, W. C. Moving to CSR4 ［J］. Business and Society, 1998, 37 (1): 40 ~ 60.

［65］Freeman, R. E. Strategic Management: A Stakeholder Approach ［M］. Boston: Pitman, 1984.

［66］Freeman, R. E. & Gilbert, D. R. J. Corporate Sgrategy and the Search for Ethics ［M］. Prentice Hall Trade, 1988.

［67］Friedman, M. Capitallism and Freedom ［M］. Chicago: University of Chicago Press, 1962.

［68］Friedman, M. The Social Responsibility of Business is to Increase its Profits ［N］. New York Times Magazine, 1970 – 9 – 13 (32).

［69］Galbreath, J. Building Corporate Social Responsibility into Strategy ［J］. European Business Review, 2009, 21 (2): 109 ~ 127.

［70］Gavin, J. F. & Maynard, W. S. Perceptions of Corporate Social Responsibility ［J］. Personnel Psychology, 1975, 28 (3): 377 ~ 387.

［71］Gilbert, D. T. & Malone, P. S. The Correspondence Bias ［J］. Psychology Bnlletin, 1995, 117 (1): 186 ~ 199.

［72］Gollwitzer, P. M. & Bradstaetterk, V. Implementation Motives and Effective Goal Pursuit ［J］. Journal of Personality and Social Psychology, 1997, 73 (1): 186 ~ 199.

［73］Grant, T. S. , Nix, T. W. , Whitehead, C. J. & Blair, J. D. Strategy for Assessing and Managing Organization Stakeholders ［J］. Academy of Management Executive, 1991, 5

(2): 86~102.

[74] Gray, E. R. & Balmer, J. M. T. Managing corporate image and corporate reputation [J]. Long Range Planning, 1998, 31 (5): 695~702.

[75] Greening, D. W. & Gray, B. Testing a Model of Organizational Response to Social and Political Issues [J]. Academy of Management Journal, 1994, 37: 467~498.

[76] Guielford, J. P. Fundamental Statics in Psychology and Education [M]. New York: Mc Graw – Hill, 1965.

[77] Gunness, R. Social Responsibity: The Art of the Possible [J]. Business and Society Review, 1986: 25.

[78] Hansen, U. & Schrader, U. Corporate Social Responsibility als aktuelles Thema der Betriebswirtschaftslehre [J]. Die Betriebswirtschaft, 2005, 65 (4): 373~395.

[79] Heal, G.. Corporate social responsibility: An economic and financial framework [J]. The Geneva Papers on Risk and Insurance Issues and Practice, 2005, 30 (3): 387~409.

[80] Heminway, C. A. & Maclagan, P. W. Managers' Personal Values as Drivers of Corporate Social Responsibility [J]. Journal of Business Ethics, 2004, 50 (1): 33.

[81] Hillman , A. J. & Keim, G. D. Shareholder Value, Stakeholder Management, and Social Issues: What's the Bottom Line? [J]. Strategic Management Journal, 2001, 22: 125~139.

[82] Hopkins, M. Measurement of Corporate Social Responsibility [J]. International Journal of Management & Decision Making, 2005, 6 (3/4) : 213~230.

[83] Husted B. W. , Allen D. B. Strategic Corporate Social Responsibility and Value Creation among Large Firms. Long Range Planning, 2007a, 40: 594~610.

[84] Hummels, H. & Karssing, E. Ethiek Organiseren. In Jeurissen, R. [M] Bedrijfsethiek: Een Geode Zaak, 2000.

[85] Igalens, J. & Gond, J. P. Measuring Corporate Social Performance in France: A Critical and Empirical Analysis of Arese Data [J]. Journal of Business Ethics, 2005, 56 (2) : 131~148.

[86] Ingram, R. W. An Investigation of the Information Content of (Certain) Social Responsibility Disclosures [J]. Journal of Accounting Research, 1978, 16: 270~285.

[87] Jawahar, J. M. & Mclaughlin, G. L. Toward a Descriptive Stakeholder Theory: An Organization Life Cycle Approach [J]. Academy of Management Review, 2001, 26: 397~414.

[88] Jones, Edwark, E. , Keith, E. D. & Kenneth, J. G. Role – playing Variations and Their Informational Value forPerson Perception [J]. Journal of Abnormal and Social Psychology, 1961, 63: 302~310.

[89] Jones, T. M. Instrumental Stakeholder Theory: A Synthesis of Ethics and Economics [J]. Academy of Management Review, 1995, 20 (2): 404~437.

［90］Joyner, B. E., Paine, D. & Raiborn, C. A. Building Values, Business Ethics and Corporate Social Responsibility into the Developing Organization［J］. Journal of Developmental Entrepreneurship, 2007, 7 (1): 1113～131.

［91］Kaplan, S. E., McElroy, J. C., Ravenscroft, S. P. & Shrader, C. B. Moral Judgment and Causal Attributions: Consequences of Engaging in Earnings Management［J］. Journal of Business Ethics, 2007, 74: 149～164.

［92］Kelly, H. H. Attribution in Social Interaction［M］. New York: General Learning, 1971.

［93］Kinder, Lydenberg, Domini & Co. Inc. Socrates: The Corporate Social Ratings Monitor［C］. Cambridge, MA: Kinder, Lydenberg & Domini Co. Inc, 1999.

［94］Klein, J. & Dawar, N. Corporate Social Responsibility and Consumers' Attributions and Brand Evaluations in a Product－Harm Crisis［J］. International Journal of Research in Marketing, 2001, 21: 203～217.

［95］Kong, N., Salzmann, O., Steger, U. & lonescu－Somers, A. Moving business／industry towards sustainable consumption: The role of NGOs［J］. European Management Journal, 2002, (20): 109～127.

［96］Kotler, P. Marketing Management (7th edition)［M］. Englewood Cliffs, N. J.: Prentice Hall, 1991.

［97］Kropotkin, P. Mutual Aid［M］. New York: Blom, 1968.

［98］Kruglanski, A. W. The Endogenous－exogenous Partition in Attribution Theory［J］. Psychological Review, 1975, 85: 387～406.

［99］Kruglanski, A. W. The Psychology of Being 'Right': The Problem of Accuracy in Social Perception and Cognition［J］. Psycholigical Bulletin, 1989, 106 (3): 395～409.

［100］Kunt, H. M. & Svein, J. From User－groups to Stakeholders? The Public Interst in Fisheries Management［J］. Marine Policy, 2001, 25 (4): 281～292.

［101］Lantos, G. P. The Boundaries of Strategic Corporate Social Responsibility［J］. Journal of Consumer Marketing, 2001, 18 (7): 595～630.

［102］Levitt, T. The Dangers of Social Responsibility［J］. Harvard Business Review, 1958, (9/10): 41～45.

［103］Litz, R. A. A Responsiveness as Strategic Assets［J］. Journal of Business Ethics, 1996, 15: 1355～1363.

［104］LIU Na, Xu Zheng－liang. An Assessment Model of CSR Based on SD from a Company Perstive［C］. 2008 International Conference on Management of Technology, 2008.

［105］Luo, X. & Bhattacharya, C. B. Corporate Social Responsibility, Customer Satisfaction, and Market Value [J]. Journal of Marketing, 2006, 70 (4): 1~18.

[106] Manfred, S. Components and Parameters of Corporate Reputation: An Emporical Study [J]. Schmalenbach Business Review, 2004, 56 (1): 46~72.

[107] Maignan, I., Ferrell, O. C. & Hult, G. T. M. Corporate Citizenship: Cultural Antecedents and Business Benefits [J]. Journal of the Academy of Marketing Science, 1999, 27 (4): 455~470.

[108] Margolis, J. D. Responsibility in Organizational Context [J]. Business Ethics Quarterly, 2001, 11 (3): 431~454.

[109] Margolis, J. D. & Walsh, J. P. Misery loves companies: Rethinking social initiatives by business [J]. Administrative Science Quarterly, 2003, 48 (2): 268~305.

[110] Marin, L., Ruiz, I. I Need you too! Corporate Identity Attractiveness for Consumers and the Role of Social Responsibility [J]. Journal of Business Ethics, 2007, 71: 245~260.

[111] Markwick, Nigel, Fill & Chris. Towards a Framework for Managing Corporate Identity [J]. European Journal of Marketing, 1997, 31 (5): 396~409.

[112] Marquez, A. & Fombrun, C. J. Measuring Corporate Social Responsibility [J]. Corporate Reputation Review, 2005, 7 (4): 304~308.

[113] Miles, R. Managing the corporate social environment: a grounded thory [M]. Englewood Cliffs: Prentice – Hall, 1987.

[114] Miller, D. & Friesen, P. H. Momentum and Revolution in Organizational Adaptation [J]. Academy of Management, Journal, 1980, 23: 591~614.

[115] Mintzberg, H. Crafting Strategy [J]. Harvard Business Review, 1987, 65 (4): 66~77.

[116] Mintzberg, H., Ahlstrand, B. & Lamplel, J. Strategy Safari: A Guided Tour Through the Wilds of Strategic Management [M]. New York: The Free Press, 1998.

[117] Mitchill, R. K., Agle, B. R. & Wood, D. J. Toward a Theory of Stakeholder Identification and Salience: Definng the Principle of Who and What Really Counts [J]. Academy of Management Review, 1997, 22 (4): 853~886.

[118] Mohr, L. A., Webb, D. J. & Harris, K. E. Do Consumers Expect Companies to be Socially Responsible? The Impact of Corporate Social Responsibility on Buying Behavior [J]. Journal of Consumer Affairs, 2001, 35 (1): 45~72.

[119] Mohr, L. A., Webb, D. J. The Effects of Corporate Social Responsibility and Price on Consumer Responses [J]. The Journal of Consumer Affairs, 2005, 39 (1): 121~147.

[120] Moskowitz, M. R. Chosing socially responsible stocks [J]. Business and Society Review, 1971, (1): 71~75.

[121] Murray, K. B. & Montanari, J. R. Stratetic Management of the Socially Responsible

Firm: Integrating Management and Marketing Theoty [J]. Academy of Management Review, 1986, 11 (4): 815～828.

[122] Nakayama, M. & Sutcliffe, N. G.. Exploratory analysis on the halo effect of strategic goals on IOS effectiveness evaluation. Information & Management [J], 2005, 42 (2): 275～288.

[123] Nunnally, J. C. Psychometric theory (2nd ed.) [M]. New York: McGraw Hill, 1978.

[124] Norcia, V. D. & Tigner, J. Mixed Motives and Ethical Decisions in Business [J]. Journal of Business Ethics, 2000, 25 (1): 1～13.

[125] O' Connor A. & Meister, M. Corporate social responsibility attribute rankings. Public Relations Review [J], 2008, 34: 49～50.

[126] Oliver, R. L. A Cognitive Model of the Antecedents and Consequences of Satisfaction Decisions [J]. Journal of Marketing Research, 1980, 17 (4): 460～469.

[127] Olsen, B. K. , Cudmore, B. A. & Hill, R. P. The Impact of Perceived Corporate Social Responsibility on Consumer Behavior [J]. Journal of Business Research, 2006, 59: 46～53.

[128] Osterhus, T. L. Pro－Social Consumer Influence Strategic: When and How do they Work [J]. Journal of Marketing, 1997, 61 (10): 16～29.

[129] Owen, C. L. & Scherer, R. F. Social Responsibility and Market Share [J]. Review of Business, 1993, 15 (1): 11～16.

[130] Paine, L. S. Managing for Organizational Integrity [J]. Harvard Business Review, 1994, March/April: 106～117.

[131] Palme, U. & Tillman, A. M. Sustainable Development Indicators: How Are They Used in Swedish Water Utilities [J]. Journal of Cleaner Production, 2008, 16 (13): 1346～1357.

[132] Polonsk, M. J. A Stakeholder Thoery Approach to Design Environmental Marketing Strategy [J]. Journal of Business and Industrial Marketing, 1995, 10 (3): 29～46.

[133] Porter, M. E. Whai is strategy? [J] Harvard Business Review, 1996, 74 (6): 61～79.

[134] Porter, M. E. & Kramer, M. R. The Competitive Advantage of Corporate Philanthropy [J]. Harvard Business Review, 2002, 12: 5～16.

[135] Porter, M. E. & Kramer, M. R. Strategy and Society : The Link between Competitive Advantage and Corporate Social Responsibility [J]. Harvard Business Review, 2006, 12: 78～92.

[136] Preece, S. , Fleisher, C. & Toccacelli, J. Building a Reputation along the Value Chain at Levi Strauss [J]. Long Range Planning, 1995, 28 (6): 88～98.

[137] Preston, L. E. & Post, J. E. Measuring Corporate Responsibility [J]. Journal of General Management, 1975, 2 (3): 45～52.

［138］ Preston, L. E. Comparing Corporate Social Performance: Germany, France, Canada and the U. S. ［J］. California Management Review, 1978, 20 (4): 40~49.

［139］ Ramasamy, B. & Hung, W. T. A Comparative Analysis of Corporate Social Responsibility Awareness ［J］. Journal of Coporate Citizenship, 2004, (13): 109~123.

［140］ Rashid, M. Z. A. & Ibrahim, S. Executive and Management Attitudes towards Corporate Social Responsibility in Malaysia ［J］. Corporate Governance: The International Journal of Effective Board Performance, 2002, 2 (4): 10~16.

［141］ Robbins, S. P. Organizational Behavior ［M］. Beijing: Qinghua University Press, 2007.

［142］ Robert, R. W. Determinants of Corporate Social Responsibility Disclousure: an Application of Stakeholder Theory ［J］. Accounting, Organizations & Society, 1992, 17 (6): 595~612.

［143］ Salmones, M. M. G., Grespo, A. H. & Bosque, I. R. Influence of Corporate Social Responsibility on Loyalty and Valuation of Services ［J］. Journal of Business Ethics, 2005, 61: 369~385.

［144］ Salzmann, O., Ionescu – Somers, A. & Steger, U. The business case for corporate sustainability: Literature review and research options ［J］. European Management Journal, 2005, 23 (1): 27~36.

［145］ Schermerhorn, J. R., Hunt J. G. & Osborn, R. N. Managing Organizational Behavior (fifth edition) ［M］. New York: John Wiley & Sons, 2006.

［146］ Scholder, E. P., Mohr, L. A. & Webb, D. J. Charitable Problems and the Retailer: Do They Mix? ［J］. Journal of Retailing, 2000, 76 (3): 393~406.

［147］ Scholder, E. P., Webb, D. J. & Mohr, L. A. Building Corporate Associations: Consumer Attrubutions for Corporate Socially Responsible Programs ［J］. Journal of the Academy of Marketing Science, 2006, 34 (2): 147~157.

［148］ Schuler, D. A. & Cording, M. A Corporate Social Performance – Corporate Financial Performance Behavior Model for Consumers ［J］. Academy of Management Review, 2006, 31 (3): 540~558.

［149］ Schwaiger, M. Componts and Parameters of Corporate Reputation – an Empirical Study ［J］. Schmaenbach Business Review, 2004, 56 (1): 46~71.

［150］ Sen, A. On ethics and economics ［M］. Oxford: Blackwell, 1988.

［151］ Sen, S. & Bhattacharya, C. B. Does Doing Good Always Lead to Doing Better? Consumer Reactions to Corporate Social Responsibility ［J］. Journal of Marketing Research, 2001, 38 (2): 225~243.

［152］ Sen, S., Bhattacharya, C. B. & Korschun, D. The Role of Corporate Social Responsibility in Strengthening Multiple Stakeholder Relationships: A Field Expriment [J]. Journal of the Academy of Marketing Science, 2006, 34 (2): 158 ~ 166.

[153] Sheikh, S. Corporate Social Responsibilities: Law and Practice [M]. London: Cavendish Publishing Limited London, 1996.

[154] Sheldon, O. The Social Responsibility of Management, the Philosophy of Management [M]. London: Sir Isaac Pitman and Sons Ltd, 1924.

[155] Smith, R. R. Social Responsibility: A Term We Can Do Without [J]. Business and Society Review, 1988: 31.

[156] Smith, C. The New Corporate Philanthropy [J]. Harvard Business Review1996, (5/6): 105 ~ 116.

[157] Smith, N. C. Corporate Social Responsibility: Whether or How? [J]. California Management Review, 2003, 45: 52 ~ 76.

[158] Sparks B. N. & McColl – Kennedy, V. J. Justice Strategy Options for Increased Customer Satisfaction in a Service Recovery Setting [J]. Journal of Business Reaearch, 1996, 54: 209 ~ 218.

[159] Srull, T. K. Person Menory: Some Tests of Associative Storage and Retrieval Models [J]. Journal of Experimental Psychology, 1981, 7: 440 ~ 462.

[160] Stone, C. D. Where the Law Ends the Social Control of Corporate Behavior [M]. New York: Harper & Row, 1975.

[161] Swinyard, W. R. The Effects of Mood, Involvement, and Quality of Store Experience on Shopping Intentions [J]. Journal of Consumer Research, 1993, 20 (9): 271 ~ 280.

[162] Thomas, A. S. & Simerly, R. L. Internal Determinants of Corporate Social Performance: The Role of Top Managers [J]. Academy of Management Journal, Briarcliff Manor, 1995: 411 ~ 415.

[163] Ullmann, A. A. Data in Search of a Theory: A Ciritical Examination of the Relationships among Social Performance, Social Disclousure, and Economic Performance of U. S. Firms [J]. Academy of Management Review, 1985, 10 (3): 540 ~ 557.

[164] Vance, S. C. Are socially responsible corporate good investment risks [J]. Management Review, 1975, (64): 19 ~ 24.

[165] Velasquez, M. G. & Rostankowski, C. Ethics: Theory and Practice [M]. NJ: Prentice – Hall, 1985.

[166] Votaw, D. Genius Becomes Rare in the Corporate Dilemma: Traditional Values and Contemporary Problems [M]. Enlewood Cliffs, N. J.: Prentrice Hall, 1975.

[167] Wagner, M. & Schaltegger, S. and Welrmeyer, W. The relationship between the en-

vironmental economic performance of firms [J] . Greener Management International, 2001, 34 (Sumer) : 95 ~ 108.

[168] Wartich, S. L. & Cochran, P. L. The Evolution of the Corporate Social Performance Model [J] . Academy of Management Review, 1985, 10 (4): 758 ~ 769.

[169] Wartick, S. & Cochran, R. E. Issues Management: Corporate Fad or Corporate Function? [J] . California Management Review, 1986, 29 (1): 214 ~ 132.

[170] Webb, D. J. & Mohr, L. A. A Typology of Consumer Responses to Cause – Related Marketing: From Skeptics to Socially Concerned [J] . Journal of Public Policy and Marketing, 1998, 17 (2) : 226 ~ 238.

[171] Weber, M. The Business Case for Corporate Social Responsibility: A Company – level Measurement Approach for CSR [J] . European Management Journal (2008), doi: 10. 1016/j. emj. 2008. 01. 006.

[172] Weigelt, K. & Camerer, C. Reputation and Corporate Strategy: a Review of Recent Theory and Applications [J] . Strategic Management Journal, 1988, 19 (5) : 443 ~ 454.

[173] Wheeler, Maria. Including the Stakeholders: the Business Case [J] . Long Range Planning, 1998, 31 (2): 201 ~ 210.

[174] White, A. Sustainability and the Accountable Corporation: Society's Rising Expectations of Business [J] . Environment, 1999, 41 (8): 30 ~ 43.

[175] Williamson, O. E. Manageral Disceretion and business behavior [J] . American Economic Review, 1963, 53 (5): 1032 ~ 1058.

[176] Wilson, I. What one company is doing about today's demands on business, In George A Steiner (ED), Changing Business society interrelationships [C] . Los Angeles: Graduate School of Management, 1975.

[177] Wilson, Mel. Corporate Sustainability: What is it and Where does it Come From? [J] . Ivey Business Journal, 2003, (3/4): 1 ~ 6.

[178] Wokutch, R. E. & McKinney, E. W. Behavioral and Perceptual Measures of Corporate Social Performance, in J. E. Post [J] . Research in Corporate Social Performance and Policy, 1991, 12: 309 ~ 330.

[179] Wood, D. J. Corporate Social Performance Revisited [J] . The Academy of Management Review, 1991, 16 (4): 691 ~ 717.

[180] Wood, D. J. & Jones, R. E. Stakeholder Mismatching: A Theoretical Problem in Emporical Research on Corporate Social Performance [J] . International Journal of Organization Analysis, 1995, 3 (3): 229 ~ 367.

[181] Xu Zheng – liang, LIU Na. Research on Win – Win Management Control Mode of CSR

Based on Society Harmony and Corporate Sustainable Development [C]. Jiaozuo: 2008 International Conference on Management Science and Engineering, 2008.

[182] Yaacov, S. & Burnstein, E. Judging the Typicality of an Instance: Schould the astegory be Accessde First? [J]. Journal of Personality and Social Psychology, 1990, 58 (6): 964~974.

[183] Yoon, Y. & Canli, Z. G. The Effect of Corporate Social Responsibility on Product Quaility Evaluation [J]. Advances in Consumer Research, 2004, 31: 102~103.

[184] Yoon, Y., Canli, Z. G. & Schwarz, N. The Effect of Corporate Social Responsibility (CSR) Activities on Companies With Bad Reputations, 2006, 16 (4): 377~390.

[185] [美] 菲利普·科特勒，南希·李. (姜文波译) 企业的社会责任 [M]. 北京：机械工业出版社，2006.

[186] [美] 哈罗德·孔茨. 管理学 [M]. 北京：经济科学出版社，1998.

[187] [美] 斯蒂芬·罗宾斯. 管理学 [M]. 北京：中国人民大学出版社，1998.

[188] [美] 迈克尔·波特. 竞争战略 [M]. 北京：华夏出版社，1997.

[189] R·爱德华·弗里曼. 战略管理——利益相关者方法 [M]. 上海：上海译文出版社，2006.

[190] 陈宏辉. 企业的利益相关者理论与实证研究 [D]. 杭州：浙江大学博士学位论文，2003.

[191] 陈宏辉，贾生华. 企业社会责任观的演进与发展：基于综合性社会契约的理解 [J]. 中国工业经济，2003，(12)：85~92.

[192] 陈亮. 企业社会责任如何影响消费者的购买意愿 [J]. 北方经济，2009，4：46~47.

[193] 陈明，刘跃所. 企业责任型战略的界定与实施方略 [J]. 企业研究，2006，(5)：69~71.

[194] 高勇强，马昌义. 事业关联营销的消费者行为研究 [C]. 北京：中国市场学会年会论文，2006：2810~2822.

[195] 郭红玲. 基于消费者需求的企业社会责任供给与财务绩效的关联性研究 [D]. 成都：西南交通大学博士学位论文，2006.

[196] 姜启军，贺卫. 企业社会责任的战略选择与民营企业的可持续发展 [J]. 商业经济与管理，2005，169 (11)：51~56.

[197] 金碚，李钢. 企业社会责任公众调查的初步报告 [J]. 经济管理，2006，(3)：13~16.

[198] 姜启军，顾庆良. 企业社会责任和企业战略选择 [M]. 上海：上海人民出版社，2008.

［199］焦玉瑾．企业社会责任对大学生消费群体购买意向影响的研究［D］．长春：吉林大学硕士学位论文，2009．

［200］李海舰，郭树民．从经营企业到经营社会——从经营社会的视角经营企业［J］．中国工业经济，2008，（5）：87～98．

［201］李健．构建和谐社会与企业社会责任体系建设［J］．经济体制改革，2008，（01）：100～102．

［202］李俊伟．企业社会责任的驱动力——基于消费者的解释［J］．江苏商论，2009，5：37～39．

［203］李立清．企业社会责任评价理论与实证研究：以湖南省为例［J］．南方经济，2006，（01）：105～117．

［204］李双龙．试析企业社会责任的影响因素［J］．经济体制改革，2005，（04）：67～70．

［205］李雄诒，李新杰．浅议企业社会责任型文化的构建［J］．经济论坛，2009，（5）：96～98．

［206］李正．企业社会责任与企业价值的相关性研究——来自沪市上市公司的经验证据［J］．中国工业经济，2006（02）：77～83．

［207］林国建．现代企业文化的理论与实践［M］．哈尔滨：哈尔滨工程大学出版社，2004．

［208］刘斌，王杏芬，李嘉明．实施企业社会责任创新战略的模型分析［J］．科技进步与对策，2007，24（4）：111～115．

［209］刘长喜．利益相关者、社会契约与企业社会责任——一个新的分析框架及其应用［D］．上海：复旦大学博士学位论文，2005．

［210］刘德吉．从"捐款门事件"看企业社会责任的动力机制［J］．商场现代化，2009，（2）：388～389．

［211］刘德胜，金常辉．战略视角下的企业社会责任［J］．企业研究，2006，（11）：46～47．

［212］刘俊海．公司的社会责任［M］．北京：法律出版社，1999．

［213］刘思华．中国企业的社会责任战略思考［J］．企业发展，2009，（02）：26～28．

［214］刘兆峰．企业社会责任与企业形象塑造［M］．北京：中国财政经济出版社，2008．

［215］柳铮．企业高层行为与顾客价值创造关系的研究［D］．长春：吉林大学博士学位论文，2009．

［216］卢东，寇燕．基于消费者视角的企业社会责任综合解析［J］．软科学，2009，23（3）：99～103．

［217］罗重谱．企业社会责任动力机制的多为探视［J］．广西经济管理干部学院学

报，2008，（4）：17~21.

[218] 马力，齐善洪. 公司社会责任理论述评 [J]. 经济社会体制比较，2005，（2）：138~141.

[219] 马录骅. 混合品牌策略对消费者产品评价的影响因素研究 [D]. 上海：上海交通大学硕士学位论文，2007.

[220] 南文化. 企业社会责任与企业战略 [J]. 华北电力大学学报（社会科学版本），2009，（2）：42~47.

[221] 聂禄玲. 企业社会责任与企业战略选择 [J]. 商业现代化，2007，（08）：72~73.

[222] 欧阳润平，宁亚春. 西方企业社会责任战略管理相关研究述评 [J]. 湖南大学学报（社会科学版），2009，（03）：48~52.

[223] 屈晓华. 企业社会责任演进与企业良性行为互动研究 [J]. 管理现代化，2003，（5）：36~38.

[224] 沈弋. 企业经营管理与社会责任之战略耦合 [D]. 南京：南京理工大学硕士学位论文，2008.

[225] 沈艺峰，沈洪涛. 相关利益者理论研究传统之探讨 [J]. 中国经济问题，2003，（2）：23~31.

[226] 沈泽. 基于消费者视角的企业社会责任对企业声誉的影响研究 [D]. 杭州：浙江大学硕士学位论文，2006.

[227] 田虹. 企业社会责任效应研究 [D]. 长春：吉林大学博士学位论文，2007.

[228] 田阳，王海忠，陈增祥. 公司形象对消费者信任和购买意向的影响机制 [J]. 商业经济与管理，2009，9：65~72.

[229] 田志龙，贺远琼，高海涛. 中国企业非市场策略与行为研究——对海尔、中国宝洁、新希望的案例研究 [J]. 中国工业经济，2005，（09）：82~90.

[230] 王敏. 企业社会责任对企业竞争力的影响研究 [D]. 长春：吉林大学硕士学位论文，2006.

[231] 卫敏娟. 关于企业社会责任的战略思考 [J]. 全国商情（经济理论研究），2008，（8）：58~59.

[232] 温素彬. 基于可持续发展的企业绩效评价研究 [M]. 北京：经济科学出版社，2006.

[233] 吴家正，尤建新. 可持续发展导论 [M]. 上海：同济大学出版社，1998.

[234] 奚慧. 企业社会责任活动需要"门当户对"吗？[D]. 上海：复旦大学硕士学位论文，2008.

[235] 谢佩洪，周祖城. 中国背景下 CSR 与消费者购买意向关系的实证研究 [J]. 南开管理评论，2009，12（1）：64~70.

[236] 徐超，陈继祥. 战略性企业社会责任的评价 [J]. 上海企业，2005，(5)：21~23.

[237] 许正良，徐颖，王利政. 企业核心竞争力的结构解析 [J]. 中国软科学，2004，(05)：83~88.

[238] 许正良，王利政. 企业核心竞争力新解 [M]. 长春：吉林大学出版社，2006.

[239] 许正良，刘娜. 基于可持续发展的企业社会责任与战略目标管理融合研究 [J]. 中国工业经济，2008，(09)：129~140.

[240] 许正良，刘娜. 企业社会责任弹簧模型及其作用机理研究 [J]. 中国工业经济，2009，(11)，120~130.

[241] 薛求知，侯丽敏，韩冰洁. 跨国公司环保责任行为与消费者响应 [J]. 山西财经大学学报，2008，1：68~74.

[242] 杨帆，吴江. 国外关于企业社会责任的理论评介 [J]. 暨南学报（哲学社会科学版），2006，(05)：67~71.

[243] 杨继瑞，李晓涛，黄善明. 企业社会责任的治理及对策思考 [J]. 福建论坛（人文社会科学版），2005，(1)：111~114.

[244] 尹露. 公司联想、旗舰产品信息对非旗舰产品评价的影响 [D]. 广州：中山大学硕士学位论文，2008.

[245] 张庚森，陈媛媛. 基于客户价值的企业市场营销策略研究 [J]. 当代经济科学，2004 (9)：89~91.

[246] 张贤惠. 战略视角的企业社会责任管理 [J]. 商业现代化，2007，(4)：87~88.

[247] 张秀玉. 企业战略管理 [M]. 北京：北京大学出版社，2002.

[248] 张彦宁，陈兰通. 2007 中国企业社会责任发展报告 [M]. 北京：中国电力出版社，2008.

[249] 俞宪忠. 现代科学发展观的十大核心要义 [C]. WTO 与中国经济，北京：中国商务出版社，2007.

[250] 周延风，肖文建，黄光. 基于消费者视角的企业社会责任研究评述 [J]. 消费经济，2007，23 (4)：94~97.

[251] 周延风，罗文恩，肖文建. 企业社会责任行为与消费者响应 [J]. 中国工业经济，2007，3：62~69.

[252] 周延风，肖文建，罗文恩. 企业社会责任行为对消费者关于公司声誉评价的影响 [J]. 现代管理科学，2007，12：56~59.

[253] 赵宝春，田志龙. 善因营销中的消费者感知和反应研究 [J]. 经济与管理，2007，2：70~73.

[254] 赵凯，夏书娥. 关于中国式企业文化建设实效性的心理学取向 [J]. 社会心理科学，2006，(2)：88~91.

[255] 郑海东. 企业社会责任行为表现_ 测量维度_ 影响因素及对企业绩效的影响 [D]. 杭州：浙江大学博士学位论文，2007.

[256] 郑晓霞. 企业社会责任对中国企业战略管理的意义分析 [D]. 太原：山西大学硕士学位论文，2008.

[257] 2007 年第 39 期 "2007 企业社会责任在中国" 国际论坛综述 [EB/OL]. (2007 - 10 - 08) [2010 - 04 - 03]. http：//www. cec - ceda. org. cn/yjbg/content. php? id = 176.

[258] 央视国际. 正确解读企业的经济效益和社会效益 [EB/OL]. (2007 - 04 - 14) [2007 - 08 - 21]. http：//finance. cctv. com/20070821/106706. shtml.

致 谢

　　撰写本书历时三年，这是我人生最为坎坷的三年，也是我收获颇为丰富的三年，期间有女儿从出生到入托的艰辛与欣喜，也有自己意外受伤的焦急与无奈，有受到奖励和发表论文后的欢喜与欣慰，也有亲人生病住院继而离世的痛苦与心碎。三年里，我不仅逐渐成为一名具有独立研究能力的高校教师，也在生活这个大炼炉中学会了如何平静和坚强地面对一切突如其来的灾难。三年的坎坷经历让我更加感恩于所有曾给予我理解、支持和帮助的朋友和亲人。

　　首先，感谢我最敬重的恩师许正良教授，是恩师给予我学术启蒙，带我进入到学术研究的殿堂。我不仅常常为许老师渊博的知识，敏锐的思维能力而感叹，更为恩师坦诚正直的人格、认真严谨的治学态度，精益求精、严谨求实、持之以恒、忘我敬业的求学精神所折服。这种影响也将成为伴我一生的宝贵财富，不断激励我前行，使我终生受益！

　　感谢在本书写作过程中给予过帮助的各位同行，你们的无私帮助和直言不讳推动我在研究中更加精益求精；感谢各位协助组织和参与实验的朋友，你们的认真和信息使得研究的数据更加真实可信。感谢我的家人，你们的关爱是我不断前行的支撑，你们的真情给了我面对磨难的勇气！吾生也有涯，而知也无涯，我会在未来的探索之路上努力攀登，以优秀的成果来回报所有我爱的和爱我的人！